社会主义核心价值观话语权及其提升研究

李乐霞 / 著

吉林大学出版社

·长 春·

图书在版编目(CIP)数据

社会主义核心价值观话语权及其提升研究 / 李乐霞著. —长春：吉林大学出版社，2023.10
ISBN 978-7-5768-2394-3

Ⅰ.①社… Ⅱ.①李… Ⅲ.①社会主义核心价值观-研究-中国 Ⅳ.①D616

中国国家版本馆CIP数据核字(2023)第211346号

书　　名：	社会主义核心价值观话语权及其提升研究
	SHEHUI ZHUYI HEXIN JIAZHIGUAN HUAYUQUAN JI QI TISHENG YANJIU

作　　者：	李乐霞
策划编辑：	黄国彬
责任编辑：	周春梅
责任校对：	蔡玉奎
装帧设计：	姜　文
出版发行：	吉林大学出版社
社　　址：	长春市人民大街4059号
邮政编码：	130021
发行电话：	0431-89580028/29/21
网　　址：	http://www.jlup.com.cn
电子邮箱：	jldxcbs@sina.com
印　　刷：	天津鑫恒彩印刷有限公司
开　　本：	787mm×1092mm　1/16
印　　张：	13.25
字　　数：	200千字
版　　次：	2025年1月　第1版
印　　次：	2025年1月　第1次
书　　号：	ISBN 978-7-5768-2394-3
定　　价：	78.00元

版权所有　翻印必究

前　言

改革开放以来，我国社会阶层变动分化，利益结构深刻调整，伴随社会深度转型，西方价值观念悄然渗透，价值观念和社会思潮日益多元、多样、多变，社会主义核心价值观的传播面临多重影响，引发思想文化领域的诸多困惑。在积极主动融入全球化、实现中华民族伟大复兴中国梦的关键阶段，提升社会主义核心价值观话语权，改变话语弱势、话语缺失的局面，努力实现话语突围和话语逆袭，具有重要的理论和现实意义。

在系统梳理相关核心概念基础上，本书指出社会主义核心价值观话语权就是在多元社会价值观念和多样社会思潮面前，无产阶级政党及其领导下的人民群众作为话语主体把握意识形态工作主导权，以话语为载体和建构手段，借助社会主义核心价值观影响他人的能力。提升社会主义核心价值观话语权的本质，就是捍卫国家利益，维护最广大人民群众自由全面发展的权利。社会主义核心价值观话语权具有内容真实性、主体自觉性和充足开放性的鲜明特征。话语主体的公信力、话语内容的引领力、话语载体的传播力、话语方式的创新度和话语环境的优化度，是其基本构成要素。提升社会主义核心价值观话语权的根本目标是实现人们对社会主义核心价值观的认同。

马克思主义经典理论、中华优秀传统文化和西方文明有益成果提供了丰富的思想理论资源。马克思主义经典作家马克思、恩格斯、列宁以及中国共产党人的社会主义价值观话语权思想构成了社会主义核心价值观话语权的主要理论来源；中华优秀传统文化中的相关思想是社会主义核心价值观话语权的活水源头；西方马克思主义者葛兰西的"文化领导权"理论和布尔迪厄的"符号权力"理论等思想理论，为提升社会主义核心价值观话语权提供了有益借鉴。

提升社会主义核心价值观话语权具有重要的现实意义，也具备深厚的现实基础。意义在于突破西方价值观话语困囿、消除"主流价值观念边缘化"现实危机、增进我国人民"文化自觉"意识、提升我国核心价值观话语传播力和提升我国核心价值观话语引领力。提升社会主义核心价值观话语权也具备深厚的现实基础，本书认为，解决和平和发展"时代之问"提供了现实境遇、中国特色社会主义发展探索成就奠定了客观基础、社会主义核心价值观内在精神提供了思想基础、社会信息化发展提供了技术条件以及新时代的文化自信彰显提供了主体基础。

党的十八大以来，社会主义核心价值观话语权提升取得了积极进展，表现在党和政府以及媒介等话语主体的公信力得到提高，思想理论创新使话语引领力得到提升，媒介管理和媒介融合使话语传播力得到增强，恰当的话语转换使话语亲和力得到提高，新时代发展成就与变革使话语环境有所改善等。但是仍存在着许多制约和掣肘提升社会主义核心价值观话语权的问题，表现在我国核心价值观话语仍存在"话语逆差"、哲学社会科学话语影响力仍较弱小、话语受众的接受效果存在差异变动、我国核心价值观话语传播路径仍显薄弱等。指出问题的根源在于话语主体素质和能力欠缺、不同话语系统存在冲突和矛盾、知情意行统一的发展过程存在断裂、社会发展引发核心价值观话语传播新问题以及满足美好生活的体制机制仍不完善等。

提升社会主义核心价值观话语权工作，要坚持以辩证唯物主义和历史唯物主义为指导，实现坚持意识形态工作领导权和夯实话语基础的统一，坚持提升话语权结构要素两点论和重点论的统一，坚持话语主体自觉和包容开放的统一。本书提出了强化话语主体的话语权自觉意识和话语协同作用、推动不同话语体系的协调统一和互动转换、坚持核心价值观话语传播文化路径以促进知行统一、进一步提升我国核心价值观话语嵌入力和国际感召力、以对人民美好生活需求的满足为要求进一步优化话语环境等策略建议，以推动社会主义核心价值观话语权进一步提升。

目 录

绪论 …………………………………………………………………… (1)

第一章 社会主义核心价值观话语权核心概念及结构要素 ………… (33)

 第一节 "话语权"涵义 …………………………………………… (33)
  一、"话语"溯源 ……………………………………………… (33)
  二、"话语权"释义 …………………………………………… (37)
  三、"话语权"的基本特征 …………………………………… (44)

 第二节 社会主义核心价值观话语权涵义及基本特征 ………… (46)
  一、社会主义核心价值观释义 ……………………………… (46)
  二、社会主义核心价值观话语权的含义和本质 …………… (51)
  三、社会主义核心价值观话语权的基本特征 ……………… (54)

 第三节 社会主义核心价值观话语权的结构要素 ……………… (56)
  一、社会主义核心价值观话语权结构要素 ………………… (56)
  二、社会主义核心价值观话语权提升目标 ………………… (61)

 本章小结 …………………………………………………………… (62)

第二章 社会主义核心价值观话语权思想理论溯源与域外文明互鉴
  ………………………………………………………………… (63)

 第一节 社会主义核心价值观话语权理论追溯：马克思主义相关
    思想 …………………………………………………… (63)

· 1 ·

一、马克思恩格斯科学社会主义价值观话语权思想……（63）
　　二、列宁现实社会主义价值观话语权思想……（67）
　　三、中国共产党人社会主义核心价值观话语权思想……（71）
第二节　社会主义核心价值观话语权思想溯源：我国儒家优秀传统
　　　　文化相关思想……（84）
　　一、"为政以德""上行下效"……（85）
　　二、"以民为本"，利民富民……（86）
　　三、礼乐教化，化民成俗……（88）
　　四、"疏而不堵，顺势而导"……（89）
第三节　社会主义核心价值观话语权域外文明互鉴：西方马克思主义
　　　　相关思想……（91）
　　一、葛兰西"文化领导权"思想……（91）
　　二、布尔迪厄"符号权力"理论……（94）
本章小结……（96）

第三章　提升社会主义核心价值观话语权的重要意义和现实基础……（97）

第一节　提升社会主义核心价值观话语权的重要意义……（97）
　　一、突破西方价值观话语困囿……（98）
　　二、消除"主流价值观边缘化"现实危机……（100）
　　三、增强我国人民"文化自觉"意识……（101）
　　四、提升我国社会主义核心价值观话语传播力……（103）
　　五、提升我国社会主义核心价值观话语引领力……（105）
第二节　提升社会主义核心价值观话语权的现实基础……（107）
　　一、解决和平与发展"时代之问"提供现实境遇……（107）
　　二、中国特色社会主义探索成就奠定客观基础……（110）
　　三、社会主义核心价值观内在精神提供思想基础……（112）
　　四、中国社会信息化发展提供技术条件……（114）
　　五、新时代文化自信彰显提供主体基础……（116）
本章小结……（119）

目 录

第四章 社会主义核心价值观话语权发展现状 （120）

第一节 社会主义核心价值观话语权现实成效 （120）
一、党和政府以及媒介等话语主体公信力得到提高 （120）
二、思想理论创新使思想引领力得到提升 （124）
三、媒介管理和媒介融合使话语传播力得到增强 （127）
四、恰当的话语转换使话语亲和力得到提高 （129）
五、新时代发展成就与变革使话语环境有所改善 （132）

第二节 社会主义核心价值观话语权现实困境 （133）
一、我国核心价值观话语仍存在"话语逆差" （133）
二、哲学社会科学的话语影响力仍较弱小 （135）
三、话语受众的话语接受效果存在差异和变动 （137）
四、我国核心价值观话语传播路径仍显薄弱 （138）

第三节 社会主义核心价值观话语权不足归因 （141）
一、话语主体素质能力欠缺 （141）
二、不同话语系统存在冲突和矛盾 （146）
三、知情意行统一的发展过程存在断裂 （147）
四、社会发展带来核心价值观话语传播新问题 （151）
五、满足美好生活的体制机制仍不完善 （153）

本章小结 （155）

第五章 提升社会主义核心价值观话语权的基本原则与应对策略 （156）

第一节 提升社会主义核心价值观话语权的基本原则 （156）
一、坚持意识形态工作领导权和夯实话语基础的统一 （156）
二、坚持提升话语权要素两点论和重点论的统一 （158）
三、坚持话语主体自觉和开放包容的统一 （159）

第二节 提升社会主义核心价值观话语权的策略建议 （160）
一、强化话语主体的话语权自觉意识和话语协同作用 （161）
二、推动不同话语体系的协调统一和互动转换 （166）

三、坚持核心价值观话语传播文化路径以促进知行统一 ………（171）
  四、提升社会主义核心价值观话语嵌入力和国际感召力 ………（179）
  五、以对人民美好生活需求的满足进一步优化话语环境 ………（185）
  本章小结 ……………………………………………………（187）

结语：让提升社会主义核心价值观话语权工作进一步取得实效 ………（189）

参考文献 ……………………………………………………（191）

绪　论

一、问题缘起与研究价值

(一) 问题的提出

1. 研究背景

近现代以来，全球化进程①迅速发展，资本主义社会的深刻危机表现得愈加复杂。西方大国不仅无力解决危机，反而仍受霸权主义思维困囿，力图继续掌控话语霸权，继续向全球倾销其价值观，这成为后发国家谋求适合本国国情发展道路、制度形式和价值理念的巨大阻碍，也成为当代国际社会冲突的重要根源。改革开放以来，我国社会阶层变动分化，利益结构深刻调整，伴随社会深度转型，西方的价值观念悄然渗透，我国价值观念和社会思潮日益多元、多样、多变，社会主义核心价值观的传播受到严重影响，引发了思想文化领域的诸多困惑。在积极主动迎接全球化助力我国实现中华民族伟大复兴中国梦的关键阶段，是放任西方价值观话语的渗透，对已经出现的问题置若罔闻，还是努力提升社会主义核心价值观话语权，改变话语弱势、甚至话语缺失的局面，努力实现话语突围和话语逆袭？提升社会主义核心价值观话语权，不仅对澄清我国思想文化领域的困惑、实现价值观念的拨乱反正、

---

① 沈丁立：《全球化是人类不可逆转的大势》，《探索与争鸣》，2017 第 03 期，第 37-39 页。沈丁立认为，近现代以来的全球化历经三个发展阶段，分别以蒸汽机为标志的第一次科技革命、以电气化为标志的第二次科技革命和本轮以信息化、网络化和数字化为标志的新科技革命为背景，中国曾因封闭政策背离全球化潮流，在前两次全球化中受到严重损害，而本轮全球化中国高度重视、主动应对，已经成为全球化的主要受益者之一。

葆有全体人民共有的精神家园至关重要，而且事关中华民族在全球化竞争中的生死存亡和中国特色社会主义事业的永续发展。

美国学者罗宾·洛克夫(Robin Tolmach Lakoff)精辟指出："20世纪末的权力与地位之争是对话语权力的争夺，语言控制权实际上是一切权力的核心基础。"①意识形态的纷争，不同思想文化的交流、碰撞、交锋背后是不同价值观的较量。"本质上就是在争夺话语权。"②党的十八大以来，习近平总书记多次就话语权问题提出过重要指导意见。2013年8月19日，习近平在全国宣传思想工作会议的讲话振聋发聩："意识形态工作是党的一项极端重要的工作。"③2015年12月，习近平在全国党校工作会议上，又提出解决"挨骂"问题的指示。他指出，"争取国际话语权是我们必须解决好的一个重大问题。"④2016年5月17日，习近平参加哲学社会科学工作座谈会，对当前哲学社会科学领域中马克思主义话语权缺失的严峻问题提出了尖锐的批评，"实际工作中，在有的领域中马克思主义被边缘化、空泛化、标签化，在一些学科中'失语'、教材中'失踪'、论坛上'失声'。"⑤这些论述从正反两方面对全党提出鞭策和警告，指出在社会主义核心价值观研究中，话语权问题已经成为最核心命题之一。

2. 问题的提出

本书重点研究以下问题：第一，在西方强势话语和后发国家话语缺失、话语弱势的情形下，社会主义核心价值观是否有必要争得话语权，就是提升社会主义核心价值观话语权的重大意义问题；第二，社会主义核心价值观是否有可能争得话语权，就是提升社会主义核心价值观话语权的现实基础问题；第三，如果社会主义核心价值观有可能争得话语权，那么，又该如何提升和巩固话语权，就是要研究提升社会主义核心价值观话语权的方法问题。

---

① [美]罗宾·洛克夫：《语言的战争》，刘丰海、郑保国等译，北京：新华出版社2001年版，内容简介。
② 查少刚：《对马克思主义中国化研究的思考》，《思想理论教育导刊》，2011年第11期，第21-24页。
③ 习近平：《习近平谈治国理政》，北京：外文出版社2014年版，第153页。
④ 习近平：《在全国党校工作会议上的讲话》，北京：人民出版社2016年版，第20页。
⑤ 习近平：《习近平谈治国理政》第二卷，北京：外文出版社2017年版，第329页。

在追溯探究话语权含义基础上，本书回答了社会主义核心价值观话语权的必要性、可能性和可行性问题。首先，厘清话语权概念流变，尝试界定社会主义核心价值观话语权的概念，梳理其理论基础，分析其本质和基本特征、厘清其结构要素，提出其提升目标；其次，指出提升社会主义核心价值观话语权的重大意义，并对其现实基础进行论证；再次，分析党的十八大以来提升社会主义核心价值观话语权的现实成效，分析仍存在的现实困境，分析问题的根源；最后，研究提升社会主义核心价值观话语权的原则和路径，即方法问题，强调要坚持一定的原则，并提出对策建议，为提升社会主义核心价值观话语权、提高社会主义核心价值观引领力提供具有针对性和可操作性的建议。

(二)研究价值

1. 理论意义

一是有助于拓展社会主义核心价值观研究视阈，丰富学术话语体系。关于社会主义核心价值观，现有研究集中于社会主义核心价值观产生的历史背景和重大意义、理论释义和基本特点、理论渊源和历史渊源、与社会主义核心价值体系的关系、培育与弘扬、与其他国家培育措施的比较借鉴、引领社会思潮和国民教育等方面。但从话语权的视角来进行社会主义核心价值观的研究十分鲜见，只散落在极少的几篇报纸和期刊文章里，呈现出分散化、破碎化景观，缺少深入系统的研究。本书从话语权的角度对社会主义核心价值观进行研究，借鉴运用语言学、哲学、政治学、新闻传播学等学科知识，通过对社会主义核心价值观话语权这一核心概念的理论解析，分析其本质和特征，解剖其结构要素，分析其重要意义和现实基础，对党的十八大以来的发展成效、现实困境、问题根源以及策略建议等问题进行研究，有利于拓展理论视野，丰富学术话语体系。

二是有助于澄清思想困惑、推动价值观念的拨乱反正、凝聚价值共识。党领导人民进行革命、建设和改革的进程中，一直高度重视核心价值观的培育和践行。但由于改革开放以来我国社会的经济成分和经济利益、社会生活方式、社会组织形式、就业岗位和就业方式都日趋多样化，人们的价值观念日趋多元；原有的价值观培育方式在信息化时代面前日益显现出不足；再加上市场经济的负面影响、西方国家将强权化为"真理"，并借网络等新兴媒体以"舆论瀑布"的方式垄断话语霸权。改革开放以来，我国学术界对西方研究成果的引进缺少对外国哲学思潮发展大势的把握，甚至个别学者臣服于当代西方哲学，走上"唯西是从"的道路，尤其是个别党员、干部和极少数政府机关失信、腐败行为的负面效应，使我国思想文化领域受到西方价值观话语风行的影响，社会中存在一定程度的价值迷茫和混乱。有人信奉"个人至上""市场至上""金钱至上"，有人信奉历史虚无主义，妄图否定党领导的革命史、建设史和改革史，否定党的领导、否定社会主义制度；有人信奉"趋同论"，否定改革开放，否定中国特色社会主义事业等，妄图从根本上消解我国人民的价值共识。因此，提升社会主义核心价值观话语权，通过科学、完整、生动的话语体系表达出我国发展道路内在的核心价值观念，有助于澄清人们的思想困惑，回应和驳斥异己力量对中国特色社会主义事业的攻击和诋毁，推动实现人们价值观念的拨乱反正，凝聚起新时代实现中华民族伟大复兴的价值共识。

2. 实践意义

一是有利于增强文化自觉、文化自信和文化自强，共筑中国人民的精神家园。当前，在西方价值观处于话语霸权地位、社会主义核心价值观处于话语弱势甚至话语缺失的背景下，提升社会主义核心价值观话语权，以"时不我待""舍我其谁"的话语主体自觉，在不断优化的话语环境中，以鲜活的话语表达对时代主题和主要任务的决断力，对重大历史任务理论阐释的解释力，对异己价值观念的深刻批判力，以理论创新形成强大思想引领力，争取国际社会最大限度理解和支持的强大感召力，有助于使人们认同遵循反映我国人民自主探索发展道路，反映我国人民根本利益、发展要求和价值判断的社会主义核心价值观，对消除人们之间的分歧与隔阂，深化人们对中国特色社会主义事业发展必然性和正当性的认识，增强社会成员的归属感和向心力，增强中华民族发展的文化自觉、文化自信和文化自强，把社会主义核心价值观葆有为全体人民共有的精神家园有重要意义。

二是有利于提升中国软实力，为世界文明贡献中国智慧。经过了四十多年的改革开放进程，我国经济实力、科技实力和国际地位等都得到了显著提升,社会发展取得了长足的进步,人们的精神面貌也都发生了深刻变化,不仅在实践中推进和发展了马克思主义,为国际共产主义运动注入了新的生机与活力,而且在应对资本主义危机方面表现出色,逐渐颠覆了全球化就是"西方化"的传统刻板认知、逐步推动全球化中的各项制度走向合理公正。但与我国逐步增长的国家实力和大国地位不相适应的是,我国在国际领域仍缺少话语权。某些西方发达国家仍然凭借其话语霸权加强其价值观的渗透和输出,经常以其所谓的"自由""民主"和"人权"为借口,对我国内政说三道四、横加干涉;我国的发展道路、发展理念和发展模式在国际社会仍然受到攻击和指责,中国特色社会主义事业仍然受到质疑和诽谤,中国国家形象仍然受到误解和扭曲,中国对国际社会的贡献仍然没有得到应有的尊重和承认。当是此时,提升社会主义核心价值观话语权,通过官方话语传递、学术话语沟通、媒介话语传播、公众人物话语引导、民间话语交流等展现自己的核心价值理念,巧妙施加对他国政府和民众的影响,对改善我国国家形象、提升国家软实力、为我国发展赢得良好的外部环境、为世界文明贡献中国智慧,都具有至关重要的意义。

二、研究现状综述

(一) 国外文献综述

1. 国外关于话语的研究

对话语权的研究,首先要追溯到对话语的研究。话语就是人们说的或者写的话,话语一直是语言学的研究对象。自古希腊以降再到文艺复兴时期,西方哲学从致力于"存在什么"的本体论研究,进入了"我们知道什么,我们知识的根据是什么"的认识论研究,此时的语言学一直处于边缘性的工具地位,人们是从论辩、修辞等角度,将话语作为人们交流中增强自身说服他人的能力的工具来进行研究,其间浸透着以话语影响受众、调控社会关系、促进社会秩序建构的目的。19世纪末20世纪初,西方哲学在经历了本体论研究、认识论研究的转向后,再一次经历了"哥白尼式"的革命①,实现了语言哲学对认识论哲学的超越,人们致力于关注"我们如何表述我们知晓的世界",语言哲学逐渐走出边缘性工具地位,开始成为西方哲学研究轴心之一。

在这次西方哲学语言转向浪潮中,被誉为"语言学之父"的瑞士语言学家费尔迪南·德·索绪尔(Ferdinand-Mongin de Sunssure,1857—1913)开创的结构主义语言学理论成为西方话语理论的活水源头。索绪尔在他的三期《普通语言学教程》中,提出的语言(langue)和言语(parole)、语言系统、历时和共时、符号受指(signifié)和符号施指(signifant)②等概念给话语研究以启发。他认为,语言是言语的形式,呈现出被动性、保守性、传承性、强制性等特征;③ 而言语,是说话的总和,呈现出主动性、个性化和可变性等特征。索绪尔认为语言符号具有共时性,提出语言符号施指和受指结合的"任意性"理论。符号施指指认音响形象,严格来说,"一个符号的施指既有声音形象,又有文字形象"④;符号受指指认概念,特指观念所承载的价值部分,语言的意义是因为语言符号之间存在差异,差异的根源是语言符号的联系有任意性,"语言符号是任意的"⑤。但一旦符号在语言的社团中得到确立,对使用它的人来说,就是强制的。索绪尔关于语言和言语的研究为话语理论的形成奠定了基础。他的研究不仅让人们更加关注到语言以及运用语言的人所处的世界,引发人们深入进行语言研究的极大兴趣,而且还为人文社会科学研究提供了新的方法论。但其局限也十分明显,他致力于语言内部的各种结构关系的共时的静态研究,把语言看作是剥离了语言主体和社会文化语境的"纯交流",法国美学家米盖尔·杜夫海纳(Mikel Dufrenne,1910—1995)认为这是"割断了作品与

---

① 徐友渔:《"哥白尼式"的革命——哲学中的语言转向》,上海:上海三联书店1994年版,第3页。
② 申小龙:《〈普通语言学教程〉精读》,上海:复旦大学出版社2005年版,第222页。申小龙指出,许国璋等将索绪尔的这两个术语翻译为"受指"和"施指",代替以往通行翻译中的"所指"和"能指"概念,恢复了索绪尔这两个术语的内在关联性。
③ 申小龙:《〈普通语言学教程〉精读》,上海:复旦大学出版社2005年版,第289-293页。
④ 申小龙:《〈普通语言学教程〉精读》,上海:复旦大学出版社2005年版,第231页。
⑤ [瑞士]费尔迪南·德·索绪尔:《普通语言学教程》,高名凯译,北京:商务印书馆1980年版,第107页。

作家之间以及作品通过作家与世界之间联结的脐带"①。我国语言学学者申小龙指出,索绪尔的致命错误在于割裂了语言学和人文现象的紧密联系,造成了二者的对立。②

继索绪尔之后,对与语言有密切关系的话语的研究进一步深入。奥地利哲学家路德维希·维特根斯坦(Ludwig Wittgenstein,1889—1951)认为,哲学必须直面语言,哲学应该把事情说清楚,对不能说的事情,就应该沉默。1918年他撰写了《逻辑哲学论》,认为以往哲学大多数命题是无意义的,关键是"不理解我们的语言的逻辑"③,语言的误解误用是哲学混乱的原因。德国哲学家海德格尔(Martin Herdegger,1889—1976)认为,"语言是存在之家"④"词语破碎处,无物存在"⑤。他们的论断进一步将语言推向哲学研究的前沿领域。为了解语言现象的真实和生命力,学者们日益关注活的语言,开始重视由语言发展而来的话语世界。杜夫海纳在其著作《美学与哲学》中说,"语言只有在话语中才能现实化"⑥;海德格尔说,"对语言的深思便要求我们深入到语言之说话中去"⑦;巴赫金认为,"对话交际是语言生命的真正所在"⑧。话语研究已经走到哲学舞台的前沿。

众多学者在索绪尔研究基础上,形成了一些崭新的话语理论。丹麦语言学家叶斯柏森(Jens Otto Harry Jespersen,1860—1943),在话语背后关注到了语言的主体。他肯定语言的本质是人类的活动,因此要注重交际双方交际中

---

① [法]米盖尔·杜夫海纳:《美学与哲学》,孙非译,北京:中国社会科学出版社1985年版,第142页。
② 申小龙:《〈普通语言学教程〉精读》,上海:复旦大学出版社2005年版,第127页。
③ [奥]路德维希·维特根斯坦:《逻辑哲学论》,韩林合译,北京:商务印书馆2013年版,第31页。
④ [德]马丁·海德格尔:《在通向语言的途中》,孙周兴译,北京:商务印书馆2004年版,第90页。
⑤ [德]马丁·海德格尔:《在通向语言的途中》,孙周兴译,北京:商务印书馆2004年版,第183页。
⑥ [法]米盖尔·杜夫海纳:《美学与哲学》,孙非译,北京:中国社会科学出版社1985年版,第80页。
⑦ [德]马丁·海德格尔:《在通向语言的途中》,孙周兴译,北京:商务印书馆2004年版,第3页。
⑧ [俄罗斯]巴赫金:《陀思妥耶夫斯基诗学问题》,刘虎译,北京:中央编译出版社2010年版,第201页。

活的言语，他认为口语是语言的第一性的形式，是言语行为的总和，要研究说话人、听话人和两者间的关系。① 这就把话语的研究进一步推进到了要研究话语主体。我国学者指出，维特根斯坦"语言游戏（Sprachspiel）"思想指明了语言乃是活动的一部分，语言和人类日常生活是融为一体的，是人类生活形式的一部分。因此，人们需要从参与到社会语境中形形色色的语言活动里来学习语言。② 本维尼斯特（Benveniste，1902—1976），法国著名语言学家，他不认同"语言是交流的工具"的看法，他基于对语言本质的论断，提出鲜明的"语言主体性"理论，即"人在语言中并且通过语言自立为主体"③，就是说我言所以我在。他强调话语是"行动中的语言"，提出了体现语言主体性的陈述具有以我与你交往关系为基础的主体间的交流、见证和参与的特征。④ 英国日常语言学家奥斯汀（J. L. Austin，1911—1960）不仅认为话语的使用需要在上下文中得到解释，更具开创性的是，他提出了言语行为理论。他认为我们说出的话语，就是行动，就是要做些什么。除了要考虑真、假，还要考虑是否合理、得体、是否合适的问题。这就提出了对话语的评判标准问题。俄罗斯文艺理论家米哈伊尔·巴赫金（M. M. Bakhtin，1895—1975）提出了重新思考和尝试超越索绪尔的"超语言学"，在意识形态前提下展开话语理论研究。巴赫金认为，"话语是一种 par excellence（独特的）意识形态的现象"⑤。话语"伴随着整个一般意识形态创作"⑥，具有符号特性和交际的全部功能，具有普遍适用性，可以用来承担任何适用于无论科学的、美学的，还是伦理的、宗教的意识形态功能。我国学者指出，巴赫金强调对话性，认为对话是人类基本的生存方式，要理解话语，就要在对话中展开，而不能只是独白。通过对话，他人话语在符合自我原有的、已经形成的个体话语习惯的前提下，才容易被

---

① ［丹］叶斯伯森：《语法哲学》，何勇译，北京：商务印书馆2009年版，第3页。
② 申小龙：《〈普通语言学教程〉精读》，上海：复旦大学出版社2005年版，第173页。
③ ［法］本维尼斯特：《普通语言学问题》，王东亮译，北京：生活·读书·新知三联书店2008年版，第293页。
④ 周宪：《文学理论：从语言到话语》，《文艺研究》，2008年第11期，第5-15页。
⑤ 巴赫金：《周边集》，李辉凡、张捷等译，石家庄：河北教育出版社1998年版，第354页。
⑥ 巴赫金：《周边集》，李辉凡、张捷等译，石家庄：河北教育出版社1998年版，第356页。

吸收，才能进入自我话语，否则就会继续保持"他性"，只能作为知识而存在。① 巴赫金强调不仅要沿着话语之间的关系轴，还要考察话语产生的社会语境、历史和文学知识。巴赫金作为"话语之父"，和其他话语理论大师一起，把对"话语"的研究从结构主义语言学的抽象王国重新拉回到立足生活世界的话语世界，关注了话语主体、话语环境、话语内容的适当性以及话语背后的意识形态因素，极大丰富了对话语的研究。

2. 国外关于话语权的研究

话语权的研究来自对话语和权力的交叉研究，是话语批判分析的重要研究内容。话语研究有非批判的和批判的两种，前者停留在语言学层面，侧重于事实、事件和谈话过程、行为的描述，"以这个具有样品价值的整体为基础来确定某些规律"②。批判的方法则是不同的向度。费尔克拉夫（Norman Fairclough）强调，要揭示"话语如何由权力和意识形态的关系所构成，揭示了话语对于社会身份、社会关系以及知识和信仰体系的建构性作用"③。这种方法跳出语言学视阈，透过话语分析工具来观察和思考宏观社会问题，透过对话语服务于意识形态利益及产生的政治后果的剖析，揭露出话语与权力的纠缠以及与意识形态的关联。

后现代主义和批判话语分析学者米歇尔·福柯（Michel Foucault，1926—1984）是明确提出"话语即权力"命题的第一人。其在1970年春天著名的法兰西学院院士就职演讲《话语的秩序》中，把"话语"作为研究权力的基本概念，充当了批判资本主义社会和解构与破坏权力的基础性工具。1977年，福柯曾明确地在访谈中指出，其全部工作重心就是研究权力，重新阐释权力的理论。④ 权力，作为政治学的核心概念之一，从古到今留下了诸多权力理论。如当代影响较大的民意契约说认为，人生而自由，享有自然权利，人们通过自

---

① 董小英：《再登巴比伦塔：巴赫金与对话理论》，北京：生活·读书·新知三联书店1994年版，第25页。

② [法]米歇尔·福柯：《知识考古学》，谢强、马月译，北京：生活·读书·新知三联书店2003年版，第27页。

③ [英]诺曼·费尔克拉夫：《话语与社会变迁》，殷晓蓉译，北京：华夏出版社2003年版，第12页。

④ [法]米歇尔·福柯：《权力的眼睛》，严锋译，上海：上海人民出版社1997年版，第175页。

愿的契约放弃、转让部分权利，形成国家权力，确保在稳定的社会秩序中保护和实现人们的自然权利。还有马克思主义的社会实践、阶级斗争说，认可国家权力来源于人民的权利，认为国家权力应该是人民意志的体现，认为在阶级社会里，国家权力只能是统治阶级意志的体现。进步阶级的先进分子们应当组织成政治集团，通过阶级斗争实践夺取和掌握国家权力，进而为大多数人民的权利服务。① 福柯认为，流行的这两种宏观统治权力模式表面上虽有不同，但本质上却是一致的，都是属于"权力理论中的经济主义"②。或者把权力看作商品，或者把权力看作维护统治的工具，归根到底都属于"经济还原论"③，并没有很好地解决权力问题的本质。相反，福柯认为，"权力来自下面"，应该关注权力的各种微观形式和机制，尤其是现代社会中渗透于社会各个不同局部领域的多样形态的权力，来研究国家和法律的变化。在他早前发表的《古典时期的疯癫史》(1961)、《临床医学的诞生——医学考古学》(1963)、《词与物——人文科学考古学》(1966)和《知识考古学》(1969)中，福柯以考古学方法分析精神病学、医学以及人文科学的话语，通过探寻话语内部实践规律、对西方文化史上不同时代官方话语以什么方式对疯癫与理性、安全与秩序、真理与谬误等进行分类、排序与支配，"揭示话语所具有的构成真理的排除规则"④，已经隐约窥探到了隐藏在话语模式背后的权力这一支配性力量。在《话语的秩序》里，福柯开始以谱系学方法考虑控制这种话语生产的支配性程序，将权力理论引入话语理论，提出"话语即权力"命题。福柯认为，每一个时代的真理、知识等话语背后都带着深刻的权力烙印。福柯在《规训与惩罚》(1975)中指出，这种控制话语生产的权力，不是宏观的统治权，而是国家权力之外的一种微观权力理论。这是规训化的现代统治技术学。⑤ 规训权力，与国家机构、法律制度等宏观政治权力相比，是一种微观权力技术和

---

① 漆多俊：《论权力》，《法学研究》，2001年第1期，第18-32页。
② [法]米歇尔·福柯：《权力的眼睛》，严锋译，上海：上海人民出版社1997年版，第223页。
③ 刘军：《从宏观统治权力到微观规训权力——马克思与福柯权力理论的当代对话》，《江海学刊》，2013年第1期，第67-71页。
④ [德]于尔根·哈贝马斯：《现代性的哲学话语》，曹卫东译，南京：译林出版社2011年版，第293页。
⑤ [德]米歇尔·福柯：《规训与惩罚》，刘北强、杨远婴译，北京：生活·读书·新知三联书店2003年版，第242页。

绪　论

策略，是一种"精心计算的、持久的运作机制"①，以无数的细致入微的形式散布在社会空间中，体现为人们日常生活中的重要图景。现代社会中，每一个地方每一个角落中的每一个人都处于这种权力网络的笼罩之下。在后期著作《性史》(1976—1984)、《生命政治的诞生》(1978—1979)中，福柯又进一步揭露这种权力是当代资本主义控制社会的新形式。它是通过"制造以科学真理为构式本质的规范性权力话语"②来直接干预与构序生存的生命权力。总之，福柯以话语视角对权力的研究再到提出规训权力和生命权力理论，揭示了隐秘的微观权力领域中权力运作的技术、策略和机制，有助于我们清醒认知当代资本主义社会统治的新形式，具有一定的警示意义。

福柯的研究旨在揭示和批判西方现代社会有关权力的控制机制。法兰克福学派第二代代表人物、德国哲学家哈贝马斯（Jürgen Habermas, 1929—　）则在1985年的《现代性的哲学话语》中批判了福柯"全面否定"权力的立场，并提出自己的"沟通理解"权力的调和方案。哈贝马斯认为，现代社会的危机产生于来自系统的货币和权力对具交往性质的生活世界的干预。③ 这唯有恢复生活世界自主化与政治民主化才能得到有效解决。他认为货币化过程和官僚化过程侵入基于话语有效性的交往原则，使包括文化、社会和个性的生活世界的交往对话发生了扭曲，导致了生活世界的殖民化，如文化意义丧失、社会无序和个人的异化。因此，只有在普遍语用学基础上建构一种理想的言谈情境，在文化社会学基础上建构公共领域，基于主体间性的话语主体以话语为媒介，以交往理性为指引，以相互沟通、开放性的话语论辩、相互理解来达成理性的共识，形成不受金钱和权力干预的无强制的和诚实的话语交往世界，最后成为主题明确的公共舆论和意志，也就是哈贝马斯推崇的交往权力。哈贝马斯认为合法的法律是基于交往权力中产生，交往权力又反过来以合法生

---

① ［法］米歇尔·福柯：《规训与惩罚》，刘北强、杨远婴译，北京：生活·读书·新知三联书店2003年版，第193页。
② 张一兵：《回到福柯》，《学术月刊》，2015年第6期，第35-41页。
③ ［德］于尔根·哈贝马斯：《现代性的哲学话语》，曹卫东译，南京：译林出版社2011年版，第399页。

效的法律变为行政权力，进而推进政治权力的民主化。① 总之，哈贝马斯以具有主体间性的话语为奠基性概念，提出基于"交往"（communication）的话语伦理学，严格遵守一定的话语程序，以话语民主理论产生的交往权力对宪法民主国家进行规范重建，为话语权理论输入一丝注重程序的合法性元素，但却无法从根本上扭转对权力的责难。

法国学者布尔迪厄（Pierre Bourdieu，1930—2002）不认同哈贝马斯对权力的理解，他与福柯的立场在许多方面都非常接近和一致，但是仍有明显区分。布尔迪厄不仅从政治经济学的角度分析权力的话语形式，更为关键的是他还进一步从文化社会学角度探索了社会行动者对加之于己的权力话语深信不疑加以接受的机制。布尔迪厄试图通过涉及学术领域广泛的著作，揭示文化资源、文化过程和文化机构生产与再生产出来的权力关系。早在1970年撰写并于法国出版的《再生产》中，他就提出"符号权力"理论，指出教育行动在客观上是一种符号权力，保证文化资本的效益，促进权力关系结构的再生产。1972年《实践理论大纲》中，在对经济活动、婚配嫁娶和卡比尔农民日常管理的观察中，布尔迪厄指出社会系统中除经济资本、社会资本外还存在着广泛的符号（象征）资本。符号资本是转化了和隐藏的经济资本和社会资本，经济资本和社会资本是符号资本的"物质"形式，是符号资本及其效果产生的原因。1989年《国家精英》展示了法国精英教育的大学教育是如何与国家权力场域沟通互动以促进教育和权力机构的再生产。1991年哈佛大学出版的英译本《语言与符号权力》中鲜明指出，语言是一门关于生产关系和社会行为的政治经济学，是权力关系的工具和媒介。"每一次语言交流都包含了成为权力行为的潜在可能性"②，每一次语言表达都是一次权力行为。因此，只有从语言的权力场、文化生产场中，才能看清语言的权力因素和象征价值。布尔迪厄揭示出占据社会权力的集团及其成员，试图以当代文化再生产制度组织、通过文化再生产运作机制，运用符号性策略手段，保证自身对文化垄断的特权。正如

---

① 汪行福：《通向话语民主之路——与哈贝马斯对话》，成都：四川人民出版社2002年版，第255页。
② [法]布尔迪厄、[美]华康德：《反思社会学导引》，李猛、李康译，北京：商务印书馆2015版，178页。

绪 论

戴维·斯沃茨所总结，"文化不能免于政治的内容，而是政治的一种表达"①。布尔迪厄深刻地揭露了包括学校教育系统、生活风格和品味、语言符号性权力与文学艺术和性别领域等五大文化再生产领域作为符号形式在建构维持权力结构的资源方面的重要作用。

当代语言学家费尔克拉夫则从话语批判分析角度将话语与权力联系起来，他认为话语与社会过程和结构是相互作用的关系。批判话语分析的主要任务之一，就是透过意识形态的遮蔽，透视社会文化生活中话语的原初意义。② 费尔克拉夫在《语言和权力》(1989)的序言里，提出"语言就是权力"的论断，揭示话语的各种表现形式和权力的关系，指出话语在建立、维持以及改变权力关系方面的作用。③ 在《批判的语言意识》(1992)中，费尔克拉夫提出了"批评话语意识"(critical language awareness)概念，较早地倡导人们应该增强话语和权力意识，通过关注话语来发现和认识语言对权力关系的作用。在《话语与社会变迁》(1992)中，他把语言学方向的话语分析和话语及语言相关的社会政治思想结合，从比较抽象的话语批判分析方法转向以文本为方向的话语分析方法，采用三个向度的框架形式，即文本、话语实践和社会实践的框架，构建了三维结构分析模式，即侧重语言学的文本、说明文本生产和揭示过程性质的话语实践、把话语置于意识形态与权力关系中的社会实践相互影响的结构模式。④ 在文本研究方面，他提醒注意词汇、语法、连贯性和文本结构；在话语实践方面，他通过进一步阐释福柯等人的"互文性"(intertextuality)概念，强调要通过对现存的习俗和已有文本的继承、改造和创新进行研究；在话语的社会实践方面，他阐述了意识形态介入对维持和重建权力关系的意义。

从福柯的权力话语、哈贝马斯以交往为基础的话语伦理学，再到布尔迪厄符号话语和费尔克拉夫的批判话语分析，我们看到渗透在教育行动、文化

---

① [美]戴维·斯沃茨：《文化与权力：布尔迪厄的社会学》，陶东风译，上海：上海译文出版社2006年版，第7页。
② [英]诺曼·费尔克拉夫：《话语与社会变迁》，殷晓蓉译，北京：华夏出版社2003年版，中译本序1。
③ Norman Fairclough, *Language and Power*(London: Longman Group UK Limited, 1989), p1.
④ [英]诺曼·费尔克拉夫：《话语与社会变迁》，殷晓蓉译，北京：华夏出版社2003年版，中译本序3.

产品等不同形式话语背后的隐匿的权力身影,附着在权力背后的重要力量——权力阶层的意识形态及其核心——价值观也初露端倪。既然话语是权力的体现方式,话语权在保持和维持社会关系、稳定社会结构、巩固知识信仰和建构价值观等方面至关重要,话语权就越来越成为世界各国传播和扩大自己价值观影响过程中无法忽视和回避的问题,日益成为人们关注的焦点。

3. 国外关于核心价值观的研究

任何民族和国家的历史就是发现价值、追求价值和守护价值的历史。不同民族和国家基于不同的传统和习俗会产生不同的价值观。总体而言,当前国外的价值、价值观研究起步较早,理论较多,粗略梳理国外核心价值观研究,主要包括以下几个方面内容。

关于国外社会核心价值观的类型,粗略概括起来,一是奉行个人主义价值观及其基础上的"自由、民主、人权"等核心价值。美国的《独立宣言》、法国的《人权宣言》、英国的《人民宪章》等都较完整地表达了资本主义的核心价值观:人生而自由、权利平等、主权在民、私有财产神圣不可侵犯等,借用了法国革命家罗伯斯庇尔的"自由、平等、博爱"的口号,在资本主义上升时期起到过启蒙与革命的进步历史作用。它建立在抽象的人性论基础上,把代表资产阶级利益需要的价值理念与社会制度冒充成代表全人类的利益的理念与制度,声称是永恒的"普世价值",实际上却是资产阶级自私自利的个人主义。法国学者托克维尔(Tocqueville,1805—1859)在其著作《论美国的民主》中就对美国的个人主义进行了阐述,认为这是一种"只顾自己而又心安理得的情感"①,造成与同胞的疏远。二是以新加坡为代表的亚洲价值观。新加坡政府在1991年公布的《共同价值观白皮书》中,提出了注重国家、社会、家庭,同时关怀扶持个人,倡导包容和谐和宗教宽容的价值观。这种价值观以儒家思想为基础,强调了国家、社会和家庭对于个人的优先地位、整体主义价值观,与此同时,也强调了西方社会对个人自由独立和对个人权利尊重的价值取向,兼容了社会转型过程中的群体需求。三是把宗教教义作为社会价值理

---

① [法]托克维尔:《论美国的民主》(下卷),董国良译,北京:商务印书馆1989年版,第682页。

念的国家。如沙特阿拉伯、伊朗等。四是发展中国家提出的本国核心价值观。如印度学者阿马蒂亚·森(Amrtya Sen)在其《惯于争鸣的印度人》中指出,印度文化中有着多种适应现代社会的哲学精神,如惯于争鸣的宗教传统,宽容,立足世俗的公共理性,质疑一切的精神等,将有助于理解印度的民主价值观。①正如马克思所指出的,每个原理都是其时代印记的体现。这些不同类型的核心价值观缘起凝练都深深打上了本国历史传统、文化资源的烙印,体现了本国的发展理念和现实诉求,反映了社会发展方式和社会制度的深刻变革。

关于国外核心价值观建设的经验。这些经验既有共性特征,也有个性特点。如这些国家在核心价值观建设进程当中,都比较注重多元主体的推动作用。新加坡把政党作为核心价值观教育的重要主体,在全国进行宣传教育,深入到基层当中,在社区开展丰富多彩的活动。英国的社区民间组织和慈善组织也成为落实核心价值观的推动力量。这些国家都善于运用宗教方式进行传播,利用宗教平台进行宣传。如法国学者托克维尔就认为美国人信仰宗教不仅对政治具有直接的影响,而且对于自由等价值观具有更为强大的间接影响。② 阿马蒂亚·森指出,印度的一些古老的公开的公众会议,以精心组织的佛教结集形式举行,在会议上,不同观点的信徒通过争鸣弥合分歧,这种形式在当今政治现实中仍有回响。③ 这些国家十分重视运用教育手段,包括家庭教育、学校教育和社会教育等来凝聚公众的价值观,如美国20世纪80年代末以来重新开展品格教育运动(character education),新加坡于2002年启动了学校家庭教育计划(School Family Education Programme),英国于2007年开启"英国核心价值观"教育计划,落实核心价值观过程中教育手段发挥至关重要的作用。媒介是传播价值观的重要阵地,在这方面,美国走在前列,不仅拥有全球最大的媒体王国,而且媒体影响力在全球也是首屈一指的,不仅力求在国内形成国民对核心价值观的信奉和践行,而且力求把自身价值观的影响力扩展到全世界。

---

① [印]阿马蒂亚·森:《惯于争鸣的印度人:印度人的历史、文化与身份论集》,刘建译,上海:上海三联书店2007年版,第9-21页。
② [法]托克维尔:《论美国的民主》上卷,董国良译,北京:商务印书馆1989年版,第369页。
③ [印]阿马蒂亚·森:《惯于争鸣的印度人:印度人的历史、文化与身份论集》,刘建译,上海:上海三联书店2007年版,第12页。

4. 国外关于核心价值观话语权的研究

全球化带来的多元文化交流、碰撞、交锋日益频繁，能否通过提升核心价值观话语权使本国核心价值观收获认同、形成影响力、引领力和感召力，存在着立场不同的三种态度。一种是西方学者认为的能够以话语权建设收获以西方核心价值观为根基的认同。二战以后，美国为首的西方国家对社会主义国家不遗余力地实行"和平演变"，在美国强大的媒介舆论面前，苏联逐渐丧失了话语权。在苏联解体以后，西方政治家和学者更是不遗余力地向全球倾销其价值观，这种个人主义价值观以核心话语"人权"为话语介质，以所谓"普世价值"的名义出现，宣扬"意识形态终结论"，实质却是西方价值观的对外输出和话语霸权。还有一部分学者以德国宗教伦理学家孔汉思（Hans Kung，1928— ）为代表，在1993年世界宗教会议通过的《走向全球伦理宣言》中提出，通过展示世界宗教在伦理方面现在已有的最低限度的共同之处，以"一些有约束力的价值观、不可或缺的标准以及根本的道德态度"为世界提供"最低限度的基本共识"。[①] 但正如万俊人所说，这种超越不同文化传统、不同宗教派别、不同地域文明甚至超越意识形态的寻求不同价值观和解的探索意识和努力值得学习传承，但因为在当代宗教不仅不是一种最为普遍的人类文化现象，而且其难以避免的"宗教话语权威色彩"[②]，也不易于被人们普遍接受。

另一种态度是认为不同价值观念之间无法通过话语权建设使本国核心价值观收获认同、形成强大的影响力、引领力和感召力。社群主义（又称为共同体主义）者阿拉斯戴尔·麦金太尔（Alasdair MacIntyre，1929— ）基于文化多元主义立场，生长在不同传统文化的内部的各种不同的道德系统都形成了自身"道德谱系"，有着各自的传统脉络，因为不同的历史和文化背景制约、基本价值立场和道德概念不同，不同的文化和道德谱系之间不可通约，不可相容，缺乏可公度的价值观念。[③] 美国学者塞缪尔·亨廷顿（Samuel Huntington，1927—2008）在"文明冲突论"中（Clash of Civilization）对此做了详细的注解。后

---

① 孔汉思：《全球伦理——世界宗教会议宣言》，何光沪译，成都：四川人民出版社1997年版，第8-9页。
② 万俊人：《现代性的伦理话语》，哈尔滨：黑龙江人民出版社2002年版，第49页。
③ [美]A.麦金太尔：《德性之后》，龚群译，北京：中国社会科学出版社1995年版，译者前言第11页。

现代主义者如福柯等则基于解构立场，摧毁一切价值观念。恐怖主义者则用此起彼伏的恐怖主义事件标明其与不同价值观之间不可调和的立场。这就表明在理论界和实践中都有人认为不同的价值观念无法沟通、彼此冲突，不能通过话语权建设来收获认同，形成影响力、引领力和感召力。

还有一种态度与前两者都不同，是发展中国家坚守并积极建设本国核心价值观话语权。中国是当今最大的发展中国家，是仍坚守社会主义发展道路的少数国家之一，正进行前所未有的发展道路创新实践。中国是联合国五大常任理事国之一，四十年来锐意改革、躬身实践，已成为世界上第二大经济体，在当今世界"逆全球化"暗流涌动的历史时期，仍以负责任的大国心态积极主动迎接全球化，在努力实现我国全面建成小康社会和实现中华民族伟大复兴的中国梦的同时，为建设人类命运共同体积极承担国际责任。但在全球化进程中奋力前行的中国也正在遭遇西方话语霸权的强势倾销、悄然渗透，他们意欲使我们偏离本国发展道路、永远把我国陷入以西方为主导的世界体系边缘的企图十分明显。而我们的立场是：通过提升社会主义核心价值观话语权，解构西方话语霸权，形成强有力的自我认同，与全国人民一起齐心协力实现中国梦；在世界上发出自己的声音，让世界更好地理解自己的发展实践、发展道路、发展理论，为当代世界共性问题提出自己的解决方案，形成自己的感召力，与世界人民一起齐心协力建设人类命运共同体。

(二)国内文献综述

1. 国内关于话语权的研究

我国的话语权研究是受国外话语研究影响而来。对话语的研究，我国也是同样具有悠久的历史传统，如古代小学中的训诂学、文字学、文章学等都具有话语研究的性质。但我国当代话语研究主要是从 20 世纪 80 年代初，一些学者受国外话语研究影响而开始的，四十年来，对话语的研究已经从话语语言学拓展到了文艺学、传播学、翻译学、哲学和政治学等领域，而历史学、教育学、心理学乃至自然科学等领域也日益受到其影响。[①]

[①] 陈汝东：《论话语研究的现状与趋势》，《浙江大学学报(人文社会科学版)》，2008 年第 6 期，第 130-137 页。

在人文社会科学研究尤其是政治学、历史学等领域的话语研究当中，福柯的话语权力概念不仅在国外受到广泛重视，自1994年进入国内首先在语言学领域获得应用以来，也逐渐引发重要影响，尤其2002年以后日益受到学者、国家、媒体、企业等的重视，开始有学者从哲学、政治学、党的建设、传播学、心理学等多学科视角对话语权的相关问题进行研究，至今已出版了几十部重要的专门著作，发表了极有分量的期刊论文。

关于话语权的涵义，我国学者张国祚认为，话语权就是指"关系国家生死存亡的意识形态主导权"①；学者张健认为，话语权具有伦理和阶级两个维度，伦理维度指话语权利，是运用话语的资格，阶级维度指话语权力，是对话语的支配的能力和程度。②学者侯惠勤认为，从内容方面看，话语权包括提问权、论断权和解释权以及批判权等；③学者徐国民认为，话语权的含义有两个层次，一是从话语传播内容角度来说，话语权就是话语的解释力、说服力，主要是事实到底如何；二是从话语传播形式来看，话语权就是控制媒介获得的拥有传播主体信息的权力，意味着主体话语被传播出去。④学者赵修义提醒我们使用话语权与福柯对"话语"的阐释的基本前提是根本不同的，我们是在肯定客观真理的前提下来进行思考的，而并不是福柯那样解构真理和人文社会科学。中国话语权建设重在推进中国特色社会主义理论。⑤这对话语权的进一步研究很有警示意义。

关于话语权的本质和意义，学者秦廷华指出，在国际层面体现的是以美国为首的西方霸权国家和以中国为代表的发展中国家为寻求本国发展道路合法性之间的争夺；⑥学者侯慧勤指出，话语权体现着不同话语主体证成自身财

---

① 张国祚：《关于"话语权"的几点思考》，《求是》，2009年第9期，第43-46页。
② 张健：《话语权的解释框架及公民社会中的话语表达》，《湖南行政学院学报》，2008年第5期，第85-87页。
③ 侯惠勤：《意识形态话语权初探》，《马克思主义研究》，2014年第12期，第5-12页。
④ 徐国民：《话语、权力与社会价值》，《求索》，2008年第7期，第43-46页。
⑤ 赵修义：《中国话语权构建重在推进中国特色社会主义理论》，《中国浦东干部学院学报》，2016年第4期，第17-18页。
⑥ 秦廷华：《"中国式民主"要有自己的民主话语权——关于民主话语权问题的几点思考》，《理论与当代》，2009年第10期，第16-20页。

绪 论

富创造者的利益正当性;① 学者王伟光指出,物质决定精神,利益决定话语。唱响马克思主义、社会主义、共产主义,是一项长期的战略任务,这意味着两种力量,两种道路,两种前途的较量;② 学者林莺从哲学高度剖析,话语权根植于西方现代化进程中精神传统与现代性背离过程中,反映了话语主体对存在的焦虑和超越,是在争夺全面而自由发展的权利;③ 学者张健指出,争夺话语权的本质是话语资源分配;④ 从国际关系方面看,学者陈正良、胡舟霞和李雪指出,把握国家话语权有助于向世界传递清晰的"中国价值观",为中国在参与全球事务与对外交往实践中为自己的政策与行为确立合法性、合理性的"道义"依据,作为大国在引领世界价值观发展方向、丰富凝炼人类共同价值观的应有作为。⑤ 学者杨昕提出了价值多元背景下,必须积极回应来自意识形态领域的挑战,高度重视意识形态话语权问题。⑥

关于话语权的要素、特点和演化规律问题。学者李超民、李礼提出话语权核心要素是主体话语的说服力,客体活动的接受度,话语内容的感染力,话语方式的创新度以及话语环境的优化度。⑦ 学者陈曙光认为,话语权力的特点在于非强制性的操控主体,具有遗传和迁徙的传导规律,多方发散的运作方式等。⑧

学者王秀敏,张国启从本体论维度指出话语权应该是具有历史、社会和制度独特性的语言和文本,从知识维度阐释了话语权应该是具有独特性的陈

---

① 侯惠勤:《意识形态话语权建设方法论研究》,《中共贵州省委党校学报》,2016年第2期,第5-11页。
② 王伟光:《唱响马克思主义、共产主义的理论话语权》,载李慎明:《领导权与话语权:"颜色革命"与文化霸权:中国话语权研究2》,北京:社会科学文献出版社2016年版,第6页。
③ 林莺:《话语权成因之哲学反思》,《中州学刊》,2008年第6期,第256-258页。
④ 张健:《话语权的解释框架及公民社会中的话语表达》,《湖南行政学院学报》,2008年第5期,第85-87页。
⑤ 陈正良、胡舟霞、李雪:《论中国核心价值观凝炼构建与提升国家国际话语权》,《宁波大学学报(人文科学版)》,2013年第3期,第53-58页。
⑥ 杨昕:《中国共产党意识形态话语权研究》,博士学位论文,天津师范大学,2013年,第2页。
⑦ 李超民、李礼:《网络思想政治教育话语权研究》,《华侨大学学报(哲学社会科学版)》2015年第6期,第50-61页。
⑧ 陈曙光:《话语权是一种什么权力》,《光明日报》2015年1月15日,第16版。

述、范畴、信仰，从实践论维度论述了话语权应该是人们塑造世界的独特方式。① 学者陈曙光、刘影则指出，话语权的强弱与国家硬实力正相关，与国家软实力成正比，受到国家学术话语变迁的影响。② 研究话语权问题必须要把握好其要素并遵循其内在的固有规律。

关于话语权目前存在的问题。学者们认为当前话语权不足，问题之一是我国学术话语与西方强势话语存在着"学术话语逆差"。如在学术问题、经济问题、政治问题和社会问题上"唯西是举""食洋不化"，总是拿西方的理论来解决中国的问题。问题之二是在媒体尤其是新兴媒体中错误和腐朽社会思潮泛滥。错误和腐朽社会思潮不仅对社会主义核心价值观网络话语权构成严峻挑战，而且也对社会主义核心价值观的网络控制力造成巨大干扰。③ 问题之三是在国际关系层面上，设置国际议题的能力不足。④ 问题之四是国际社会中中国的国家形象被误读，国外民众对我国存在误解。这是话语权在国际领域不足的表现。

话语权不足的原因，学者们从多个角度进行了探讨。有学者指出，当今国际关系中，西方国家凭借其强大硬实力，将强权化为"真理"，造就强势话语霸权，在对外关系中推销自身价值观。⑤ 有学者尖锐批评学术界在研究国外思潮中存在的问题，指出学术界的研究缺少对外国哲学思潮发展大势的把握，有的学者甚至放弃了批判立场、臣服和接受现当代西方哲学，企图以西方哲学来统摄和建构中国哲学形态，试图打造"全盘西化"哲学版，这些问题严重干扰侵蚀着学术话语权。⑥ 在西方构建话语霸权过程中，媒体起到了推波助澜的作用。西方国家尤其美国抓紧网络话语权，采取强势话语攻势，冲击着我

---

① 王秀敏、张国启：《中国特色社会主义意识形态话语权提升的多维审视》，《湖北社会科学》，2014年第11期，第12-15页。

② 陈曙光、刘影：《论话语权的演化规律》，《求索》，2016年第3期，第22-26页。

③ 殷殷、姜建成：《社会主义核心价值观视域中的网络话语权建设》，《思想教育研究》，2015年第1期，第40-44页。

④ 张志洲：《提升学术话语权与中国的话语体系构建》，《红旗文稿》，2012年第13期，第4-7页。

⑤ 张殿军：《硬实力、软实力与中国话语权的建构》，《中共福建省委党校学报》，2011年第7期，60-67页。

⑥ 聂锦芳：《确立外国哲学研究的科学导向》，《人民日报》2016年3月21日，第16版。

绪 论

国话语权。而我国面对网络技术发展新态势,网络话语权建设缺乏得力措施,网络空间法律制度、道德规范缺失使网络话语权缺乏必要保障。

关于建构和提升话语权有效路径问题。已有的研究立足于自身对话语权的理解,从多种角度提出建议。从话语主体角度,有学者指出,把握意识形态话语权,主体要有坚定的理想和信念,向世界清晰地展现我们的理论自信、道路自信和制度自信。① 学者张国祚则阐释了党中央顺应时势、高度重视话语权的原因和做大做强话语权的努力。② 从传播角度出发,意识形态话语权建设既要重视"显在话语"又要重视"无声话语"的建设;③ 要在解析话语权生产机制,认识清楚话语信息是从话语主体经过权力传播的链条,在对话语客体产生影响取得效果之上产生的,因此要从"议程设置""解构框架"和"监测与网络化传播"方面来提升中国话语权。④ 网络是意识形态争夺的重要阵地。要构建权威的网络教育话语主题,选择科学网络传播方式和优化网络话语环境。⑤ 有学者从接受者角度强调,把握意识形态话语权要求话语主体具有实事求是精神,树立话语权底线,要有为民服务意识,体现话语权诉求,有面向未来意识,把握话语战略导向,有敬畏语言意识,做到话语权的自觉自省。⑥ 有的学者提出要加强意识形态话语权的基础建设,构筑好价值基础、认识基础和社会基础来增强意识形态话语权。⑦

对历史经验和其他国家把握话语权的经验借鉴。对话语权的构建离不开对历史经验和其他国家经验借鉴。学者李永进从历时态比较角度分析了党的第一代领导核心毛泽东吸收借鉴三民主义合理内核、以具有民族特色和民族风格的表达方式为载体,阐述了关于中国革命的一系列基本概念、范畴和原

---

① 张泽一、郭云:《我国意识形态话语权提升的辩证审视》,《甘肃社会科学》,2015年第6期,第248-251页。
② 张国祚:《关于"话语权"的几点思考》,《求是》,2009年第9期,第43-46页。
③ 张国启:《论思想政治教育学科的意识形态话语权建设》,《学校党建与思想教育》,2012年第25期,第7-10页。
④ 吴瑛:《中国话语权生产机制研究——基于西方舆论对外交部新闻发言人引用的实证分析》,上海:上海交通大学出版社2014年版,前言2-3。
⑤ 李超民、李礼:《网络思想政治教育话语权研究》,《华侨大学学报(哲学社会科学版)》,2015年第6期,第50-61页。
⑥ 李宏伟:《意识形态话语权的四个基点》,《理论月刊》,2016年第1期,第27-32页。
⑦ 王习胜:《意识形态及其话语权审思》,《马克思主义研究》,2007年第4期,第42-46页。

理，实现了政治话语、学术话语和大众话语的统一，这对中国共产党人赢得革命话语权至关重要；① 学者张国庆从共时态比较角度，揭示出美国长期保持强势地位，话语权优势是一个重要原因，指出话语权的形成离不开对媒体的借重和运用；还从成熟的传播网络、精心的国际形象策划、文化的张力和公信力的维系等方面论述了美国话语权的本质来源；② 学者韩辉、韩泊尧则分析了苏联丧失马克思主义话语权的原因，如话语权演变进程存在内在矛盾、话语交锋中呈现弱势、苏共领导人对话语权主导地位的放弃等，为我国把握话语权提供警示。③

众学者除了运用多学科视野从宏观领域把握话语权内涵、本质、存在问题和建设路径以外，还有一部分学者从微观视域针对不同群体话语权进行了研究。如有关农民工、弱势群体、知识分子、城市移民、受教育者等的话语权问题等，但这些话语权实质是对于不同群体的言语权利的研究，与话语的权力研究路径存在着重大分别。这些研究开阔了视野，是开展后续研究的基础。

2. 国内的核心价值观研究

从研究时间看，分三个阶段，第一是初步探讨阶段，指改革开放以来至党的十六届六中全会前的时期，研究主题是围绕我国社会转型时期的价值观念急剧变革探讨有关价值观的相关问题。改革开放以前十几年的价值观研究是被忽视和遗忘的，改革开放以后各种不同的价值观念相互撞击与冲突引发人们思想的困惑，价值观研究得以受到重视。研究成果方面，在召开多次全国性的研讨会、各地成立相关研究中心基础上，出版了200多部著作，发表了近700篇核心期刊论文，其中影响较大的如我国第一部价值论的专著——1985年学者李连科出版的《世界的意义——价值论》，提出了"马克思主义哲学应包含价值观点"④，对马克思主义价值观及相关概念、价值评价做了分

---

① 李永进：《〈新民主主义论〉与中国革命话语体系的建构》，《社会主义研究》，2014年第3期，第47-54页。
② 张国庆：《话语权：美国为什么总是赢得主动》，南京：江苏人民出版社2011年版，序2。
③ 韩辉、韩泊尧：《苏联马克思主义话语权丧失原因分析》，《理论探讨》，2016年第1期，第170-173页。
④ 李连科：《世界的意义——价值论》，北京：人民出版社1985年版，第5页。

绪 论

析,并着重指出了建立正确的价值观以适应改革实践的必要;1987年学者李德顺的《价值论》从真理和价值统一的维度,从主体性角度对价值问题进行研究;① 1991年学者袁贵仁《价值学引论》对价值的本质、社会作用做了思考,还专门研究了"价值理想""价值观念"与"价值规范"②;1993年李德顺《价值新论》阐述了多元价值观念体系的冲突,提出要以先进的价值观念体系进行价值导引的问题;③ 1998年学者胡振平探索了体制转型过程中"价值观的震荡"④,1999年学者兰久富出版的《社会转型时期的价值观念》则从价值变迁、价值标准、价值选择等概括和总结当前我国价值观冲突状况;⑤ 2004年学者陈章龙、周莉等《价值观研究》强调要构建中国特色社会主义价值体系;⑥ 2006年陈章龙《论主导价值观》提出了主导价值观的基础和功能、集体主义价值观的内涵与实现机制等问题。⑦ 四是从内容方面看,学者们不仅从宏观上探讨了价值认识、价值理论、价值观念、价值冲突等问题,对价值观的结构进行了划分,探讨了社会变迁与价值观变化的关系,分析了当前价值观念多元化及其冲突以及全社会建立共同价值观的必要性和可能性,而且还有一部分学者从微观视野或从实证出发,从不同群体角度论述了当代大学生的主导价值观、当代青年的人生价值观、当代共产党人的价值观等。

第二阶段,整体内部深化研究阶段,主要指2006年党的十六届六中全会直至习近平总书记的2016年"5·17"重要讲话前的时期。"社会主义核心价值体系"命题率先被提出,又在党的十八大上概括为"社会主义核心价值观",围绕两个核心概念的相关研究增多。形成了多方面成果。十年间,"读秀"上以"社会主义核心价值体系"为标题的图书有260余种,以"社会主义核心价值观"为题的图书为700多种;在中国知网上以两个词为篇名分别精确搜索(查询日期:从2006-10-11—2016-05-17),获得文献分别为9295条和11700条。

---

① 李德顺:《价值论——一种主体性的研究》,北京:中国人民大学出版社1987年版,前言第三页。
② 袁贵仁:《价值学引论》,北京:北京师范大学出版社1991年版,第373-388页.
③ 李德顺:《价值新论》,北京:中国青年出版社1993年版,第283页。
④ 胡振平:《市场经济与价值观》,上海:上海社会科学院出版社1998年版,第1页。
⑤ 兰久富:《社会转型时期的价值观念》,北京:北京师范大学出版社1999年版,第6页。
⑥ 陈章龙、周莉:《价值观研究》,南京:南京师范大学出版社2004年版,第133页。
⑦ 陈章龙:《论主导价值观》,南京:江苏人民出版社2006年版,前言第8-9页。

这些研究集中于价值论、科学社会主义、政治学、党建研究等领域。四是从研究内容看，主要有几个方面：第一，是社会主义核心价值体系和社会主义核心价值观的基本理论问题研究。内涵的研究，学者韩震认为，社会主义核心价值体系是在社会主义社会里的多种价值体系当中处于核心地位，起到主导、统领作用的价值体系，"决定着社会意识的性质与方向"①；是"社会主义意识形态的本质体现"②；学者吴潜涛认为，这种价值体系在伦理学上是价值认同问题，强调是在中国特色社会主义基础上形成的价值认同。③ 就二者关系而言，学者陈新汉指出，二者是属于内核和具体展开的关系。④关于意义，学者陈新汉认为，社会核心价值体系是一个"社会得以运转、社会秩序得以维持的基本精神依托"，是"党对意识形态进行反思的必然"；⑤学者徐蓉认为国家核心价值观的主动表达有助于我国国家形象的积极塑造；⑥ 学者侯惠勤强调西方"普世价值"思潮实质是将我国深化改革实践趋同止步于欧美文明，在此背景下，加强社会主义核心价值观的反渗透有助于我们超越西方文明而走向共产主义；⑦学者方爱东认为社会主义核心价值观的提出是党对中国特色社会主义的认识从制度层面深入到价值层面的最新标志，是党对社会发展规律的认识深化的表征。⑧ 第二，是社会主义核心价值观的形成、凝练概括、结构层次与特点研究。关于形成方面，学者田海舰对空想社会主义、科学社会主义、苏联"现实的社会主义"、中国特色社会主义价值观进行了梳理，提出不同领域的具体价值观和最高价值观——人的全面自由发展；⑨学者陈新汉提出了东

---

① 韩震：《社会主义核心价值体系是构建和谐社会的精神支柱》，《中国职工教育》，2007年第10期，第7-8页。
② 《胡锦涛文选》第二卷，北京：人民出版社2016年版，第639页。
③ 吴潜涛：《社会主义核心价值体系的科学内涵》，《道德与文明》，2007年第1期，第4-7页。
④ 陈新汉：《社会主义核心价值体系——从价值哲学的角度看》，《哲学研究》，2007年第11期，第17-23页。
⑤ 陈新汉：《社会主义核心价值体系——从价值哲学的角度看》，《哲学研究》，2007年第11期，第17-23页。
⑥ 徐蓉：《核心价值与国家形象建设》，上海：复旦大学出版社2013年版，第154页。
⑦ 侯惠勤：《"普世价值"与核心价值观的反渗透》，《马克思主义研究》，2010年第11期，第5-12页。
⑧ 方爱东：《社会主义核心价值观论纲》，《马克思主义研究》，2010年第12期，第127-135页。
⑨ 田海舰：《社会主义核心价值观研究》，博士学位论文，中共中央党校，2008年，第37-87页。

绪　论

西方核心价值体系研究的启示、国际共产主义运动中价值体系的思考、党探索社会主义核心价值体系历程、转型时期核心价值体系建设等问题；① 学者程伟礼、杨晓伟梳理了毛泽东、邓小平、江泽民、胡锦涛等国家领导人的社会主义核心价值观；② 关于凝练概括问题，学者方爱东指出，要把握一般和具体，"人的自由而全面发展"为一般，"以人为本""共同富裕""公平正义"是具体；③ 学者周蓉辉则认为还应包含"人民民主""文明先进""社会和谐"等内容；④ 学者沈壮海指出，要避免从文本和预设的逻辑框架来概括，而在社会主义的理论、运动和制度的统一中加以把握。⑤ 学者王烨等指出，社会主义核心价值的精髓就在于坚持实事求是。⑥ 总之，社会主义核心价值观属于历史生成之中，将随着时代变化不断凝练。第三，社会主义核心价值观培育弘扬研究。学者田海舰从世情、社情、国情和党情"四情交融"背景，建议从内在根据、理论依据、历史根据、现实根据层面分析培育根据和条件；⑦ 田海舰《培育和践行社会主义核心价值观多维研究》从注重党员、青年、知识分子、新生代农民工、社会中介组织、革命军人等主体的价值观培育，对我国传统社会、西方国家、社会主义国家核心价值观培育践行经验进行介绍；⑧ 有学者探索了具体建设路径，如传统文化涵养⑨、红色文化熏陶⑩、地方文化滋润⑪、制度文

---

① 陈新汉：《社会主义核心价值体系价值论研究》，上海：上海人民出版社 2008 年版，第 33-73 页。
② 程伟礼：《中国特色社会主义核心价值观的历史形成》，上海：复旦大学出版社 2012 年版，第 164 页。
③ 方爱东：《社会主义核心价值观论纲》，《马克思主义研究》，2010 年第 12 期，第 127-135 页。
④ 周蓉辉：《中国特色社会主义核心价值观研究》，博士学位论文，中共中央党校，2011 年，第 96 页。
⑤ 沈壮海：《解开凝练社会主义核心价值观的思维之结》，《思想理论教育》，2011 年第 21 期，第 10-12 页。
⑥ 王烨、阳叶青：《实事求是：社会主义核心价值的精髓》，《前沿》，2015 年第 4 期，第 12-15 页。
⑦ 田海舰：《社会主义核心价值体系培育纲要》，北京：人民出版社 2012 年版，第 1-4 页。
⑧ 田海舰：《培育和践行社会主义核心价值观多维研究》，北京：人民出版社 2015 年版，第 125-163 页。
⑨ 曹雅欣：《国学与社会主义核心价值观》，北京：光明日报出版社 2015 年版，第 9 页。
⑩ 韩延明：《红色文化与社会主义核心价值体系建设研究》，北京：人民出版社 2013 年版，序言。
⑪ 任者春、郭玉锋：《齐鲁文化与社会主义核心价值体系研究》，济南：山东人民出版社 2014 年版，第 11 页。

化约束①、社会思潮引领②等。第四，具体学校教育研究，如厦门市教育局课题组进行社会主义核心价值体系融入中小学教育全过程的研究；③学者徐贵权研究了社会主义核心价值体系融入国民教育方法的途径等。④

总之，此阶段成果丰硕，从科学内涵、缘起到意义，从形成、凝练概括、结构层次与特点研究，从其他国家比较研究到具体弘扬路径和教育对策都有较多论述，为后续研究打开了视野、奠定了基础。

第三阶段，把握话语权推进社会主义核心价值观认同阶段。在当代世界经济全球化、政治多极化、文化多元化和全球信息化带来的开放环境当中，我们越来越认识到，尽管我们对社会主义核心价值观进行了丰富的解读，但如果不抓住"话语权"这个突破口，就难以消除西方价值观话语霸权，社会主义核心价值观影响力、引领力、感召力就难以加强，也正是因为缺少话语权意识，以至于21世纪以来十多年里存在某种程度的社会主义核心价值观"边缘化"现实危机。为此，必须加快推进第三阶段的研究。梳理我国社会主义核心价值观话语权的内涵，把握其本质，以鲜明的大众话语吸引人民，坚守舆论阵地，捍卫人民利益，以党和政府为主导、党员为先锋进行模范带动，建设有助于不同群体理解的生活世界背景，以丰富的文化产品增进不同的话语体系的理解、优化好话语环境等亟待解决的问题。

3. 有关社会主义核心价值观话语权的研究

人们越来越认识到，在弘扬和践行社会主义核心价值观过程中，必须抓住争夺、捍卫、巩固社会主义核心价值观话语权这个核心问题。已有少量的论著对此进行了探索和分析。如学者胡宝平最早从话语权的角度研究社会主义核心价值观，在《社会主义核心价值体系引领力研究——基于话语权视角》

---

① 梁跃民：论中国特色社会主义核心价值观建设，博士学位论文，河北大学，2011年，第110-113页。

② 梅荣政、杨军：《社会主义核心价值体系与社会思潮析评》，北京：人民出版社2010年版，第225-229。

③ 厦门市教育局课题组：《社会主义核心价值体系融入中小学教育全过程的研究》，福州：福建教育出版社2008年版，第1页。

④ 徐贵权：《社会主义核心价值体系融入国民教育方法途径研究》，北京：中国社会科学出版社2015年版，第97页。

中，他提出社会主义核心价值观话语权就是以话语为载体、工具和建构手段，借助价值观支配和影响他人的能力。学者胡宝平指出了把握和提升话语权对于我们这个落后的发展中国家来说具有至关重要的意义，因为可以通过破解旧的"话语范式"，打破原有话语垄断格局，有助于破解"话语霸权"，粉碎西方社会思潮对现实问题的有批判无建构或对未来社会的建构幻影，粉碎对我国"西化""分化"图谋。①

学者朱文婷、陈锡喜在《习近平关于核心价值观话语权建构的三个维度》中阐明，习近平重要讲话从本体、价值和实践三重维度，确定了建构社会主义核心价值观话语权的基本框架，并阐释了核心价值观话语的历史、理论与实践的三重逻辑。②

学者刘勇在《当代中国主流价值观话语权的思想渊源与现实建构》中，挖掘了马克思主义经典文献和中国共产党的相关思想，分析了当代中国主流价值观话语权建构面临的国际、国内和自身建设方面的挑战，提出了建设当代中国主流价值观话语权的基本原则，并从话语主体、话语内容、话语方式、话语传播和话语反馈等方面提出了建构路径。③

朱文婷在《传播学语境中核心价值观话语权的三个向度》中，基于传播学语境，指出把握核心价值观话语权要考虑受众者的认知、态度和行动三个方面。认知向度重在讲清楚核心价值观的话语渊源，并设法将话语的即时性和流变性特征兼容。态度向度要融合国家、社会、公民三大话语主体的价值要求，并以"马魂、中体、西用"的多重价值导向对受众进行引领。行动向度则需借助叙事转换、权威影响和场域利用的方式，实现培育和践行核心价值观的目标。④

学者苏阳在《全球化时代社会主义核心价值观话语权探析》中，从国际关

---

① 胡宝平：《社会主义核心价值体系引领力研究——基于话语权视角》，《中共南京市委党校学报》，2014年第1期，第83-87页。
② 朱文婷、陈锡喜：《习近平关于核心价值观话语权建构的三个维度》，《中共天津市委党校学报》，2015年第4期，第24-29页。
③ 刘勇：《当代中国主流价值观话语权的思想渊源与现实建构》，博士学位论文，安徽大学，2017年，第140页。
④ 朱文婷：《传播学语境中核心价值观话语权的三个向度》，《思想政治课研究》，2015年第5期，第9-14页。

系角度提出要加强对外传播能力建设,强调转变话语方式,做好语境的转换,做好语言的转换,做好范式的转换,讲好中国故事,传播好中国声音。通过大力发展文化产业来获取世界人民认同。①

(三)亟待研究的问题

培育和弘扬社会主义核心价值观,离不开对话语权的把握;没有话语权,无法开展对西方话语霸权的解构,无法形成对社会多元、多样、多变价值观念和纷繁复杂社会思潮的有效引领。话语权是当前弘扬和践行社会主义核心价值观过程中的突出问题,话语权问题研究应当贯穿弘扬和践行社会主义核心价值观的全过程,从话语权视角研究社会主义核心价值观已成为亟待研究的问题。已有学者对此进行了关注和研究,取得了一些建设性成果,但也不可否认,对于社会主义核心价值观话语权的研究才刚刚开始,存在着诸多不足,需要在未来的研究中加以突破和深化。

首先,社会主义核心价值观话语权的概念需要梳理和界定。一是做好理论梳理工作,话语和话语权概念都是纯粹的舶来品,那么在中国的历史文化和现实语境中,其施指、受指都必然会发生变化,拥有具有中国特色的涵义。尝试探索社会主义核心价值观话语权的涵义,分析其内在本质和鲜明特征,使社会主义核心价值观话语权的核心概念清晰明朗起来。

其次,研究内容需要深化。一是需要在厘清核心概念涵义基础上,探索其内在结构要素,明确提升目标,准确把握提升社会主义核心价值观话语权工作的现实状况。对当前提升社会主义核心价值观话语权工作的成效、存在的不足以及问题的根源进行针对性剖析,并提出具有可操作性的策略建议;二是学者们虽然认为把握话语权对社会主义核心价值观的培育弘扬意义重大,但已有研究却大多把重心放在提升社会主义核心价值观话语权的意义方面,而忽视了对当前提升社会主义核心价值观话语权的现实基础的深入分析。这实际上不利于我们走出西方价值观话语窠臼,摆脱其话语霸权和全球宗教伦理的话语影响,把话语权牢固建立在社会主义核心价值观的基础之上。这些

---

① 苏阳:《全球化时代社会主义核心价值观话语权探析》,《河南师范大学学报(哲学社会科学版)》,2015年第3期,第13-17页。

都是未来需要加以重点研究的问题。

又次,研究视野需要拓展。社会主义核心价值观话语权的已有少量研究成果总体上呈现出学科面狭窄、内容分散破碎等特点,不够全面、深入和系统,研究视野存在一定的局限。未来研究要综合运用多学科研究成果,如从哲学深度分析其内在本质,运用结构学分析其结构要素,借鉴政治学、传播学、心理学等方法分析其现实状况、提出对策建议等。此外,基本问题视域需要拓宽,如在历时态视野中我国传统文化中主流价值观巩固话语权的基本经验、在共时态视野中西方学者对把握价值观话语权的论述等都需要在未来的研究中加以深化,为我国社会主义核心价值观话语权建设提供启示和镜鉴。

最后,研究方法需要更新。已有的研究学科视野较窄,未来需要运用多学科研究方法,从哲学、政治学、传播学、文化学和历史学等方法对社会主义核心价值观话语权问题进行研究,变革当前研究中存在的"三多三少"现象:理论性分析多,实证性研究较少;综合性分析多,具体研究少,重复研究多,实际应用型研究少。后续研究不仅要运用多学科分析手段,还要加强社会科学实证分析,对社会主义核心价值观话语权状况加以准确把握,才能增强对策和建议的针对性;在对策建议方面也要加强可操作性,以增强对实践的指导作用。

三、研究思路、方法和创新点

(一)研究思路

本书以全球化时代多元文化交融交锋中我国主流价值观存在"边缘化"现实危机问题为背景,引出对提升社会主义核心价值观话语权问题的现实思考。以探究核心概念为基础,在经典著作中溯源社会主义核心价值观话语权的理论基础,在对比研究中总结我国优秀传统文化把握主流价值观话语权的经验和西方学者对相关问题的论述,在实证分析中探寻提升社会主义核心价值观话语权的成绩、不足和问题根源,立足现实分析提升社会主义核心价值观话语权的具体路径。

具体来说,本书主要从以下几个方面展开:

绪论部分梳理社会主义核心价值观话语权研究的基本情况。首先从全球化时代多元文化交融交锋背景下,我国大型社会调查中显示主流价值观存在"边缘化"现实危机问题入手,引出提升社会主义核心价值观话语引领力必须抓住"话语权"这个核心命题,探讨了把握话语权对推进社会主义核心价值观研究的理论和现实意义。其次,梳理国内外相关研究情况,通过对话语、话语权、社会主义核心价值观、社会主义核心价值观话语权等方面的既有研究进展与成果的分析,提出了从梳理社会主义核心价值观话语权核心命题、进而探索其结构要素、分析其重要价值和现实基础、把握新时代以来社会主义核心价值观话语权成效、存在的不足和原因探源、进一步推进工作的基本原则和策略建议等方面开展深入研究的必要性。再次,对本书的研究思路、方法和可能的创新点进行了说明。

第一章对核心概念进行理论探索。在梳理话语概念、话语权来源、社会主义核心价值观涵义基础上,探索尝试界定社会主义核心价值观话语权涵义,分析其内在本质和基本特征,在深入剖析其结构要素基础上,阐明提升社会主义核心价值观话语权的根本目标。

第二章对社会主义核心价值观话语权进行思想理论溯源和域外文明互鉴。梳理了马克思、恩格斯、列宁、中国共产党人等马克思主义相关思想,挖掘了我国以儒家思想为代表的优秀传统文化中的相关思想,对西方马克思主义者葛兰西的文化领导权理论和布尔迪厄的符号权力理论相关思想进行了梳理和借鉴。

第三章分析提升社会主义核心价值观话语权的重要意义和现实基础。指出其重要意义在于突破西方价值观话语困囿、消除"主流价值观念边缘化"现实危机、增强我国"文化自觉"意识、提升我国核心价值观话语传播力,提升我国核心价值观话语引领力。指出解决和平和发展"时代之问"提供现实境遇、中国特色社会主义发展探索成就奠定客观基础、社会主义核心价值观的内在精神提供思想基础、中国社会信息化发展提供技术条件,新时代文化自信彰显则提供了主体基础。

第四章分析了党的十八大以来社会主义核心价值观话语权的发展成效和存在的不足,分析了问题存在的根源。认为十年来党和政府以及媒介等话语主体公信力得到提高;思想理论创新使话语引领力得到提升;媒介管理和媒介融合使话语传播力得到增强；恰当的话语转换使话语亲和力得到提高；新时代发展成就与根本变革使话语环境有所改善。同时指出仍制约和掣肘提升社会主义核心价值观话语权的现实困境，表现在我国核心价值观话语仍存在"话语逆差"、哲学社会科学话语影响力仍然较小、话语受众的话语接受效果存在差异变动、我国核心价值观话语传播路径仍显薄弱等。指出问题的根源在于话语主体素质和能力欠缺、不同话语系统存在冲突和矛盾、知情意行统一的发展过程存在断裂、社会发展引发核心价值观话语传播新问题以及满足美好生活的体制机制仍不完善等问题。

第五章提出了提升社会主义核心价值观话语权的基本原则和策略建议。强调要坚持以辩证唯物主义和历史唯物主义为指导，实现坚持意识形态工作领导权和夯实话语基础的统一，坚持提升话语权结构要素两点论和重点论的统一，坚持话语主体自觉和包容开放的统一。提出要强化话语主体的话语权自觉意识和话语协同作用、推动不同话语体系的协调统一和互动转换、坚持核心价值观话语传播文化路径来促进知行统一、进一步提升我国核心价值观话语嵌入力和国际感召力、以对人民美好生活需求的满足进一步优化话语环境等策略建议，以推动稳固和提升社会主义核心价值观话语权工作进一步取得实效。

(二) 研究方法

文献研究法：围绕研究目标，利用图书馆网络资源，分析整理相关著作、期刊文章、学位论文、研究报告、新闻报道等文献，夯实理论基础，构筑研究框架。

比较研究法：对我国传统文化中蕴含的核心价值观话语权思想进行挖掘，对其他国家学者相关理论的比较研究将获得启发和提供可资借鉴的经验。

跨学科研究方法。围绕研究内容，充分借鉴哲学、政治学、传播学等学科的研究理论和研究方法，对选题内容进行综合研究。

实证研究法：注重权威机构数据来说明观点，增强了文章的时效性、生命力和说服力。

(三) 本书创新之处

视野新。以话语权为视角，尝试提出社会主义核心价值观话语权的涵义，概括其内在本质,分析其鲜明特征,分析其结构要素,提出其提升目标,分析其时代价值,观察其现实基础,并对党的十八大以来我国提升社会主义核心价值观话语权的工作成效进行了初步总结,分析了当前仍存在的不足,探讨了存在问题的原因,提出了具体策略建议,打开了研究社会主义核心价值观的新视野。

内容新。对核心命题即社会主义核心价值观话语权概念的涵义作了必要的梳理,对其特征、结构要素进行了初步剖析;已有研究大都把重点放在对其提升意义的剖析,却把提升社会主义核心价值观话语权的可能性看作是一个理所当然的命题,缺少从理论上的深入剖析和论证。本书花费较多笔墨从实践层面、理论层面和技术层面对其现实基础进行分析,增强人们对提升社会主义核心价值观话语权可行性的认识。还对党的十八大以来我国社会主义核心价值观话语权的发展成效进行了初步总结,对仍存在的不足之处和原因进行了分析,有助于增强未来提升社会主义核心价值观话语权的针对性和有效性。

方法新。综合运用多种研究方法,跨学科研究方法,如马克思主义理论、哲学、政治学、传播学、语言学等进行跨学科范式研究;实证研究注重权威机构数据来说明观点,增强了文章的时效性、生命力和说服力。

第一章　社会主义核心价值观话语权核心概念及结构要素

第一节　"话语权"涵义

一、"话语"溯源

从"话语"的文字起源来看，我国古代话语中"话语"由"话"和"语"两字构成。"话"的繁体字是"話"，而"语"的繁体字是"語"。我国最早的词典《尔雅·释诂》对"话"的解释是"言也"①。我国古代具有百科全书性质的词典《广雅》对"语"的解释也是"言也"。我国古代解释词义具有权威性质的训诂专著《说文解字》中，"话"是"合会善言也，从言，舌声"②。"话"，善言也，就是好的话。我们可以看出，"话"即是"语"，"语"即是"话"，都是人们所说的话。但"语"也有不同之处。《说文解字》中，"语"为"论也。从言，吾声"③。表示交谈，谈论。这就表明"语"有不同于"话"的动态特征。

梳理古汉语中的"话"和"语"，二者都有言语之意，都包含个人说出的话、固态化的文本如词句、谚语等，不同的是前者还包含个体说话的意图，

---

① 邹德文，李永芳注：《尔雅·释诂第一》，郑州：中州古籍出版社2013年版，第63页。
② 张章主编：《说文解字》（上），北京：中国华侨出版社2012年版，第95页。
③ 张章主编：《说文解字》（上），北京：中国华侨出版社2012年版，第96页。

后者重在说话者之间的"论",讨论或者辩论,分别体现出静和动的不同特征。

古代汉语中没有"话语"一词,但有"言语"一词。《说文解字》中"言"解释,"言,直言曰言,论难曰语"。直接讲就叫"言";还用作名词,表示"言论"①,如"羊子感其言,复还终业"(《乐羊子妻》)。"言语",有"说话,说"之意,如《易·颐》:"《象》曰:山下有雷,《颐》,君子以慎言语,节饮食。"②"言语",有言辞,话之意。如《礼记·少仪》:"毋身质言语。"③可见,"言语"与"话""语"有相通之处,表示说话或言论。

当代我国最大规模百科全书《大辞海》中,话语的意思是,"①言语,说的话。②语用学术语,指具体使用的处于一个语境中的语言。③法国福柯用语,是其知识考古学中各研究领域或学科的结构"④。这里的"话语",一方面与我国古意相通,指所说的话,另一方面,指西方语言学概念中的术语,表示运用中的语言,或者法国学者的专门研究术语。

通过梳理发现,"话语"概念是个彻底的舶来品。我国学者研究指出,这个在当前已经被我国普遍接受的英译词语,源于英文 discourse,拉丁词头 dis 表示"穿越、分离和对称",词根 coursus 表示"线路、行走",大意是对事物演义、推理和叙说的过程。⑤《英汉辞海》中对 discourse 的解释为:n. ①[古]思维的活动能力、按必要的顺序有条不紊的能力;②用语言交换意见、谈话;③思想的表达,尤指口头或书面的有条理的表达;④演讲、论文,通常是详细的有条理的;⑤[语言]由两个以上句子组成的连贯讲话或文字。Vi. 讲话、演说;谈话交谈。Vt. [古]用语言或文字表白或陈述、讨论。⑥ 从中我们可以看出,"话语"至少有几层涵义:①主体表达思想的文本,包括口语、书面语;②主体表达思想的行为,演讲、陈述、讨论等;③主体表达的状态,一般是详细、有条理的。把握这些解释有助于我们进一步分析"话语"内涵。

---

① 张章主编:《说文解字》(下),北京:中国华侨出版社 2012 年版,第 636 页。
② 于春海注:《易经》,长春:吉林文史出版社 2006 年版,第 96 页。
③ 鲁同群注:《礼记》,南京凤凰出版社 2011 年版,第 138 页。
④ 《大辞海》在线辞典,上海世纪出版股份有限公司辞书出版社,2015 年 12 月,http://www.dacihai.com.cn/search_index.html?_st=1&keyWord=%E8%AF%9D%E8%AF%AD&itemId=105117,访问日期:2022 年 10 月 20 日。
⑤ 张宽:《Discourse(话语)》,《读书》,1995 年第 4 期,第 132-134 页。
⑥ 王同亿:《英汉辞海》(上)A-L,北京:国防工业出版社 1987 年版,第 1472 页。

第一章　社会主义核心价值观话语权核心概念及结构要素

"话语"在西方文化中可以说是一个比较复杂的概念,鉴于不同理论和学科立场,存在着如此众多的相互冲突和重叠的定义和阐释。古代修辞学家把修辞学看作是"一种能在任何一个问题上找出可能的说服方式的功能"①,为此需要的"话语"可以概括为:主体用按必要的顺序有条不紊组织起来语言或文字进行的表白、陈述,是一种在现实中发生的言语活动,强调了话语的逻辑推理的严谨性和论证方式方法的科学性。

结构主义语言学家索绪尔研究的内容是语言功能即意义如何产生的问题,关注共时态中使人们的言语活动成为可能的符号结构,也就是语言。语言是一般抽象的、客观静止的,"话语"就是多方面的和性质复杂的现实言语现象,只能导致混乱,这些"话语"只是作为研究"语言"的资料来使用。"话语"的表现形式是口语和书面语,是表达思想或意思的文字或说话,是研究语言的单位。

法国结构主义语言学家、人文主义学者埃米尔·本维尼斯特,(Emile Benveniste,1902—1976)在"语言主体性"理论中提出了奠基性的话语概念。话语是言说的人"在主体间性的条件下承担着的语言"②。本维尼斯特把"话语"看作是话语主体间现实的言语活动,揭示了话语的我你交往关系、参与和见证等特征,赋予了话语以语言学基石的地位,突破了索绪尔只见语言不见人的研究方法,推动了研究范式从语言向话语的转向,使话语具有本体论意义。

英国日常语言学家奥斯汀的言语行为理论是一种"语言即行动"说,"所有的话语都起施行功能,所有的言语都在实施各种各样的行为"③。"话语"是一定的合适语境下体现了人的真实意图的恰当性行动。语境也成为话语的要素之一。奥斯汀的言语行动理论发现了话语的人类行动特质,把结构主义语言学对话语的句子意义的语义研究推进到了对语言动态分析的语用研究阶段。

在巴赫金超语言学中,"话语"是语言最生动和最多面的价值存在,具有

---

① [古希腊]亚里士多德:《修辞学》,罗念生译,北京:世纪出版集团2006年版,第6页。
② [法]本维尼斯特:《普通语言学问题》,王东亮译,北京:生活·读书·新知三联书店2008年版,第301页。
③ [英]奥斯汀:《如何以言行事》,杨玉成、赵京超译,北京:商务印书馆2013年版,译者导言20。

意识形态性，是语言交际的最基本单位，是交往的主体间的言语行动的总和，"话语"的单位是具体的社会事件。巴赫金对"话语"意识形态式的理解和对人对话存在本质的强调，使话语研究进一步游离出语言学视阈，重建了西方思想史上曾被结构主义语言学切断的语言和主体以及外部世界之间的有机联系。

后现代主义学者福柯对"话语"的理解根本上不同于传统对"话语"意义和本质的研究，福柯重视的是话语的形成和话语的作用。"话语"作为福柯权力理论中的核心概念，绝不是单纯的语言学概念，话语绝对"不止"是用来确指事物的符号。[①] 话语在本质上是更为宏大的历史进程中的语言实践。"话语"的表现形式是陈述，而陈述强调实证。根据实证的陈述群来指出在什么样的时空条件下、社会事物间的关系、物与物间的关系是如何被语言建构并为语言所控制而存在、分裂和变异等，也就是说，福柯通过对话语的历史考察，揭示西方社会话语受制于权力运作的规则，从而把话语的语言学思考推进到了历史的权力话语研究。

哈贝马斯在市民社会公共领域框架下的话语民主理论是以具有主体间性性质的"话语"为基础的。在哈贝马斯看来，话语是一种认识方式，是具有主体间向度的具有言语行动能力的主体在交往行动中展开的以语言为媒介的对客观世界、社会世界和主观世界的认识，在交往中双方就世界中的某个问题达成共识。他把"话语"当作是一种曾经存在过却又被侵害而最终消失的理想，是当代交往的非现实形式，已经蜕变为独语，从而强调了话语对话等沟通规则的重要性。

当代批判话语领军人物费尔克拉夫将语言学和社会理论视阈的"话语"相结合并给予发展，做出了"社会话语论"[②]层面的界定，以研究话语变化的方法。他认为，在语言学层面上，"话语"包括书写的或者口头表达的文本，并且延伸到涵盖如视觉形象、作为文字和影像结合物的文本等符号形态；在社会话语理论层面，"话语"是语言的具体社会实践，在特定的语境之中通过遵

---

① [法]米歇尔·福柯：《知识考古学》，谢强、马月译，北京：生活·读书·新知三联书店2003年版，第53页。
② [英]诺曼·费尔克拉夫：《话语与社会变迁》，殷晓蓉译，北京：华夏出版社2003年版，第5页。

第一章　社会主义核心价值观话语权核心概念及结构要素

循语言规则和习俗等条件,以描述、沟通等行为建构和维持社会结构和社会关系,尤其作为政治和意识形态实践,会建立、维持和改变权力关系。[①] 揭示出话语背后蕴含意识形态价值观内容,把话语研究推进到了新阶段。

梳理发现,在近代西方语言学转向过程中,话语成为具有本体论意义的研究概念,也是认识论哲学的关注焦点之一,还是现代哲学和后现代哲学的研究讨论中的重要对象,有着十分重要的影响和理论价值。综合来看,"话语"具有语言学的物质形式,这种物质形式还随着文明的进步而不断拓展,是一定语境中交往的话语主体间的具体言语行为的总和,合理的话语形式应遵守一定的话语规则,话语内容则受到文化传统、权力附着的意识形态的深刻影响。因此,本书中的"话语"概念可以概括为,在一定语境中,由话语主体之间依据一定文化传统、社会历史背景的思想言说方式,在交往对话互动中形成的言语行为的总和,表现为口语、书面语、视觉形象、影视资料、电子媒介、言语行动等形式的陈述群。

二、"话语权"释义

马克思主义革命导师们虽然没有明确提出话语权的概念或命题,但他们对话语权力特质的分析无疑有助于我们对话语权概念的正确理解。追根溯源,是马克思(Karl Heinrich Marx,1818—1883)、恩格斯(Friedrich Engels,1820—1895)最早开启了话语的权力特质研究路径。[②] 早在19世纪40年代中期,马克思恩格斯就提出以实践唯物主义为基础的语言论,开创了以实践为根基的辩证唯物主义话语权力特质方法论。他们在合撰的《德意志意识形态》中宣示了著名的话语"双关定理"[③]:一方面,话语具有物质性、实践性,其产生发展同人类劳动过程、社会物质生活密不可分。"'精神'从一开始就很倒霉,受到物质的'纠缠',物质在这里表现为振动着的空气层、声音,简言之,即语言。"[④]另一方面,话语富有社会性、阶级性,作为思想的直接现实,话

[①] [英]诺曼·费尔克拉夫:《话语与社会变迁》,殷晓蓉译,北京:华夏出版社2003年版,第62页。
[②] 张寿强:《马克思主义道德话语权研究》,博士学位论文,苏州大学,2008年,第4页。
[③] 张寿强:《马克思主义道德话语权研究》,博士学位论文,苏州大学,2008年,第4页。
[④] 《马克思恩格斯文集》第一卷,北京:人民出版社2009年版,第533页。

语与社会中从事实践活动的人的利益和阶级属性密不可分。"统治阶级的思想在每一个时代都是占统治地位的思想"①，资产阶级有自己的统治语言，建立起符合自己利益需要的话语规范为自己辩护，而一旦统治话语达不到目的，就会毫不留情地抛弃其"自由、平等、博爱"等虚伪话语，代替以无情的暴力。资产阶级统治话语具有虚伪性，是维护统治阶级利益的重要手段；而工人阶级在社会化大生产中逐步产生出与剥削者完全不同的思想观念和表达其内容的语言。"逐渐变成一种和英国资产阶级完全不同的人，……说的是另一种方言，有不同的思想和观念，不同的习俗和道德原则，不同的宗教和政治。"②当阶级对立完全消失、各个世纪(存在的剥削的)传统的社会意识消失，在"思辨终止的地方，在现实生活面前，正是描述人们实践活动和实际发展过程的真正的实证科学开始的地方。关于意识的空话将终止，它们一定会被真正的知识所代替"③。这一表述则肯定了无产阶级在实践基础之上的话语体系具有真理性内涵。

列宁则强调了当资产阶级被推翻以后，话语权的斗争仍是阶级斗争的最尖锐形式之一。列宁认为，此时，必须警惕资产阶级知识分子运用报纸等工具对无产阶级进行的理论攻击。当无产阶级掌握政权，"谁要是大谈一般'自由'，谁要是为了这种自由而反对无产阶级专政，谁就不过是帮助剥削者，谁就是拥护剥削者，……自由如果不服从于劳动摆脱资本压迫的利益，那就是骗人的东西"④。这表明，话语权斗争是阶级斗争的基本形式之一。无产阶级不仅要阐明自己的纲领，还要驳斥来自反对派和敌人的攻击和污蔑，教育和引导群众。

毛泽东对话语背后的权力魅影洞察得也极为深刻。早在1925年担任国民党中央宣传部代理部长兼《政治周报》主编时，毛泽东就指出，为了民主革命必须打破反革命宣传。因为革命而得罪的敌人尽管惧怕革命，却不甘心放弃权力，企图调动所有力量来消灭革命，不仅包括本国和外国的军队警察，也

---

① 《马克思恩格斯文集》第一卷，北京：人民出版社2009年版，第550页。
② 《马克思恩格斯文集》第一卷，北京：人民出版社2009年版，第437-438页。
③ 《马克思恩格斯文集》第一卷，北京：人民出版社2009年版，第526页。
④ 《列宁选集》第三卷，北京：人民出版社2012年版，第810-811页。

第一章 社会主义核心价值观话语权核心概念及结构要素

包括国际宣传机关,和被敌人控制的报纸和学校。咒诅、污蔑、中伤,无所不用其极,以至真相隔绝,真理蒙尘。1927年《湖南农民运动考察报告》中,毛泽东尖锐指出,那些污蔑农民运动"糟得很"的论调恰恰是站在地主利益方面打击农民起来革命的理论,是企图维护封建旧秩序、阻碍民主新秩序的理论,是反革命的理论。[①] 总之,马克思主义革命导师们以一定条件下从事生产实践的人为出发点,开启了话语权力特质研究路径,有助于领悟话语权中蕴含的阶级性内涵。

后现代主义学者、法国哲学家、批判话语分析学者米歇尔·福柯则是明确提出话语权概念的第一人。他明确把话语当作研究宏观社会问题的工具来透视权力理论,是将分属于语言学概念的"话语"和政治学概念的"权力"联系起来的第一人。1970年春天,福柯任职法兰西学院院士,在《话语的秩序》演讲中,明确提出了"话语即权力"的著名命题。福柯总结了前期的研究成果,详细分析了话语结构和特征,而且开始以谱系学方法考虑控制这种话语生产的支配性程序,也就是研究"话语是如何形成的,话语为何会出现,又为何会消失"[②]的制度根源。为此他首次将权力理论引入话语理论,提出"话语即权力",讨论了话语和权力的关系。他认为,根本不存在纯粹的、没有功利的话语,存在的只有权力制约下的话语。他分析了影响和控制话语的权力因素,如禁律、理性对疯狂的区别和歧视、真理对谬误的区分等,说明话语乃是被控制的力量;分析了话语内部通过评论、净化和学科等原则来控制的对那些不可预测的"事件和偶然性"的话语表达;还分析了权力对话语主体的控制原则,如包括话语主体资质设定、具有制约性的社团原则、认可和服从的信条原则以及对控制话语的社会性占有等达到对话语的支配。福柯认为,每一个时代的真理、知识等话语背后都带着深刻的权力烙印。这种控制话语生产的权力,不是宏观的统治权,而是国家权力之外的一种微观权力理论,是规训化的现代统治技术学,是"制造以科学真理为构式本质的规范性权力话语"[③]

---

① 《毛泽东选集》第一卷,北京:人民出版社1991年版,第16页。
② [德]于尔根·哈贝马斯:《现代性的哲学话语》,曹卫东译,南京:译林出版社2011年版,第293页。
③ 张一兵:《回到福柯》,《学术月刊》,2015年第6期,第35-41页。

来直接干预生存的生命权力。话语权力的特点是它不仅是强制性的,更是生产性的。权力生产过程中,权力通过话语贯彻自身,话语是权力的媒介,社会机构是话语的寄居所,没有话语在其间生产、累积、流通与发挥功能,权力关系就不能建立起来,就是建立了也得不到巩固。总之,福柯通过对微观权力领域中权力运作技术、策略和机制的揭露,批判了当代资产阶级统治的新形式,揭露出深刻的社会现象:话语总是内涵着言说者的特定意图或目标,通过一定渠道以话语造就优势,是形成权力、施展权力、加强权力的关键。言说者通过恰当言语谋求主动,最大限度获取受众认可,就赋予了自己话语权,具有深刻的警示意义。

但作为一个带有浓郁后现代主义色彩的思想家,福柯话语权力理论局限也十分明显,就是无法在现代性的异化形式与合理内涵之间进行必要的区分。在福柯为我们描述的人人置身于其中的绵密的权力网络里,有两个致命弱点,一是忽略了话语权力的阶级性,没有揭露出话语权力的起源,话语权力是由谁控制的问题。福柯在《作者是什么》中说,"谁在说话有什么关系?"①轻易地将话语权力主体打发掉了,这样也就将人永远陷入被权力话语压抑而不自由的厄运当中。但我们知道,现实中的人所受的压抑、统治和不自由,并非来自透过话语的权力,而是来自缺乏正义基础的残暴的和被滥用的权力。二是将对权力的批判和对真理的分析完全对立,彻底否定了真理。福柯认为,真理就是权力的一种,它会激发尊敬和恐惧,因为它支配了一切,人们必须服从它,它是有权言说的人根据一定的仪式来表述的;它是提供公正的话语。②在福柯这里,真理沦为权力的奴仆,完全没有真理性可言。这不仅否认了自然科学领域对客观世界本质和规律正确反映的实证真理,而且也否认了政治领域的正确认识人民群众利益的政治真理。所以,当我们应用话语权力理论时,只有始终保持权力的人民性和权力的受约束性、永远保持对真理的向往和追求,才能使自身避免陷入福柯耗尽毕生精力全力批判的无所不在的话语

---

① [法]米歇尔·福柯:《作者是什么》,逢真译,载童庆炳、曹卫东编《西方文论专题十讲》,北京:高等教育出版社2005年版,第168页。

② [法]米歇尔·福柯:《话语的秩序》,肖涛译,载许宝强、袁伟选编《语言与翻译的政治》,北京:中央编译出版社2000年版,第5页。

第一章　社会主义核心价值观话语权核心概念及结构要素

权力陷阱。

德国哲学家哈贝马斯基于"交往"(communication)的话语伦理学,主张以话语民主达到相互理解、消除话语霸权、达成话语共识、导向某种认同。他基于普遍语用学为话语交往行为奠定了基础,对话语主体的"交往性资质"做了"创造并理解合乎语法的语句的能力"和"建立乃至理解交往模式和与外在世界相联结的能力"①的双重规定,同时,对话语主体的话语行为做出了三大"有效性要求":做出真实的陈述,做出真诚的意向表达,话语符合规范。即"真实性、真诚性和正确性"②的要求。哈贝马斯认为,只要话语主体自觉放弃权力、拒绝使用暴力,自由、平等地参与话语论证,怀着追求和服从真理的动机和愿望,人人都必须遵守通过话语共识制定的规则并承担实行这种规则带来的后果,在这种理想的话语环境里,话语主体之间就能通过没有强制和压迫的、自由和平等的对话来达成理性的共识与一致。③但问题首先在于,哈贝马斯的交往范式不适用于话语权力不对称条件下的话语实践。正如福柯所分析的,在没有消灭阶级和强权的情况下,人与人之间的交往关系被各种不平等因素支配,哈贝马斯设想的摒弃强制和压制的"理性话语环境"无法实现。所谓的"话语共识"不过是话语霸权的产物,仍然是权力运作的结果。因此,哈贝马斯希望的摒弃权力和暴力影响的平等话语交往不过是一厢情愿罢了。其次,话语民主属于程序主义的形式伦理学,要求话语双方根据一种公正的话语程序,经过多次反复论证达成理性共识,并最终根据法律程序制定出各方相互认可的规则与规范。但它仍然不是实质性伦理学,无法确保即使按照合法程序建立起来的共识的真实、公正和正确,难以避免会落入的"多数人话语的暴政"陷阱。最后,如我国学者谢立中分析的,即使沟通情境是理想的,人们也愿意遵循话语沟通的三大要求,但还需要一个至关重要的前提,那就是:参与对话的话语主体"必须同处于一个话语体系之下"④。如果没有

---

① [德]哈贝马斯:《交往与社会进化》,张博树译,重庆:重庆出版社,1989年版,英译本序第12页。
② [德]哈贝马斯:《交往与社会进化》,张博树译,重庆:重庆出版社,1989年版,第3页。
③ 章国锋:《哈贝马斯访谈录》,《外国文学评论》,2000年第1期,第27-32页。
④ 谢立中:《哈贝马斯的"沟通有效性理论":前提或限制》,《北京大学学报(哲学社会科学版)》,2014年第5期,第142-148页。

话语主体们共享的话语系统或者说是共享的生活世界背景,要想就实质性问题达成共识、解决纠纷进而实现社会整合就只能是不切实际的空想。哈贝马斯基于交往的话语伦理学存在着诸多局限,要求我们在应用话语权力概念时应当做出必要转换,但他提出的保持话语主体的交往性资质、确保话语有效性三大要求、遵循民主合法的话语程序等对话语规则的强调为我们提供了有益的借鉴。

当代对话语权力的研究仍在继续。费尔克拉夫在《语言和权力》(1989)、《批判的语言意识》(1992)和《话语与社会变迁》(1992)等著作中对话语和权力的分析,阐述了意识形态介入对维持和重建权力关系的深远影响。意识形态的本质是价值观,价值观的介入和发挥是影响话语权的深层力量。意识形态和价值观是支持话语权发挥效用和施加影响力的深层因素。费尔克拉夫对隐藏于话语权背后的意识形态和价值观因素的重视,提醒人们要增强话语权力意识,提高对话语权背后价值观因素的重视。

费尔克拉夫的警告言犹在耳,美国学者罗宾·洛克夫在《语言的战争》中已经精辟断言,未来权力和地位的争夺就是对话语权力的争夺。[1] 而国家间对话语权的争夺战早已悄然开始。二战后的西方凭借其强大的实力和媒体,以"话语瀑布"造就强势话语权,颠覆、打压社会主义国家与发展中国家的政权。苏联解体和东欧剧变的原因之一,就是苏联在西方的强势话语霸权面前丧失了自己的意识形态主导权,丢失了话语权,瓦解了自身的理论自卫能力和舆论引导能力。因此,我国学者张国祚认为,话语权就是指"关系国家生死存亡的意识形态主导权"[2];我国学者张健关于话语权两个维度的理论,把阶级维度看作是话语权力,是对话语的支配的能力和程度,把伦理维度看作是话语权利,是运用话语的资格[3],这已经涉及揭示了话语权的本质层次,即维护自身说话的权利;学者徐国民认为,话语权的含义有两个层次,一是从话语传播内容角度来说,话语权就是话语的解释力、说服力,主要是事实到底如何;

---

[1] [美]罗宾·洛克夫:《语言的战争》,刘丰海、郑保国译,北京:新华出版社2001年版,内容简介。
[2] 张国祚:《关于"话语权"的几点思考》,《求是》2009年第9期,第43-46页。
[3] 张健:《话语权的解释框架及公民社会中的话语表达》,《湖南行政学院学报》,2008年第5期,第85-87页。

第一章　社会主义核心价值观话语权核心概念及结构要素

二是从话语传播形式来看,话语权就是控制媒介获得的拥有传播主体信息的权力,意味着主体话语被传播出去。① 几位学者显然都是从捍卫我国人民主体地位的角度来阐释话语权的,正如学者赵修义提醒我们的那样,我国学者使用话语权与福柯对"话语权"的阐释的基本前提是根本不同的,我们是在肯定人民主体地位和真理的前提下来进行思考的,这对我们理解话语权的含义具有重要意义。

合而观之,"话语权"是一个具有多重维度的理论术语,其基本含义可以从以下几个方面来进行把握:

第一,话语权是用针对社会事件或者议论主题的陈述也就是话语来体现的权力,具有语言学的一般物质性,其话语文本可以有诸多形式,如口语、文字、视觉形象、影视资料、电子媒介、言语行动等陈述群,既包括实体形式,也包括虚拟形式。

第二,话语权反映了福柯所言的微观权力运行机制,体现权力的话语需要一定的渠道加以传播,社会机构是话语权力的延伸,提高话语文本的传播和消费有助于增强话语权。

第三,话语权是能够支配话语的权力,对话语具有强制性的影响力。在当代民主社会伴随着权力合法性的要求,越来越需要话语权具有软实力的内涵和遵守一定的话语规则,即符合话语民主程序。软实力越强,话语民主程度越高,影响力越强;反之,软实力越弱,话语互动越流于形式,影响力越弱。

第四,话语权的外在表现是话语所附着的价值观的影响力。话语权的核心内核是价值观,缺少价值观的话语没有说服力,影响力势必微弱;而价值观要发挥效用,就必须牢牢把握话语权。

第五,话语权根本上说是统治权力的体现,具有鲜明的阶级性。话语是权力附着的社会制度、意识形态和价值观念的载体,不同话语间存在激烈的斗争。阶级社会的权势集团控制和选择话语生产,被统治阶级则被剥夺了言说的权利,显然无法逃脱被统治集团及其话语权宰制的厄运。当无产阶级把政权掌握在自己手里,如果没有清醒的话语权自觉意识,也难以摆脱被西方

---

① 徐国民:《语言、权力与社会价值》,《求索》,2008年第7期,第43-46页。

话语操控的局面。无产阶级唯有基于自身历史文化境遇对人民共同享有的意义进行自觉的话语权建构,才能彻底变革这种状况。

因此,本书将"话语权"概括为,国家中的统治阶级、集团在一定文化传统、社会历史语境和生活世界背景中运用一定传播渠道,通过口语、书面语、视觉形象、影视资料、电子媒介、言语行动等话语形式传播价值观、引导社会舆论、支撑社会制度、延展阶级权力而形成的影响力。

三、"话语权"的基本特征

话语权是话语和权力交叉研究的结果,福柯全部工作重心在于重新阐释权力。那么福柯阐释的话语权力具有什么样的特点?福柯关注的重点不是谁掌握了权力,他不考虑权力的来源问题,而是考虑对权力机制的分析,也就是权力的细微管道,也就是权力是如何体现在具体的制度中的。① 权力的运作机制与权力的形式密不可分。关于权力的形式,美国学者约瑟夫·奈(Joseph S. Nye)在《权力与相互依赖》《变化中的世界权力的本质》和《软权力》等著作和文章中,提出软权力概念,认为它是一种吸引人的力量,是依靠吸引而不是威逼利诱来达到目标的能力。② 软权力概念拓展了以往权力就是"强制力"的单一内涵,增强了权力的合法性基础,丰富了权力的形式。苏珊·斯特兰奇(Susan Sruange)根据国际政治经济领域的新变化,提出了影响国际社会生产关系的新的知识结构,指出包括了信仰、知识和理解的知识结构会在不同的人之间传递,从而变革传统的权威中心。③ 苏珊·斯特兰奇的知识结构与约瑟夫·奈的软权力有内在共通之处,约瑟夫·奈则进一步指出了这种新兴权力的内在特点,并将文化、政治价值观和外交政策与制度等作为软权力的潜在资源。④ 苏珊·斯特兰奇的知识结构与米歇尔·福柯的"权力网络"观点也有共通之处,二者都重视微观领域知识承载的权力网络化传递过程。话语作为权力的媒介,是承载知识、真理、信仰、价值观等的载体,话语权作为一种

---

① [法]米歇尔·福柯:《权力的眼睛》,严锋译,上海:上海人民出版社1997年版,第231页。
② [美]约瑟夫·奈:《软实力》,马娟娟译,北京:中信出版社2013年版,前言第12页。
③ 樊勇明:《西方国际政治经济学理论与流派》,上海:上海人民出版社2003年版,第72页。
④ 樊勇明:《西方国际政治经济学理论与流派》,上海:上海人民出版社2003年版,第79页。

第一章　社会主义核心价值观话语权核心概念及结构要素

新的权力形式,归根到底是一种软权力。为此,需要把握话语权与传统强制性权力截然不同的新特征。

我国学者陈曙光指出,话语权在操控主体方面,是非强制性的;在传导规律方面,是能够遗传和迁徙的;在运行方式方面,具有多方发散的特征。①

从操控主体来看,传统的政治权力是以命令、服从等方式来加以实施,依靠军队、警察和司法等外部强制来实现,违背了政治权力的结果是遭受惩罚。福柯在《规训与惩罚》中为我们详细描绘了一幅18世纪以来渗透于刑罚技术中的权力技术学。话语权则不同,它是以传播、扩散的方式,通过将自身的思维方式、生活方式与价值观念等以话语形式出现,使接受者自觉认同。话语权不是强力支配人的行为,而是通过话语受众自觉认同来发生效力。从根本上说,话语权是特定阶级利益的体现,但因为受众的理解接受能力的不同,话语权建设就要尤其注意遵循自觉认同这一特点。

在传导规律方面,政治权力是被授予的,也是能够被剥夺的,具有刚性特征。话语权则是被获得的,能够凭借历史惯性强势遗传,也可以通过人口流动迁徙获得,具有易于接受的柔性温和特质。在当前网络信息时代,信息高速公路的发达还赋予了话语权在获得方面更加便利迅捷的特质。美国前总统克林顿在任期间,就曾经通过支持信息高速公路建设的计划,便于在21世纪控制网络战场,实现西方价值观传播和实现思想征服。正如习近平总书记指出的,如果不能过网络这一关,就过不了长期执政的关口。② 网络已经成为21世纪话语权争夺必须高度重视的重要战场。

在运作方式方面,政治权力是自上而下的"线性传导",具有明确的作用边界,主要影响人们的非日常生活领域。话语权力则是自上而下、由内而外、从中心到边缘多方扩散的"辐射",它没有固定的边界,广泛影响人们的政治生活、经济生活和日常生活。可见,话语权作为一种软权力,已经成为社会主义核心价值观培育与弘扬过程中必须予以高度重视和下大力气研究和解决的问题。

---

① 陈曙光:《话语权是一种什么权力》,《光明日报》2015年1月15日,第16版。
② 中共中央宣传部编写组:《习近平新闻思想讲义》,北京:人民出版社2018年版,第133页。

第二节 社会主义核心价值观话语权涵义及基本特征

一、社会主义核心价值观释义

2012年党的十八大提出了国家层面倡导"富强、民主、文明、和谐"、社会层面倡导"自由、平等、公正、法治"、个人层面倡导"爱国、敬业、诚信、友善",培育和践行社会主义核心价值观的重要任务,反映了党对"建设什么样的中国特色社会主义"的最新探索,是党对中国特色社会主义的认识从制度层面到价值层面的新认识。其内涵可以从几个方面来加以理解。

第一,从概念上来看,社会主义价值观,就是"社会主义社会对人类未来社会价值所求的基本看法和总体要求"。从1516年托马斯·莫尔发表《乌托邦》至今,社会主义已走过五百年的光辉历程。五百年来的社会主义运动,追求的社会主义理想,建立和发展的社会主义制度,全部表征着对无产阶级和广大劳动人民自由和解放的价值诉求。这种价值诉求延续了人类几千年来追求的社会价值理想,是基于否定资本主义现实社会基础上对更平等和自由的合理社会的美好理想价值诉求。社会主义经历了从空想到科学的理论飞跃,又实现了从理论到现实的重大飞跃。早期马克思主义者虽然没有明确提出"社会主义价值观"的概念,但他们每一次社会主义理论创新和实践探索,都内在地蕴含并反映着他们对社会主义价值观的深切向往与孜孜不倦的追求。我国学者田海舰分析了科学社会主义诞生至今的社会主义价值观的形式。[①] 他指出科学社会主义价值观的根本点就是无产阶级解放,实现公平正义、人权、自由与和谐的社会。苏联"现实的社会主义"价值观最主要的是列宁的社会主义价值观,即无产阶级夺取政权、进行社会主义经济、政治和文化建设,实现

[①] 田海舰:《社会主义核心价值观研究》,博士学位论文,中共中央党校,2005年,第42-87页。

第一章 社会主义核心价值观话语权核心概念及结构要素

发展生产力、民主、自由与人的全面发展的社会。中国特色社会主义价值观则历经社会主义革命、建设和改革时期的探索和积淀,于2006年在党的文献中被首次提出,即社会主义核心价值体系的科学命题。党的十八大又提炼概括出社会主义核心价值观。从根本上说,二者都体现了人们对美好生活的价值追求。社会主义核心价值观是党对"建设什么样的中国特色社会主义"的最新理解,是党对中国特色社会主义的认识从制度层面深入到价值层面的最新标志,反映了实践当中党对三大建设规律的认识,当然也必将随着党领导人民发展的新实践获得进一步的理论升华。

第二,从内容上看,社会主义核心价值观深刻体现了"实事求是"的马克思主义精髓。从终极意义上看,马克思主义的最高价值理想是实现共产主义,实现人的自由而全面的发展。但在经济文化落后的东方国家建设"中国特色社会主义"是我们必须经历的发展历程。以最高价值理想为指引,从现实出发的社会主义核心价值观,集中体现了实事求是的马克思主义精髓。富强,也就是国富民强,与资本主义社会两极分化不同,我们追求的是共同富裕,社会主义公有制为共同富裕和人的自由全面发展提供了根本保证,在全球化时代,富强是与世界合作共赢的富强;民主,也就是人民当家作主,是党的领导与人民当家作主和依法治国的有机统一;文明,就是以社会主义先进文化引领方向,以发达的社会主义文化产业培育文明公民和形成强大的文化软实力,同时与世界多样化文明包容共生、平等相待、交流交融,美美与共;和谐,是社会主义条件下公有制为基础、主体平等基础上的人与自然、人与人、人与自身和人与世界和谐;自由不是资本主义条件下少数人的自由,而是社会主义条件下,全社会成员在经济上共同占有生产资料、政治上共同享有平等权利、最广大人民享有最广泛自由的权利;平等并非传统的平均主义,而是社会中的各种主体在社会关系和社会生活中地位平等,具有相同的发展机会,享有同等的权利;公正是权利、机会、规则的全面公平,以社会公平正义保障体系来营造良好的社会环境造福人民;法治是人治的对立面,意味着"依法治国"的治国方式和"法律至上"的法治精神,是人们享受自由、平等和公正的保障。爱国是我国最重要的优良传统,也是实现中华民族伟大复兴的精神支撑;敬业不仅是社会道德的基本标尺,更是社会主义条件下在主体地位平等的过程中形成的，以为人民服务为核心，以集体主义为原则；诚信，既是个人以诚待人的优良传统和美德，是政府取信于民的基石和灵魂，也是社会主义市场经济得以良性运行的信用基石；友善，是以社会主义公有制为坚实基础的社会关系和睦、社会和谐。二十四字的社会主义核心价值观反映了当前党对理想的世界、理想的国家、理想的社会和理想公民的认识，为最高价值理想的实现创设了条件，反映了党在社会主义初级阶段建设中国特色社会主义实践进程中探索出的阶段性认识。随着实践发展、认识的加深、理论的创新，在实事求是原则指导下，我们必然能够在未来深入研究、概括总结的基础上继续凝练升华社会主义核心价值观。

第三，在性质上，社会主义核心价值观位居社会主义意识形态的核心。以辩证唯物主义和历史唯物主义为指导、科学社会主义理论为基础的社会主义核心价值观，属于先进的意识形态，是从反映事实的知识、科学和真理走向价值意识的，揭示、创造和表达着对社会主义的理性化、系统化的价值意识，是科学真理的价值体现。在总结社会主义理论、实践社会主义运动和建立与巩固社会主义制度的过程中，人民日益增进了对社会主义的价值自觉，不仅以社会主义价值取向指导社会主义运动，也依据这种价值对社会主义制度的具体设计以及实现社会主义的道路、途径和条件等问题不断探索，生动地展现出无产阶级和劳动人民在掌握科学真理基础上的自觉价值追求。[1] 制度蕴含着价值理想，制度的设计与安排总是围绕着价值理想而展开。制度蕴含着国家治理体系要求的价值规范，规范是在一定的价值观的支撑下确立的，确立了的规范又约束和指引着人们的行为指向特定的价值观。社会主义制度的精神内核，就是社会主义核心价值观，是国家治理体系现代化的灵魂。[2] 价值观和社会制度都属于上层建筑。社会主义制度作为政治上层建筑，归根到底是由经济关系决定的并由一定主观意图贯彻，属于派生和第二性的东西，属于思想上层建筑的核心价值观念更是其根本。社会主义核心价值观就像"精

---

[1] 方爱东：《社会主义核心价值观论纲》，《马克思主义研究》，2010年第12期，第127-135页。
[2] 沈壮海：《社会主义核心价值观研究的几点思考》，《学校党建与思想教育》，2015年第9期，第4-7页。

第一章 社会主义核心价值观话语权核心概念及结构要素

神的太阳","无论它照耀着什么事物,却只准产生一种色彩"①,那就是体现社会主体利益、反映主体意志的"色彩"。

第四,在定位上,社会主义核心价值观是多元化价值观念体系中居于核心地位的主导价值观。价值,是反映人类生活中客观普遍存在着的价值关系实质的哲学概念②,表示事物对人的意义。事物的存在本身是客观的,价值事实的存在也是客观的。价值观念则是对这种客观存在的价值关系的主观认识与表达。但价值观念因为主体的个体性和多维性,具有一定的主观性,即使对待同一个价值事实,也会存在价值观念的多元化现象。基于对价值观念中"主体的历史方位感"(即人的存在和地位方面的观念)、主体的"社会秩序的观念""社会规范意识""价值实践意识"(即主体追求价值时的思维特征)以及"价值本位意识"(即把哪种价值看得最为重要的不同认识),会在社会中积累形成不同的价值观念体系。③ 在当代主要是有封建主义、资本主义和社会主义的价值体系。当前价值观念多元化和多元价值体系并存是一种普遍的现实,但任何社会的稳定与发展都需要社会多元价值观念的有序和持有多元价值观念的人和谐共处,就要有为大家能共同接受的价值观,也就是一元的主导价值观。这个主导价值观在多元价值观念和多种价值体系当中处于核心地位,是由无产阶级中的先进分子组成的政党体察把握人民的客观需要而概括的,坚持人民主体,以人民利益为标准,学者李德顺将之称为"人民主体论的价值观"④,是迄今为止最为合理和有效的价值观念,是其他价值观念的统帅。

第五,在方法上,社会主义核心价值观需要执政党高屋建瓴自觉培育。⑤一个社会的主导价值观是由代表人民利益的先进政党着眼于全体人民共同利益和长远发展而提炼概括并在全社会推行的价值观。主导价值观只有被大多

---

① 《马克思恩格斯全集》第一卷,北京:人民出版社1995年版,第111页。
② 李德顺:《价值论——一种主体性的研究》,北京:中国人民大学出版社1987年版,第108页。
③ 李德顺:《价值新论》,北京:中国青年出版社1993年版,第267-269页。
④ 李德顺:《关于社会主义核心价值观的几个问题》,《上海党史与党建》,2007年第7期,第9-11页。
⑤ 侯惠勤:《在社会主义核心价值观的概括上如何取得共识》,《红旗文稿》,2012年第8期,第9-13页。

数人民接受才能转变成社会的主流价值观。社会主义核心价值观作为一种道德文化力量，遵循文化发展的一般规律。文化有自发性的一面，因为当前西方国家基于其信息优势、技术优势等对我国进行话语倾销，人们的精神生活容易被资产阶级意识所支配。如果盲目推崇自发性，实际中就会造成对资产阶级依附的后果，是臣服于资产阶级话语霸权的同义语。列宁对此发出过严厉的警告，必须警惕盲目崇拜自发性的错误倾向。[1] 因此，唯有文化自觉，以体现社会主义核心价值观的工人阶级政党的先进理论引领文化建设，才能打破资产阶级的话语霸权，自觉抵制西方文化渗透，走中国特色社会主义发展之路。马克思主义与资产阶级学说存在着根本不同，它不仅是解释世界的学说，更重要的是要改变世界。马克思主义以其对社会历史发展规律的深刻剖析，对人的需要和发展规律的深刻揭示，昭示出工人阶级唯有在其政党的价值理想指引下，才能走上一条逐步消灭剥削，消除两极分化，最终实现每一个人的全面自由发展之路，不仅使中国特色社会主义实践与共产主义最高价值目标有机相连，也走出了一条与资本主义现代化不同的道路。马克思主义以其科学的理论分析，为社会主义核心价值观奠定了科学基础，也使其具有了不可遏止的道义力量。学者侯惠勤就指出，能不能意识到需要对社会主义核心价值观进行自觉培育，是一个关系到社会主义发展前途的大问题，"本质上就是承认不承认资本主义必然被社会主义、共产主义所代替的历史规律问题"[2]。无产阶级及政党必须把社会主义核心价值观培育列为极为迫切和重要的历史任务之一。

总之，社会主义核心价值观可以理解为，以马克思主义为指导的，体现社会主义社会本质与发展方向，在社会主义运动中产生并反映人民利益和需要的价值目标与价值追求，对社会主义现代化和中华民族伟大复兴与人类命运共同体的构建起维系、引领和支撑作用的、需要执政党主动培育的价值观。

---

[1] 《列宁选集》第一卷，北京：人民出版社2012年版，第325页。
[2] 侯惠勤：《在社会主义核心价值观的概括上如何取得共识？》，《红旗文稿》，2012年第8期，第9-13页。

二、社会主义核心价值观话语权的含义和本质

一个社会的价值观的培育并不是在封闭的环境中进行的。在全球化、信息化带来的开放社会环境当中，不同的社会价值观之间进行着激烈的斗争。封建社会的腐朽价值观仍没有绝迹，西方国家也不会主动放弃话语霸权、反而竭尽全力使其价值观普遍化、绝对化，不遗余力地对我们进行倾销和渗透；但实践中，我们对社会主义核心价值观话语权的认识仍不足、实践中仍存在着诸多问题，结果封建社会价值观影响难以消除，西方价值观的影响仍然存在，人们对社会主义核心价值观认同度仍有待提高，社会主义核心价值观影响力和感召力仍然有待加强，甚至面临一定程度的社会主义核心价值体系"边缘化"现实危机。2009年《人民论坛》杂志社对8128人的调查显示，占36.3%的受访者认为"主流价值观边缘化"是未来十年的严峻挑战之一；① 2010年《人民论坛》杂志社与人民网和新浪网进行的9316人的"您认为主流文化边缘化现象是否严重"的调查结果又显示出，55.7%的受访者认为"严重"或者"比较严重"。② 而实际工作中，马克思主义在一些学科、教材和网站论坛中被有意回避等现象则进一步加重了主流价值观"边缘化"现实危机。③ 为扭转这种被动的局面，全面增强人们对社会主义核心价值观的认同，就要抓住争夺、捍卫、巩固话语权这个核心问题和关键所在。

(一) 社会主义核心价值观话语权的含义

社会主义核心价值观话语权，就是在多元社会价值观念和多样社会思潮面前，无产阶级政党及其领导下的人民群众作为话语主体把握意识形态工作主导权，以话语为载体和手段，借助社会主义核心价值观对他人进行影响、引领和感召的能力。

多元社会价值观念和多样社会思潮是提升社会主义核心价值观话语权必须面对的思想领域的现实状况。社会具有多元价值观念和多元价值体系，显

---

① 陈新汉：《警惕社会主义核心价值体系"边缘化危机"》，北京：社会科学文献出版社2011年版，第97页。
② 艾芸、杜美丽：《73.6%受调查者认为主流文化缺乏现实关怀——"主流文化怎么了"问卷调查分析报告》，《人民论坛》，2010年第24期，第14-17页。
③ 习近平：《习近平谈治国理政》第二卷，北京：外文出版社2017年版，第329页。

然是社会发展和开放的结果。但如果社会多元价值观念混乱无序，导致持有多元价值观念的人难以和谐共处，社会就无法保持稳定与获得进一步发展。因此，必然要求社会以社会主义核心价值观作为大家能共同接受的一元的主导价值观。但是社会主义核心价值观如果仅靠自发产生，不仅需要漫长的历史沉积，而且容易陷于资产阶级的文化渗透，造成对资产阶级的依附，而自觉培育社会主义核心价值观客观上需要把话语权作为突破口。

无产阶级政党及其领导下的人民群众是提升社会主义核心价值观话语权的话语主体。马克思主义认为，人民是社会物质财富和精神财富的创造者。话语主体是具有不同层次的，呈现出"一元主导下多元综合体"样态：人民群众的代表党和政府及其领导下的意识形态工作管理部门是主导主体，起主力军作用，其中，作为人民群众代表的中国共产党，是社会主义核心价值观话语主导主体中的核心力量。这是由中国共产党的先锋队性质决定的。在中国特色社会主义发展进程中，中国共产党没有任何特殊的利益，她能够体察民众意愿，代表人民利益，成为社会主义核心价值观话语的最重要的生产者；市场经济中的企业家、社会性组织或群体、网络中的意见领袖、社会中的普通个体也可以发挥较大影响，即使人微言轻，但信息经媒体、网络发酵会骤然放大，汇聚成民意洪流，形成"集束效应"，构成了基础性主体，发挥着绝对不能被忽视和轻视的基础性作用。

把握住意识形态工作主导权是提升社会主义核心价值观话语权的前提条件。意识形态是由适合一定的经济基础并竖立在这一基础上的法律的、政治的、宗教的、艺术的或哲学的等意识形式构成的有机整体，维护统治阶级的利益，对经济基础具有巨大的反作用。与意识形态作为一种思想体系具有的理论性相比，意识形态工作则是带有明确工作目标的具体工作，属于实践的范畴，涵盖了意识形态理论的构建创新、传播转化、交流斗争，涉及了理论研究、文学艺术、新闻宣传、思想教育等众多领域。意识形态工作的重要性是由意识形态具有的维护、巩固和发展自己的经济基础和政治制度，批判和破坏与之相对立的经济基础、政治制度，以及意识形态的功能决定的，意识形态工作因此成为宏观上和战略上国家和执政党必须高度重视和竭力做好的工作。主导是指引领全局，推动全局发展。把握意识形态工作主导权，要通

第一章 社会主义核心价值观话语权核心概念及结构要素

过理论创新、教育引导、文化渗透、制度体现等形式，为传播弘扬社会主义核心价值观创设条件。

话语是重要的建构手段。价值观要影响他人，就需要通过一定的话语形式进行广泛的传播。社会主义核心价值观要影响和感召他人，就要遵循人的认识发展规律和思想政治教育规律，通过特定的"话语转换"①，采取一定的具有针对性的吸引人民的话语模式，探索人们易于接受的话语形式。我国现代信息技术快速发展，还要探索媒介传播规律，主动进行议程设置引导传播内容、探索各种媒介形式的融合来进行先进思想理论和核心价值观话语的传播。只有积极研究和把握话语传播规律，才能有效提升社会主义核心价值观话语权，获得影响、引领和感召他人的能力。

话语总是产生于一定的历史语境，社会主义核心价值观话语是我国人民生存方式和实践智慧的总结。提升社会主义核心价值观话语权必然受到我国包括经济发展水平在内的国家实力的制约和影响。进一步创设良好的条件，提升国家实力水平，才能为提升社会主义核心价值观话语权带来积极影响。

(二)社会主义核心价值观话语权的内在本质

社会主义核心价值观话语权内在本质，决定着提升社会主义核心价值观话语权的根本价值指向，就是捍卫国家利益，证成我国发展道路的合法性，进而维护最广大人民的全面自由的发展权利。

当今国际社会中不同价值观念体系存在着激烈的竞争，不同价值观念体系的话语权之争恰恰是国家生存竞争的核心关键。少数西方大国凭借其长期工业文明发展的早发优势，借助商品、资本和武力等强大物质力量，将西方文化和价值观尤其政治价值观念体系四散传播，并将世界人民对平等、自由、公平、民主、繁荣等美好价值的追求等同于资本主义"普世价值"，把资本主义制度美化为"自由民主制度"，以强势媒体"话语瀑布"宣传形成覆盖世界的话语霸权，而且以自身价值观为标准横加干涉社会主义国家的发展实践，成为社会主义国家自主发展的阻碍。

社会主义核心价值观从根本上来说是关于我国社会发展道路、制度模式

---

① 许苏明：《论思想政治教育的话语转换》，《东南大学学报》，2014年第2期，第5-9页。

和生存方式等方面的价值观念体系。中国作为新兴大国、最大的发展中国家和社会主义国家，不仅要解决现代化进程中后发国家所具有的结构性问题，还要经受西方话语霸权的侵袭，才能避免自身话语权的旁落，避免执政党和政权以及社会制度的合法性和价值信仰危机。因此，捍卫国家利益，证成我国发展道路的合法性，进而维护最广大人民的全面自由的发展权利，是社会主义核心价值观话语权的内在本质。

总之，提升社会主义核心价值观话语权在国际层面体现了以中国为代表的发展中国家在面对以美国为首的西方国家话语霸权威胁时，主动争夺和维护本国发展道路合法性的努力，体现着我国人民证成自身财富创造者的利益正当性。因此，提升社会主义核心价值观话语权，有助于向世界传递清晰的"中国价值观"，为中国在参与全球事务与对外交往实践中为自己的政策与行为确立合法性、合理性的"道义"依据，作为大国在引领世界价值观发展方向、丰富凝炼人类共同价值观提供应有担当和作为。而提升社会主义核心价值观话语权，唱响马克思主义、社会主义、共产主义，显然意味着是一场与资本主义不同的力量、道路和前途命运的较量，因而也必将是一项长期的战略任务。

三、社会主义核心价值观话语权的基本特征

社会主义核心价值观话语权既具有话语权的一般特征，又具有自身特点。具体而言，在性质方面，社会主义核心价值观话语权是旗帜鲜明地捍卫话语主体的利益，具有强烈的真实性；在操控主体方面，提升社会主义核心价值观话语权工作是话语主体自觉采取的捍卫自身利益的积极行动，具有鲜明的主体自觉性；运行方式方面，社会主义核心价值观话语权并不是排外的、排他的，而是表现出"充分的开放性"[①]。

从性质方面来看，社会主义核心价值观话语权是旗帜鲜明地捍卫话语主体，也就是广大人民的利益，表现出强烈的真实性。在资本主义社会中，话

[①] 刘勇：《当代中国主流价值观话语权的思想渊源与现实建构》，博士学位论文，安徽大学，2017年，第34页。

第一章 社会主义核心价值观话语权核心概念及结构要素

语权是福柯揭露出的资本主义社会中普遍存在的一种与政治权力不同的统治形式,被统治阶级被绵密的渗透于社会各个领域的统治阶级权力话语所蛊惑,表面上被统治阶级是自觉认同了统治阶级设定的思维方式、生活方式与价值观念,但实质却是在不知不觉中受到了欺骗,维护的是资产阶级统治者的利益。因此,资本主义价值观话语权具有虚伪性、欺骗性,无产阶级作为话语受众是处于被蛊惑和被蒙蔽的状态。而社会主义核心价值观话语权则恰恰相反,具有强烈的真实性。这是因为社会主义核心价值观话语是最广大人民群众的利益和诉求、多数民众的眼前利益和长远利益的最好反映。例如"中国梦"话语,包含着国家富强、民族振兴和人民幸福的梦想,是社会主义核心价值观的集中反映,其价值内涵从根本上看,还是为了人民群众,更好地满足最广大人民群众的利益需求、情感需求,实现更美好的生活。再如"精准扶贫"话语,既是实现"中国梦"的必经途径,也是中国共产党和政府为实现"中国梦"的价值理想向人民做出的庄严承诺,这是任何自诩尊奉"自由、民主、人权"资本主义价值观的西方国家所难以企及的。

从操控主体来看,社会主义核心价值观话语权意味着话语主体要自觉采取捍卫利益的行动,体现出主体自觉性。社会主义核心价值观话语从长远上反映全体人民的利益,具备反映人民利益需求的真实性,却不能仅仅依靠其在民众心中缓慢自发生成。在当前社会,人们的精神生活受到依托商品、资本、武力等强大物质力量渗透的资产阶级话语威胁,受到没落的封建主义价值观话语侵蚀。为了谋求社会主义核心价值观话语权,提高社会主义核心价值观话语影响力,使全体人民凝聚起共识,精诚团结,更加坚定地走适合我国国情的发展道路,更好地发展人民的利益,要求社会主义核心价值观话语主体具有更加清醒的主体意识。也就是说,话语主体高度认同社会主义核心价值观话语真实性,表现在依托各种传播渠道对社会主义核心价值观进行持续渗透来提高民众接受和认同的自觉性,表现在把社会主义核心价值观渗透到国家大政方针政策、法律法规和日常生活领域,使民众在社会诸领域、具体生活中都能感受和认同社会主义核心价值观。

在运行方式方面,社会主义核心价值观话语权不是排他式、侵略式的话语权，而是展现出充分的包容性，具有"充分的开放性"[①]。我国话语主体为维护自身发展权利和利益，自觉提升社会主义核心价值观话语权，但方式却是开放性的，与西方国家排他式、傲慢式的话语权之间存在着极为显著的差别。以美国为首的西方发达国家竭力向全世界兜售其所谓的"普世价值观"，以此为标准非议、贬斥和诋毁其他国家的发展实践，其话语权显露出强烈的排他性、侵略性。我国仍处于社会主义初级阶段，经济的发展具有不同的层次性，人们的思想文化水平具有一定的层次性，社会主义核心价值观话语权唯有依靠话语魅力来引领和统摄形形色色的价值观，而绝非依靠强制、排他和操控来达成。再者，社会主义核心价值观话语的形成和发展需要合理继承马克思主义理论中的科学成果，创造性转化中华优秀传统文化中的有益价值资源，批判借鉴西方资本主义文明的合理成分，只有在开放地继承人类文明成果中才能形成。因此，社会主义核心价值观要提升话语权，唯有在交流、对话、交锋中不断汲取其他价值观中的有益成分，才能避免僵化、守旧的恶果，不断保持自身的生命力、吸引力和感召力。

第三节　社会主义核心价值观话语权的结构要素

任何事物都是单一和复合的统一。作为整体，社会主义核心价值观话语权具有其特定内涵，如果把它分解就不成其为它自身；但作为一个系统，社会主义核心价值观话语权又具有其内在的结构要素，否则人们就无法全面认识和理解它的产生、变化与发展。首先，我们需要对其内部结构要素进行深入剖析，以获得更深入的认识，更好地把握其要素并遵循其内在的固有规律。

一、社会主义核心价值观话语权结构要素

社会主义核心价值观话语权结构要素，就是社会主义核心价值观话语要

[①] 刘勇：《当代中国主流价值观话语权的思想渊源与现实建构》，博士学位论文，安徽大学，2017年，第33页。

第一章　社会主义核心价值观话语权核心概念及结构要素

实现影响、引领和感召他人所必不可少的元素。话语主体的公信力,话语内容的引领力,话语载体的传播力,话语方式的创新度和话语环境的优化度是构成社会主义核心价值观话语权的五个基本要素。

话语主体的公信力。话语主体,也就是话语言说者,就是由"谁"来说。根本上说,人民群众是社会主义核心价值观话语的生产者、受众和实践者。有学者研究指出,当前话语主体出现扩大和分层的趋势,呈现出"一元主导下多元综合体"样态:人民群众的代表党和政府及领导下的意识形态工作管理部门是社会主义核心价值观话语生产主体,处于主导地位,起主力军作用;市场经济中的企业家、社会性组织或群体、网络中的意见领袖、社会中的普通个体也可以发挥较大影响,构成了社会主义核心价值观话语权的基础性主体,发挥重要的基础性作用。社会主义核心价值观话语主体不再是单一性的生产者。[1] 但是,我们需要指出的是,作为人民群众代表的中国共产党,是社会主义核心价值观话语主导主体中的核心力量。这是由中国共产党的先锋队性质决定的。在中国特色社会主义发展进程中,中国共产党没有任何特殊的利益,她能够体察民众意愿,代表人民利益,成为社会主义核心价值观话语的最重要的生产者。公信力,就是使公众信任的力量。公信力,原来指人民群众对公共权力及其代表的信任程度。而本书中的话语主体的公信力,是指发布社会主义核心价值观话语的各层次主体的公信力。最重要的是社会主义核心价值观话语主导主体中的核心力量——中国共产党的公信力,还包括政府及其领导下的意识形态管理部门的公信力和体现社会主义核心价值观话语的非公共权力主体的公信力。根据哈贝马斯从普遍语用学角度出发对认知言语有效性的分析,当话语主体拥有公正品质、学术素养、道德境界等强"交往性资质",有助于受众对社会主义核心价值观话语的接受和认同,这种接受和认同反过来又会强化话语主体权威和话语的刚性力量。社会主义核心价值观话语言说者具有较强的公信力才能被人认可和接受。培养和提升话语言说者的公正无私品质,提高话语言说者资格、能力和水平,提升其话语主体公信力是提升社会主义核心价值观话语权第一要素。

---

[1] 张寿强:《马克思主义道德话语权研究》,博士学位论文,苏州大学,2008年,第27页。

话语内容的引领力。话语内容的引领力，具体来说，表现为党的思想理论的决断力、解释力、批判力、感召力等。决断力，就是为了实现价值理想，无产阶级政党及其领袖对时代主题、主要趋势和主要任务等重大问题的发现和判断，是政党所持的无产阶级立场与科学世界观、历史观和方法论的具体表现，通常围绕特定时期无产阶级价值观为指引的独特的思想体系或理论纲领来得到展现。如话语主题就是要解决社会主义核心价值观在特定的历史条件下围绕"何种主题"而展开的问题。"主题是特定时代和具体历史阶段提出的主要任务、展现的主要矛盾和面临的主要挑战。"[①]为了实现社会主义的价值追求，社会主义核心价值观话语权必然要围绕着有关中国革命、建设、改革和发展历程中所面临的时代课题和诸多社会问题而展开。解释力，就是为完成重大历史任务进程中开展政治动员而做的理论阐释，是政党尊奉的思想理论和价值理念深入社会实践与人民大众的方式，不仅能够清晰反映和说明社会现实新特征、新矛盾和社会发展趋势与规律，而且能进一步提出可行性解决方案，让每一个社会个体找到适合自身的合理定位与价值目标。批判力，就是揭露社会中存在的落后和腐朽的价值体系和价值观的没落本质、严重危害，及时排除其负面影响，体现无产阶级政党对当前主要矛盾、主要倾向与主要危险的判断与把握，是其政治敏锐性的直接检验，主要以思想斗争的方式进行。感召力，就是为了完成重大历史任务最大程度争取国际社会理解支持和追随、维护良好外部环境的能力，是"当代大国外交的新要素"[②]，主要通过提出重大国际议题和对外开展国际交流活动展现。

话语载体的传播力。社会主义核心价值观话语的负载、传播与交流离不开属于"居间工具"的各种物质载体。话语载体就是要解决话语"在哪说"的问题。加拿大学者马歇尔·麦克卢汉（Marshall McLuhan）在《理解媒介》（1964）中把西方传播工具发展史分为四个阶段：口头传播、文字传播、印刷时代和

---

① 侯惠勤：《马克思主义的意识形态批判与当代中国》，北京：中国社会科学出版社2010年版，第68页。
② 徐进：《感召力：大国外交的新要素》，《学习月刊》，2012年第9期，第42-43页。

第一章 社会主义核心价值观话语权核心概念及结构要素

电子传播时代。[①] 他开创性提出"媒介即讯息"[②]的著名论断,指出电子媒介瞬息万里的传播优势已使地球在时空范围内紧密结为一体,缩小成弹丸之地的"地球村",揭露了传播过程中媒介形式的革命力量。当今时代,报刊、广播、电视、第四媒体"网络"、第五媒体"新媒体"日益成为主要传播载体。随着高度信息化社会的到来,计算机、互联网和手机等不断融合,呈现出即时通信等"自媒体"[③]新样态,构成社会主义核心价值观话语的又一"主战场"。伴随着信息技术的发展,报刊、广播、视频、手机终端等媒介融合,逐步产生了"全媒体",就是"对媒介形态、媒介生产和传播的整合性应用"[④],对社会主义核心价值观传播力又提出了新的要求。传播力,是指社会主义核心价值观话语通过媒介传播对大众产生影响的能力。舆论传播阵地,社会主义核心价值观不去占领,各种异质价值观甚至腐朽没落的价值观就会去占领。媒介载体愈先进、愈广泛、愈合理,其拥有的话语"权势量"就越大,社会主义核心价值观话语传播力就越强。话语传播要遵循媒介发展规律、信息传播规律和受众心理接受规律。作为超越科恩(Bernard Cohen)的传统议程设置理论的以美国学者麦克斯韦尔-麦考姆斯为代表的第二层级议程设置理论认为,传媒不仅能成功告诉受众想什么,更需要注意的是,它还能成功告诉我们如何去想。[⑤] 这就要求在信息资源丰富的时代,充分考虑媒体议题、公共议题和政策议题与公众议题的关系,思考如何在把握舆论主动权中实现价值引导。

话语方式的创新度。话语方式就是要解决社会主义核心价值观"怎么说",就是"以什么样的方法和策略说"的问题。从话语的属性看,主要有文本话语、官方话语、传统话语、说事话语。但深奥抽象的文本话语、单调刻板的官方话语、晦涩难懂的学术话语和缺少沟通的说事话语显然会影响社会主义核心

---

① [加]Marshall McLuhan:《传播工具新论》,叶明德译,台北:巨流图书公司1978年版,译序第6页。
② [加]马歇尔·麦克卢汉:《理解媒介:论人的延伸(增订评注本)》,何道宽译,南京:译林出版社2011年版,第16页。
③ 邓新民:《自媒体:新媒体发展的最新阶段及其特点》,《探索》,2006年第2期,第134-138页。
④ 姚君喜、刘春娟:《"全媒体"概念辨析》,《当代传播》,2010年第6期,第13-16页。
⑤ [美]麦克斯韦尔-麦考姆斯:《议程设置理论概览:过去,现在与未来》,郭镇之、邓理峰译,《新闻大学》,2007年第3期,第55-67页。

价值观话语的接受度。根据日常语言学家奥斯汀对话语行为提出的话语除了要考虑真、假的问题,还要考虑是否合理、得体、是否合适的问题即"适当与否"的评判标准;以及哈贝马斯认为话语行为必须遵循一定的民主运作机制,遵循一定的程序和遵守"真实性、真诚性和正确性"的话语有效性要求,所以,为了使社会主义核心价值观传播收到理想的话语效果,社会主义核心价值观话语同样要注重"真实性、真诚性、正确性、程序性、适当性"要求。真实性就是符合客观世界的事实,正确性就是符合社会规范(如法律、道德等),真诚性就是融入话语主体的积极情感和意愿,程序性就是话语主体之间在公共领域进行充分的理性商谈,适当性就是话语内容契合话语双方所在的话语情境。同时,即使真实和正确的文本话语、官方话语、传统话语、独白话语等也要实现向饱含情感和互动的日常话语、大众话语、现代话语、情感话语和对话话语的"话语转换"[1],将使社会主义核心价值观话语更为容易被接纳和理解。

话语环境的优化度。话语内容的言说效果与话语的社会语境紧密相关。社会语境是话语主题、话语内容得以产生的母体。根据索绪尔的研究,话语主题和内容具有任意性和强制性,任意性反映了话语主体的自由意志,但也并非毫无限制,要受到使用语言的社团的规范性的制约,也就是社会语境的制约。社会语境,就是社会主义核心价值观话语主题和内容赖以存在和生发的社会结构、生活世界和意识形态的统一体。社会主义核心价值观话语主题和内容是在转型中国变化了的社会结构中产生的,必须植根于与民众的生存息息相关的日常生活领域和由政治经济、经营管理和社会化大生产等非日常生活领域,反映社会主义生产关系和经济基础。作为一种相对独立的社会意识,社会主义核心价值观话语以其契合社会语境的主题和内容又产生巨大的反作用。也就是通过社会身份、社会关系和知识与信仰体系的建构,有助于推动社会结构变革、丰富生活世界和巩固意识形态。总之,社会主义核心价值观话语主题和内容的有效性与话语对象所处的语境密切相关。[2] 为此,扎实

---

[1] 许苏明:《论思想政治教育的话语转换》,《东南大学学报》,2014年第2期,第5-9页。
[2] 张寿强,李兰芬:《马克思主义道德话语的境况及其建构》,《学海》,2010年第6期,第23-26页。

第一章　社会主义核心价值观话语权核心概念及结构要素

解决前进道路上存在的各种障碍，创设良好的经济社会发展条件，有效提升国家实力水平，对社会主义核心价值观话语权将带来重大的积极影响。总之，要想提高社会主义核心价值观话语权效果，就需要不断提升社会主义核心价值观话语权各个结构要素水平及结构要素之间的相互作用。

二、社会主义核心价值观话语权提升目标

根本目标在于获得人民对社会主义核心价值观的认同，进而达到"两个巩固"目的，就是"巩固马克思主义在意识形态指导地位，巩固全党全国人民团结奋斗的共同思想基础"①。

托克维尔曾言："一个社会要是没有这样的信仰，就不会欣欣向荣；甚至可以说，一个没有共同信仰的社会，就根本无法存在。"②个人没有生活目标，生命就缺少意义；群体没有信仰，就是缺少活力和必将瓦解的群体。要形成中国特色社会主义实践和社会主义制度的精神支撑，为我国国家治理能力现代化提供灵魂指引和为实现中国梦提供源源不竭的力量源泉，就要通过牢牢把握住话语权进而培育起人民对社会主义核心价值观的认同来起作用。认同概念源自英文 identity，是心理学术语，表明个人对他人或群体的心理和感情趋同的倾向。③后来外溢拓展到社会学、哲学和文化学等领域。它指的是"个体对自己所属身份或群体的一种带有肯定性的心理判断和情感归属，是民众经过理性的思考和判断，自愿向公共权力表示出来的基本心理倾向。"④马克思主义认为认同总是在交往的实践中产生，鉴于交往实践中主体利益的多元性、主体行为和实践选择的自主性，主体价值观念多元化导致价值冲突，带来了价值整合、价值认同的需要，因此认同是一个动态的充满矛盾的辩证发展过程。社会主义核心价值观认同就是人民群众重新定位自身价值观念，逐步接纳、理解社会主义核心价值观，并将之作为价值实践活动中的自觉行为

---

① 习近平：《习近平谈治国理政》，北京：外文出版社2014年版，第153页。
② [法]托克维尔：《论美国的民主（下册）》，董国良译，北京：商务印书馆1989年版，第575页。
③ 车文博：《弗洛伊德主义原著选辑（上卷）》，沈阳：辽宁人民出版社1988年版，第377页。
④ 孔德永：《当代我国主流意识形态认同建构的有效途径》，《马克思主义研究》，2012年第6期，第91-99页。

与实践选择。包含以下四个方面：情感认同虽不具有理性基础，但却是最直接、最不自觉、不假思索地影响人的行为，具有原始和自发性质，在人的思想深处根深蒂固；认知认同是从理性层面的认同，以经验事实和逻辑分析为前提依据，具有充分的理由与根据；信仰认同是基于自己对社会主义核心价值观的极度确信而执着追求的信念，是情感认同和认知认同的升华，是最为坚定的认同形式；实践认同是上述认同的外在表现形式，情感认同、认知认同和信仰认同构成了实践认同的基础，有什么样的情感认同、认知认同和信仰认同就会表现出什么样的实践认同，四者之间是辩证有机统一的关系。只有达到社会主义核心价值观念的认同，才能使社会主义核心价值观的"灵魂"马克思主义成为全党全国人民发展的"导航灯"，把建设好发展好中国特色社会主义作为"共同理想"，艰难困苦中以爱国主义为核心的民族精神和改革创新为核心的时代精神作为精神支撑，进而巩固好全党全国人民团结奋斗的共同思想基础。

本章小结

本章在系统梳理相关核心概念基础上，指出社会主义核心价值观话语权就是在多元社会价值观念和多样社会思潮面前，无产阶级政党及其领导下的人民群众作为话语主体把握意识形态工作主导权，以话语为载体和建构手段，借助社会主义核心价值观影响他人的能力。提升社会主义核心价值观话语权的本质，就是捍卫国家利益，证成我国发展道路的合法性，维护最广大人民自由全面发展的权利。社会主义核心价值观话语权具有内容真实性、主体自觉性和充足开放性的鲜明特征。话语主体的公信力，话语内容的引领力，话语载体的传播力，话语方式的创新度和话语环境的优化度是其基本构成要素。提升社会主义核心价值观话语权的根本目标是实现人们对社会主义核心价值观的认同。

第二章　社会主义核心价值观话语权思想理论溯源与域外文明互鉴

"历史从哪里开始,思想进程也应当从哪里开始,而思想进程的进一步发展不过是历史过程在抽象的、理论上前后一贯的形式上的反映。"①社会主义核心价值观话语权命题的提出虽然较晚,但在科学社会主义运动历程中,社会主义核心价值观话语权思想却犹如"一根红线"贯穿始终,构成了当代中国社会主义核心价值观话语权的主要思想来源和理论基础;"传统是秩序的保证,是文明质量的保证"②,社会主义核心价值观话语权思想蕴含着深厚的传统文化渊源;作为开放的与时俱进的理论,社会主义核心价值观话语权也是借鉴西方马克思主义有关领导权理论等人类文明成果的产物。

第一节　社会主义核心价值观话语权理论追溯:马克思主义相关思想

一、马克思恩格斯科学社会主义价值观话语权思想

虽然马克思恩格斯没有明确提出这一命题,但在追求被压迫的无产阶级获得解放,追求公平正义、人权、社会富裕、和谐,最终使每一个人成为"自

---

① 《马克思恩格斯文集》第二卷,北京:人民出版社2009年版,第603页。
② [美]E. 希尔斯:《论传统》,傅铿、吕乐译,上海:上海人民出版社2014年版,第20页。

由全面发展的人"的价值理想过程中,其丰富的科学社会主义价值观话语权思想为我们提供了丰厚的理论基础。

(一)必须冲破剥削阶级意识形态牢笼

意识形态现象虽然是伴随着阶级社会而产生的,但直到马克思恩格斯才赋予了意识形态以科学性。他们的意识形态理论,首要就是对旧哲学以及既往所有意识形态的"虚假的意识"①的深刻理论批判。在《德意志意识形态》中,马克思和恩格斯尖锐抨击,"统治阶级的思想在每一个时代都是占统治地位的思想"②。这句话揭露了资产阶级虚伪地把自己的利益伪装成社会全体成员的共同利益,揭露出资产阶级意识形态的虚假性。而这已经成为现实的异化世界得以存续的理论庇护所,提升科学社会主义价值观话语权必须通过深刻的批判揭开传统剥削阶级意识形态虚伪的外衣才能开辟道路。马克思恩格斯的批判包括了对传统形形色色的剥削阶级意识形态的批判,如对黑格尔、黑格尔派哲学和德国古典哲学的批判;对法国资产阶级政治思潮的批判;对古典经济学、庸俗政治经济学等资产阶级经济学的批判;对资产阶级物役和新宗教以及人类学等的批判。③ 马克思恩格斯与错误思想进行坚决的理论斗争,使无产阶级挣脱了资产阶级虚假意识形态的精神束缚,为科学社会主义价值观争夺话语权提供了基本前提。

(二)必须构建起无产阶级意识形态并增强其说服力

只有构建起维护无产阶级利益的彻底的科学理论体系才能实现对革命实践的现实指引。④"消极的批判成了积极的批判"⑤,马克思虽然没有明确提出无产阶级的意识形态概念,但却在理论著述中公开表达了无产阶级意识形态的本质、任务、对未来的设想、战斗立场和基本要求。马克思揭示了无产阶级意识形态的本质:否定私有制度、反映无产阶级利益要求和价值取向的"价

---

① 《马克思恩格斯文集》第十卷,北京:人民出版社2009年版,第657页。
② 《马克思恩格斯文集》第一卷,北京:人民出版社2009年版,第550页。
③ 李淼:《从意识形态批判上升到科学意识形态的构建——再论马克思意识形态论内涵》,《求实》,2012年第6期,第26-30页。
④ 张一璠:《无产阶级意识形态理论基本框架形成的考察——基于〈共产党宣言〉及其之前的若干文本》,《思想政治教育研究》,2015年第4期,第33-36页。
⑤ 《马克思恩格斯文集》第九卷,北京:人民出版社2009年版,第11页。

值观的理论体系"①。关于任务,1848年《共产党宣言》中表明了无产阶级要同传统所有制关系和传统关系进行最彻底的"两个决裂"思想,表明了无产阶级意识形态的任务是否定私有财产,战斗的无产阶级要发展出自己的原则和思想体系即意识形态。未来的社会将是每个人都实现自由而全面的发展。关于战斗立场,无产阶级要达到目的,也需要"赋予自己的思想以普遍性的形式"②。在夺取政权的时候,需要以无产阶级意识形态传播自己的价值观并谋求主导地位;掌握政权以后,鉴于全球范围内资本主义生产关系的存在,意识形态所体现的阶级性也不会完全消失,无产阶级必须在物质和精神领域中都占据绝对权力,以对自己有利的意识形态体系对自身利益加以维护,为无产阶级统治提供合法性论证,这样才能巩固和捍卫科学社会主义价值观话语权。为此,要不断增强无产阶级意识形态理论的说服能力。要在实践中发展马克思主义,根据不同国家实际、不同历史进程的特殊阶段制定恰当的方针政策,形成吸引群众的价值观念。彻底的理论,就能说服人并掌握群众。无产阶级意识形态理论对事物和问题从根本上做出阐释和回答,使其具有真理的力量,使科学社会主义价值观开始获得话语权。

(三)锻造坚定的无产阶级政党和政论家

思想理论必须由人来投入实践,否则即使是正确的思想、科学的理论本身也什么都实现不了。"哲学把无产阶级当作自己的物质武器,同样,无产阶级也把哲学当作自己的精神武器。"③无产阶级政党和政论家是科学理论与无产阶级解放运动之间的桥梁和中介,向广大群众传播革命理论。无产阶级先进政党承担着传播捍卫科学社会主义价值观话语权的首要责任。马克思和恩格斯早就指出,共产党人在无产阶级政党当中,在理论方面的认识最彻底,实践方面最为坚决。④无产阶级先进政党要自觉主动地拿起话语权这个武器公开表明自己的观点,反驳资产阶级等敌对势力的污蔑和欺骗行径,启发广大

---

① 陈锡喜:《论意识形态的本质、功能、总体性及领域》,《上海交通大学学报(哲学社会科学版)》,2014年第1期,第5-11页。
② 《马克思恩格斯文集》第一卷,北京:人民出版社2009年版,第552页。
③ 《马克思恩格斯文集》第一卷,北京:人民出版社2009年版,第17页。
④ 《马克思恩格斯文集》第二卷,北京:人民出版社2009年版,第44页。

无产阶级觉悟和自觉为自身的利益而奋斗。这就要求无产阶级先进政党及其意识形态家要具备一定的素质。1847年，恩格斯在《共产主义者和卡尔·海因岑》中，通过对海因岑的批判，表明了无产阶级政党的政论家该有的素质。除了具有坚定的信念、善良的愿望和洪亮的嗓音以外，还需要诸如更多的智慧、更明确的思想和更好的风格以及更丰富的知识等。① 无产阶级政党和政论家要最广泛地宣传和引领革命群众，教育工人意识到与资产阶级的对立。他们要透彻传播各种理论问题，使群众彻底摆脱旧世界观的影响，不断扩大群众队伍，为追求科学社会主义价值观提供最根本的力量。

(四)把握党的报刊与公开出版物等传播载体

媒介是人思想和行动的延伸，党的报刊与公开出版物是无产阶级进行科学社会主义价值观话语权建设的重要传播载体。1849年2月的《〈新莱茵报〉审判案》中，马克思就强调了报纸的使命是社会捍卫者，具有维护自由人民精神的"喉舌"功能。② 恩格斯在1847年《共产主义者和卡尔·海因岑》中指出，党报的任务就是要对党的政策主张进行论证、阐发与捍卫，同时，驳斥和推翻来自敌对党的污蔑与诋毁。③ 对于德国民主派报刊来说，其任务就是要从各个方面证明民主制的必要性和实现民主制的可能性以及具体的实施对策等。④ 无产阶级应当借助报刊在最大范围内向最广大群众表明自身价值观、批驳资产阶级价值观及其社会制度根源以及颠覆这种剥削阶级价值观的可能途径，从而使科学社会主义价值观尽快地得到广泛传播。总之，马克思恩格斯强调要充分运用一切可以获得的报刊、出版途径、竞选宣传等进行科学社会主义价值观的传播、最广泛地影响工人群众。

(五)必须密切关注群众的利益问题

"理论在一个国家实现的程度，总是取决于理论满足这个国家的需要的程度。"⑤只有对社会历史发展进程中最为现实、最为迫切的时代课题进行回应，理论才能吸引群众。最为现实和最为迫切的时代问题都离不开对群众利益的

---

① 《马克思恩格斯文集》第一卷，北京：人民出版社2009年版，第664页。
② 《马克思恩格斯全集》第一卷，北京：人民出版社1995年版，第155页。
③ 《马克思恩格斯文集》第一卷，北京：人民出版社2009年版，第660页。
④ 《马克思恩格斯文集》第一卷，北京：人民出版社2009年版，第661页。
⑤ 《马克思恩格斯文集》第一卷，北京：人民出版社2009年版，第12页。

关注。"'思想'一旦离开'利益',就一定会使自己出丑。"①这就要求科学社会主义价值观话语权建设不能依靠简单背诵和重复"公式"而忽视人们的现实利益与现实期待。马克思就强调,无产阶级一旦掌握政权,就要努力发展生产;马克思和恩格斯在总结巴黎公社经验时指出,无产阶级专政必须要解决防止国家工作人员蜕变为"人民的主人",也就是产生新官僚的问题。他们提出,要对公社成员进行监督,人民既有选举权也有罢免公社人员的权利;强调废除个人集权制,尤其是废除最高领导职务的终身制;公职人员要有一定的任期,只拿基本工资等等。发展生产、实行民主体现群众的利益和需要。无产阶级政党要满足群众的现实利益,制定与之相适应的政策,才能获得群众足够的热情和关注。

马克思恩格斯为无产阶级解放运动贡献了毕生精力,他们丰富的理论著述和革命实践使原本被敌人看作是"脓疮"的无产阶级的崭新价值观呈现在世人面前。正如列宁的评价,"他们教会了工人阶级自我认识和自我意识,用科学代替了幻想"②,从而使科学社会主义价值观深入人心,激励全世界劳动人民为之奋斗。

二、列宁现实社会主义价值观话语权思想

列宁在一个经济上仍十分落后的留有农奴制残余和沙皇专制的帝国主义国家里,围绕无产阶级夺取、巩固政权,建立世界上第一个社会主义国家和对在落后国家进行社会主义建设的时代主题进行了艰辛探索。列宁虽然也没有明确提出社会主义价值观话语权概念,但其理论著述处处渗透着对现实社会主义价值观话语权问题的关注,这些成果至今仍闪烁着理性光芒,具有重要价值。

(一)揭示了"马克思主义每走一步都得经过战斗"的根本规律

在《马克思主义和修正主义》中,列宁指出,几何公理触犯人们的利益也必然遭到反驳,自然史理论触犯神学的腐朽偏见,引起了至今还有的最激烈

---

① 《马克思恩格斯文集》第一卷,北京:人民出版社2009年版,第286页。
② 《列宁选集》第一卷,北京:人民出版社2012年版,第89页。

的斗争。马克思恩格斯的学说提出了资本主义必然灭亡,无产阶级必然获得胜利的思想,必然遭受到前所未有的攻击。"这一学说在其生命的途程中每走一步都得经过战斗,也就不足为奇了。"①列宁批判了来自资产阶级意识形态的种种攻击,有效地捍卫了社会主义价值观话语权。列宁认为,20世纪初俄国以马赫主义即经验批判主义为代表的资产阶级新哲学,不外乎是18世纪贝克莱唯心主义旧哲学谬误的重复,实质仍然是不可知论和唯心主义,反映出其在理论上失去对科学客观性的信心,在实践上走向反动。② 在政治学方面,资产阶级学者将国家概念弄得极其复杂和混乱,实质是用国家学说来为资本主义辩护和维护资产阶级特权。③ 列宁指出,运用科学的马克思主义理论来考察国家的产生和发展历程,就会发现历史上社会是划分为阶级的,"国家是一个阶级压迫另一个阶级的机器"④。面对资产阶级利用宗教来麻痹劳动人民的问题,列宁重申马克思主义宗教观,即"宗教是人民的鸦片"⑤,指出,现代资本主义国家中宗教存在的社会根源是"对资本的捉摸不定的力量的恐惧"⑥,只有团结一致、自觉有计划地反对任何形式的资本统治,才能使宗教消亡。列宁的批判,提升了无产阶级的思想理论水平,使俄国的马克思主义愈加巩固和坚强、愈加生气勃勃,在工人运动中巩固了社会主义价值观话语权。

(二)明确要运用无产阶级意识形态的"革命武器"

列宁旗帜鲜明地提出,我们需要有无产阶级意识形态理论。"没有革命的理论,就不会有革命的运动。"⑦只有革命的理论才能加强革命者的团结,坚定信念,确定科学的斗争方式和方法,进而实现无产阶级的利益和价值理想。在阶级矛盾所分裂的社会中,是不可能有所谓"公正的"、超阶级的社会科学的。马克思主义是无产阶级的科学认识工具,剩余价值学说阐明了无产阶级在整个资本主义制度中的地位,给无产阶级指明摆脱被压迫地位和精神奴役

---

① 《列宁选集》第二卷,北京:人民出版社2012年版,第1页。
② 周宏:《列宁对资产阶级意识形态的批判》,《常熟高专学报》,2004年第5期,第7-10页。
③ 《列宁选集》第四卷,北京:人民出版社2012年版,第26页。
④ 《列宁选集》第四卷,北京:人民出版社2012年版,第33页。
⑤ 《马克思恩格斯文集》第一卷,北京:人民出版社2009年版,第4页。
⑥ 《列宁选集》第二卷,北京:人民出版社2012年版,第251页。
⑦ 《列宁选集》第一卷,北京:人民出版社2012年版,第153页。

的出路。事实证明,马克思主义就是"由资本主义训练出来的无产阶级的意识形态"①,是无产阶级的"革命武器"②。社会主义价值理想只有依靠本土化的马克思主义才能得到展现,这就要求马克思主义者必须研究、宣传、保卫马克思主义,并使之继续发展。列宁不仅购买马克思和恩格斯的著作手稿,加以组织出版,还收集整理俄国革命进程中的历史文献与资料,丰富了马克思主义理论研究。列宁还指出构成马克思主义的三个组成部分,强调无产阶级对待马克思主义的科学态度,就是不要将之看作死的教条,而应当把它看作活的行动指南。列宁还十分重视宣传和保卫马克思主义。列宁认为,资产阶级意识形态经过了长期发展和其理论家全面的加工包装,发展出了众多的传播工具,因此更需要不懈的斗争;另一方面,当革命形势遭遇挫折和低潮的时期,或者处在崭新的革命形势的新时期,就更需要根据形势宣传、坚持和发展马克思主义,防止马克思主义庸俗化,才能指导工人运动以及整个社会沿着较快较好的道路走向胜利。

(三)"思想的领导者"要注重理论的灌输和理论的通俗化

杰出的思想家,即革命的社会主义知识分子,是生产和传播社会主义价值观话语的重要主体。先进的思想理论学说总是在社会的有闲阶级当中经过其知识分子传承发展而来。科学社会主义学说的产生也同样如此,马克思恩格斯也是从资产阶级知识分子中成长发展,在继承发展了以往学说的基础上产生为无产阶级谋求解放的理论。《怎么办?》中,列宁指出,俄国科学的社会民主党理论学说也要依靠革命的知识分子来发展和创造。③ 创造出科学理论的先进思想家们把这个学说传授给"才智出众的无产者",灌输到无产阶级群众当中去。在《怎么办?》中,列宁还强调俄国社会民主党人要善于做无产阶级的"思想领导者"。理论斗争是与经济斗争、政治斗争并列的第三种形式的斗争,俄国社会民主党人应当把理论工作摆在与实践工作同样重要的位置,把理论

---

① 《列宁选集》第一卷,北京:人民出版社2012年版,第503页。
② 包毅:《意识形态是革命的武器——列宁意识形态观探微》,《社会主义研究》,2008年第5期,5-9页。
③ 《列宁选集》第一卷,北京:人民出版社2012年版,第317-318页。

工作和实践工作融为一体。① 应大量做宣传鼓动的工作，时刻保持理论家、宣传员、鼓动员的身份，去启发人们觉悟。列宁揭示了对工人运动进行科学理论灌输的原因。他认为，马克思主义这种科学理论并不能在工人阶级内部自发产生，工人阶级本身只能产生"工联主义意识"。② 如果崇拜工人运动"自发性"，轻视"自觉因素"就是社会民主党的作用，就是在加强资产阶级思想体系对工人的影响。为此，俄国社会民主党人要把"反对自发性"作为任务，发展工人阶级的政治意识。列宁还阐述了对工人运动灌输的方法。要提高马克思主义理论通俗化程度，通过通俗化的理论宣讲、感化和感染等使人们学习和接受马克思主义理论。1920年底，列宁在全俄苏维埃第八次代表大会上做经济任务报告，就曾做出"共产主义就是苏维埃政权加全国电气化"③的通俗形象比喻。列宁组织专家学者撰写、编著与发行的大量马克思主义理论的通俗读物与学术著作，使社会主义价值观走近群众，增强了吸引力。

（四）把党报党刊建成牢固的思想阵地

党报党刊是无产阶级先锋队获取无产阶级价值观话语权的重要载体与渠道，是政党引导舆论的"喉舌"。《怎么办？》中，列宁通过对创办全俄政治报《火星报》阐述了党报的阵地意义。"没有政治机关报，在现代欧洲就不能有配称为政治运动的运动。"④党报是理论斗争和宣传扩大党组织的"基线"⑤，是宣传党的工作从经济斗争走向争取自由与争取社会主义的革命斗争的"鼓风机"⑥，是党培养群众政治意识和革命积极性、锻炼群众从而进行伟大斗争的"脚手架"⑦，是准备应对一切情况，甚至在革命最"低沉"时期挽救党的名誉和威望，以及着手开始一直到准备和决定以及实行全民武装起义的措施。列宁严肃指出，党报机关必须坚持党性原则。党报内容必须在党的纲领内宣传，反映无产阶级群众的利益，要接受党的绝对领导，党报应成为充满战斗性的

---

① 《列宁选集》第一卷，北京：人民出版社2012年版，第79页。
② 《列宁选集》第一卷，北京：人民出版社2012年版，第317页。
③ 《列宁选集》第四卷，北京：人民出版社2012年版，第364页。
④ 《列宁选集》第一卷，北京：人民出版社2012年版，第372页。
⑤ 《列宁选集》第一卷，北京：人民出版社2012年版，第440页。
⑥ 《列宁选集》第一卷，北京：人民出版社2012年版，第447页。
⑦ 《列宁选集》第一卷，北京：人民出版社2012年版，第441页。

机关报，成为党的事业的一部分。列宁强调写作应成为党的工作的一个有机组成部分，党报工作者要坚守创作自由服从党的基本利益。列宁本人就曾担任过《火星报》以及多家报纸和杂志的主编。列宁对党报意义的论述，对党报机关和工作者的严格要求，确保了党报成为党的事业的宣传者和鼓动者，为社会主义价值观话语权建设开创了良好的阵地基础。

(五)要关注和满足人民群众的切身利益

现实社会主义价值观话语权建设如果不关注人对物质需要的满足，重视人们对现实物质利益的追求，必定会削弱表达效果，甚至会流于不切实际的空谈。1921年10月《新经济政策和政治教育委员会的任务》中，列宁总结说，战时共产主义政策在苏维埃国内外对敌斗争中起到了不可低估的历史作用，但也极大地损害了农民的利益，历史局限性日益显现，为此转而实行新经济政策，实行"同个人利益结合和个人负责的原则"①，才又把工农团结在自己周围。列宁告诫政治教育工作者，要用"经济状况的改善来衡量"②政治教育的成果。列宁在社会主义建设进程中，不被"书本公式"束缚，果断变革共产主义直接过渡办法，转向从"生活公式"③中学习、密切关注群众利益，迅速发展社会主义社会生产力，为社会主义价值观话语权建设提供良好经验借鉴。总之，列宁结合俄国革命和建设实际提出的现实社会主义话语权思想，历经岁月洗礼，日益彰显出真理性和科学性，是我们必须加以重视的重要思想来源。

三、中国共产党人社会主义核心价值观话语权思想

中国共产党人继承马克思主义经典作家社会主义价值观话语权基本思想，与中国具体革命和建设实践结合，把社会主义价值观话语权思想推进到新的历史阶段，提升到新的理论水平，进一步丰富和发展了社会主义核心价值观话语权思想。

---

① 《列宁选集》第四卷，北京：人民出版社2012年版，第582页。
② 《列宁选集》第四卷，北京：人民出版社2012年版，第591页。
③ 韩庆祥：《列宁哲学维度中的社会主义问题》，《马克思主义研究》2001年第2期，第25-30页。

（一）毛泽东社会主义价值观话语权相关思想

毛泽东作为伟大的马克思列宁主义者，在独立自主领导中国人民探索符合中国实际的革命和建设道路进程中，围绕推翻三座大山、建立独立自主的新中国、建立和巩固社会主义政权以及进行社会主义建设的时代主题，展现出对社会主义价值观话语权问题的丰富思考，直到今天依然发挥着深远影响。

1. 以中国化的马克思主义指导现实运动

这是获得和提升社会主义价值观话语权的基本前提。中国革命两次胜利和两次失败的事实证明，唯有以马克思列宁主义作为"矢"，来射"中国革命和东方革命这个'的'"，才能求得"把中国建设成为一个独立、自由、民主、统一和富强的新国家"①的价值理想。毛泽东较早地开始了中国化马克思主义的探索。1925年《中国社会各阶级的分析》和1927年《湖南农民运动考察报告》分析社会各阶级状况探索革命对象、动力和领导权等问题，精准把握了话语对象。1929年《古田会议决议》和1930年《反对本本主义》分析党内思想实际，反对存在的主观教条主义和经验主义，为我国独立自主进行社会主义价值观话语权建设奠定思想理论前提。1937年《实践论》和《矛盾论》把马克思主义理论和中国革命实践结合、把矛盾普遍性和特殊性结合，表明毛泽东探索的中国化马克思主义理论走向成熟，为社会主义价值观话语权建设提供了丰富的话语内容。1938年，在《论新阶段》报告中，毛泽东正式提出"马克思主义中国化"的历史任务，以此为思想指引，逐步地走出适合中国国情的革命之路，解决了中国革命的对象、动力、领导权和性质与前途等基本问题，取得了新民主主义革命的伟大胜利。新中国成立以后中国化马克思主义理论继续发展。1956年，毛泽东提出要对苏联建设的缺点和错误"引以为戒"②，提出了"第二次结合"的历史任务，就是探索适合中国国情的社会主义建设之路。毛泽东说，中国革命如此丰富，应该出自己的理论家，单靠老祖宗是解决不了新问题的。③ 正因为以中国化的马克思主义指导现实运动，中国共产党才能对中国革命和建设的重大理论和实践问题做出可贵探索，社会主义价值观也更深刻

---

① 《毛泽东选集》第三卷，北京：人民出版社1991年版，第1030页。
② 《毛泽东文集》第七卷，北京：人民出版社1999年版，第23页。
③ 《毛泽东文集》第八卷，北京：人民出版社1999年版，第109页。

第二章　社会主义核心价值观话语权思想理论溯源与域外文明互鉴

地被人民理解和拥护。

2. 阐明"掌握思想领导是掌握一切领导的第一位"①的科学命题

在中国这样一个经济文化都比较落后的国家，为了克服各种非无产阶级思想影响，确保党员群众团结一致完成任务，还要牢牢把握"思想领导"这个社会主义价值观话语权核心问题。1945年《论联合政府》中，毛泽东赋予思想教育以中国革命胜利经验的关键位置，"掌握思想教育，是团结全党进行伟大政治斗争的中心环节"②。要从加强思想政治工作和加强对错误思想的批判两方面着手。毛泽东认为，如果不解决好"掌握思想教育"这个任务，党的一切政治任务是不能完成的。③ 政治工作是党宣传组织群众、保证党团结统一、实现对各项工作领导的重要手段，更是社会主义价值观话语权建设的重要途径。教育内容包括科学理论的教育，当前时局的教育，党的路线方针政策和优良传统与作风教育等。坚持不懈进行理论批判，同各种非马克思主义和反马克思主义错误倾向做坚决斗争，是掌握社会主义价值观话语权的重要方面。毛泽东认为，革命必须先造成舆论，夺取政权才能改造落后的生产关系。④ 必须抓好舆论领域的斗争。如建党前后马克思主义经过对"问题与主义""关于社会主义问题"和无政府主义的论战才逐步深入人心，获得广泛传播；革命战争时期党有文武两条战线，除了军事战线的斗争，还有文化战线的斗争，如通过对"中国社会性质问题的论战、中国社会史问题的论战和中国农村社会性质问题的论战"⑤阐明党对中国社会性质和中国革命的正确主张；进入社会主义建设时期，仍要高度重视意识形态领域的斗争。⑥ 把握好思想领导才能维护社会主义价值观话语地位，巩固无产阶级政权。

3. 要善于吸收知识分子来壮大宣传队伍

毛泽东认为，革命斗争的胜利不能仅靠拿枪的军队，还要有自己的文化

---

① 《毛泽东文集》第二卷，北京：人民出版社1993年版，第435页。
② 《毛泽东选集》第三卷，北京：人民出版社1991年版，第1094页。
③ 《毛泽东选集》第三卷，北京：人民出版社，1991年版，1094页。
④ 《毛泽东文集》第八卷，北京：人民出版社1999年版，第132页。
⑤ 谢宝生：《略论二战时期关于中国社会性质问题的论战》，《上饶师专学报(社)》，1985年第3期，第47-52页。
⑥ 《毛泽东文集》第七卷，北京：人民出版社1999年版，第230页。

军队。1939年在《大量吸收知识分子》中,他就指出,只有充分吸收知识分子,"才能组织伟大的抗战力量,组织千百万农民群众,发展革命的文化运动和发展革命的统一战线"①。面对中华人民共和国成立初期和社会主义建设时期我国复杂多变的历史环境,党继续对资产阶级知识分子进行思想改造,使他们转变成为社会主义新人,同时以马克思主义学习教育活动锻造知识分子队伍。毛泽东强调要坚持不懈地抓社会主义思想教育工作,在各领域深入开展社会主义思想教育活动,引导知识分子同"工农群众结合",研究当前的实际情况,研究实际中的经验和材料,提升思想政治水平,促进社会主义价值观宣传队伍初步确立,为掌握和加强社会主义价值观话语权提供可靠力量保障。

4. 以报纸报刊为阵地抓好宣传工作

舆论是重大社会变革的先导,尤其在农民人口占80%的经济文化十分落后的我国进行革命,就更要注重革命思想的发动。毛泽东认为辛亥革命的失败就在于没有实现包括农民在内的民众的联合。② 毛泽东认为,省报"有极大的组织、鼓舞、激励、批判、推动的作用。"③要以报刊为宣传阵地来发动广大人民群众。如针对国民党反动派对红军的军事围剿和反动宣传,1929年7月,毛泽东朱德领导的红四军在闽西创立人民军队的第一份军报——《浪花》报。同年底,古田会议决议强调,"宣传工作是红军第一个重大工作"④,对红军宣传内容与宣传技术作出了详细规定。抗日战争时期,毛泽东要求要把办报当作与开会一样的重要工作方式,"全党办报"⑤。毛泽东亲自为《新华日报》《共产党人》《八路军军政杂志》等报刊写稿,多次与外国记者交谈,向全国和世界人民介绍我党我军团结抗战的政策和真实情况。解放战争时期,毛泽东等转战陕北,随行毛泽东的新华社等报刊成为揭露国民党发动内战罪行、开展舆论攻势的重要战线。毛泽东还强调要善于利用新技术来传播党的思想和主张。1940年12月30日晚,在陕西延安西北王皮湾村,"延安新华广播电

---

① 《毛泽东选集》第二卷,北京:人民出版社1991年版,第618页。
② 《毛泽东选集》第一卷,北京:人民出版社1991年版,第16页。
③ 《毛泽东文集》第七卷,北京:人民出版社1999年版,第338页。
④ 《毛泽东文集》第一卷,北京:人民出版社1993年版,第96页。
⑤ 《毛泽东文集》第三卷,北京:人民出版社1996年版,第113页。

台"开始播音,标志着党所领导的人民广播事业诞生,此后日益成为传播真理、瓦解敌人的重要战场,为国家独立、和平、民主和解放事业做出贡献。报刊和广播等媒介成为传播社会主义价值观话语权的牢固阵地,为革命和建设事业做出贡献。

5."弹琴要看听众",注重"话语转换"问题

毛泽东强调社会主义价值观要想宣传有力,就不能搞装腔作势、空无一物的党八股,而是"射箭要看靶子,弹琴要看听众"①,根据受众对象来开展宣传工作。毛泽东极为善于把单调的革命话语、深奥的理论话语转化为富有中国特色、中国风格、中国气派和极具个人魅力的大众话语,大大增强了话语解释力、亲和力和吸引力。《湖南农民运动考察报告》中,他赋予成语"矫枉过正"革命色彩,将之转变为"矫枉必须过正,不过正不能矫枉"②,驳斥党内外对农民革命运动的责难;1927年八七会议,毛泽东以"须知政权是由枪杆子中取得的"③来表达马克思主义暴力革命思想;1937年《实践论》,以"知行合一"来阐释辩证唯物主义的认识和实践关系;1938年《论持久战》中,以俗语"留得青山在,不怕没柴烧"来说明战争中的战略问题;在1941年《改造我们的学习》,用成语"有的放矢"来表明马克思主义理论和中国革命实际结合的态度。毛泽东从受众出发进行话语转换,给我们提升社会主义价值观话语权带来了有益思考。

6. 强调要满足广大民众尤其是农民的利益

党制定的路线、方针和政策能够满足广大民众尤其是占中国人口80%以上的农民的利益诉求,这是党获得社会主义价值观话语权的关键因素。1927年3月所写的《湖南农民运动考察报告》强调解决农民土地问题进而组织武装农民的重要性。土地革命时期,党开始在革命根据地用法律的形式肯定农民的土地权益。如《井冈山土地法》的颁布改变了几千年来地主对农民的封建土地关系,第一次在法律上保障了农民对土地的神圣权利;毛泽东领导的井冈山斗争实践受到了党的六大的肯定,根据党的六大有关土地决议的指示,

---

① 《毛泽东选集》第三卷,北京:人民出版社1991年,第836页。
② 《毛泽东选集》第一卷,北京:人民出版社1991年版,第17页。
③ 《毛泽东文集》第一卷,北京:人民出版社1993年版,第47页。

1929年《兴国土地法》确立了新民主主义革命时期有关没收地主土地归农民所有的土地立法原则；抗日战争时期，团结抗战、"减租减息"的土地政策既保护农民土地权益，又最大限度地保持了抗日民族统一战线；解放战争时期，党在解放区彻底废除旧剥削土地制度，实行耕者有其田，最大限度地调动了农民保卫革命成果的积极性；新中国成立后，1950年夏《中华人民共和国土地改革法》确认废除地主阶级封建剥削的土地所有制，实行农民的土地所有制。正因为党始终能够将民众尤其是占人口绝大多数的农民的土地这个最大利益诉求放在首位，民众才会对党充满感激，才会信任、认可和拥护党所尊奉的社会主义价值观。

总之，毛泽东在漫长革命岁月中思考形成的有关社会主义价值观话语权思想意义重大、影响深远，为马克思主义发展史有关社会主义价值观话语权建设问题做出开创性贡献。正如邓小平的评价，"毛泽东思想永远是我们全党、全军、全国各族人民的最宝贵的精神财富"[①]，是新时代我们砥砺前行的精神指南。

(二) 邓小平社会主义价值观话语权思想

改革开放以来，邓小平基于中国经济和文化比较落后的现实状况，围绕"什么是社会主义，怎样建设社会主义"、怎样为人民谋富裕和幸福等时代主题，走出了一条既符合时代发展潮流又具有中国特色的社会主义价值观话语权发展之路。

1. 复杂历史形势下要牢固坚持马克思主义在意识形态领域的指导地位

坚守社会主义价值理想，就要在"文化大革命"结束以后，解决好中国向何处去的重大问题。当时存在着"左"倾教条主义思想和资产阶级自由化的错误思潮。邓小平尖锐指出，"两个凡是"的实质不是高举毛泽东思想的旗帜，相反，恰恰是要"损害毛泽东思想"。在极其复杂的社会历史条件下，邓小平从党和国家大局出发，坚持恢复党的实事求是思想路线，坚持"确立毛泽东同志的历史地位，坚持和发展毛泽东思想"[②]的核心主张，引导全党和全国人民

[①]《邓小平文选》第二卷，北京：人民出版社1994年版，第149页。
[②]《邓小平文选》第二卷，北京：人民出版社1994年版，第291页。

第二章　社会主义核心价值观话语权思想理论溯源与域外文明互鉴

正确划分毛泽东思想和毛泽东晚年错误的合理界限，澄清思想上的混乱，使全党和全国人民的思想政治方向回到科学的马克思主义轨道上来，也为进一步追求和实现社会主义价值理想奠定坚实的思想理论前提。邓小平也清醒看到右的危险倾向。指出那些借口毛泽东晚年错误否定毛泽东思想的错误主张，实质是要彻底否定毛泽东同志对中国革命的巨大贡献，要彻底否定党和整个国家的光辉历史，这会导致整个社会失去价值理想陷入价值虚无的严重后果。对此，邓小平旗帜鲜明地提出"坚持四项基本原则"①的主张。他提醒我们要时刻警惕并反对来自"左"和右的危险，告诫全党，"中国要警惕右，但主要是防止'左'"②。坚持四项基本原则和反资产阶级自由化的斗争不是一朝一夕就能解决的，具有长期性。只有在复杂的国际国内形势中时刻保持清醒头脑，才能坚守住社会主义的价值理想。

2. 必须坚持发展生产力来提高人民生活水平

解决思想路线上的分歧就是为了制定正确的政治路线，完成党的中心工作，就是社会主义现代化建设。邓小平认为，对不相信社会主义的人，最好的说服是发展。社会主义优越性要通过发展社会生产力来展现，要通过改善人民生活来表现。邓小平社会主义价值观话语就是围绕发展生产力，提高人民生活水平，展现社会主义优越性的核心主题而展开。"社会主义阶段的最根本任务就是发展生产力。"③据此，1987年党的十三大明确了党在社会主义初级阶段基本路线，将生产关系的变革和生产力的发展统一起来，强调了发展生产力这一中心工作和判断工作成效的标准。20世纪80年代末期，国际局势发生了重大变化。针对人们对改革开放的疑虑，1992年初，耄耋之年的邓小平，心系党和国家前途，发表了著名的南方谈话，强调要紧紧围绕党的经济建设中心工作不动摇。④ "解放生产力，发展生产力，消灭剥削，消除两极分化，最终达到共同富裕。"⑤社会主义本质的新论断，把是否提高生产力、综

---

① 《邓小平文选》第二卷，北京：人民出版社1994年版，第158页。
② 《邓小平文选》第三卷，北京：人民出版社1993年版，第375页。
③ 《邓小平文选》第三卷，北京：人民出版社1993年版，第63页。
④ 《邓小平文选》第三卷，北京：人民出版社1993年版，第371页。
⑤ 《邓小平文选》第三卷，北京：人民出版社1993年版，第373页。

合国力和人民生活水平作为判断改革成败的标准。① 澄清了人们的思想疑虑，使改革开放得以排除各方面因素的干扰，没有偏离而是始终围绕着发展生产力、提高人民生活水平这个核心主题来进行。

3. 加强思想政治工作来清除思想战线的精神污染

解决思想上的认识和分歧需要长期的教育过程。在新的历史时期，加强思想政治工作是澄清人们思想上的困惑，保障、维护和发展安定团结的政治局面，确保全体人民思想行动团结一致、同心同德进行现代化建设的必要保证，是增强人们对社会主义价值观认同的基本途径。邓小平要求全党"一定要把思想政治工作放在非常重要的地位"②。邓小平强调，思想政治工作要把提倡革命精神和解决人们的物质利益相结合，教育内容要从正反两个方面同时来进行，一方面，要加大马克思主义基本理论的宣传；另一方面，"思想战线不能搞精神污染"③，要继续深入批判和反对封建主义的种种残余影响和资产阶级自由化倾向及其恶果。他还警告当前思想战线中，"纠正右的，软弱涣散的倾向"④是要着重解决的问题。1989年政治风波之后，邓小平认为，最根本的失误恰恰就是放松了教育。邓小平在极其复杂的历史条件下，坚定回击来自"左"和右的危险，巩固了全国人民的思想基础，始终把发展生产力，提高人民生活水平作为重要话语主题；在改革开放进程中始终强调要加强思想政治工作，为我们提供了思想指导。

(三)江泽民社会主义价值观话语权思想

党的十三届四中全会以来，以江泽民同志为核心的党中央在极其复杂的国际国内形势下，坚守中国共产党追求的社会主义价值理想，提出了坚持理想信念，加强社会主义精神文明建设，掌握意识形态各部门领导权，坚持正确的舆论导向等思想，至今仍有重要理论指导意义。

1. 必须始终坚持马克思主义信仰和社会主义理想信念

我国社会主义建设事业成败的关键在于人民群众是否有坚定的理想信念

---

① 《邓小平文选》第三卷，北京：人民出版社1993年版，第372页。
② 《邓小平文选》第二卷，北京：人民出版社1994年版，第342页。
③ 《邓小平文选》第三卷，北京：人民出版社1993年版，第39页。
④ 《邓小平文选》第三卷，北京：人民出版社1993年版，第47页。

第二章 社会主义核心价值观话语权思想理论溯源与域外文明互鉴

和高昂的精神状态。理想信念是人们"对未来奋斗目标的追求"和"现实生活中人们应秉持的信念支撑"①。20世纪80年代末90年代初世界社会主义运动处于低潮,世界上的确有不少共产党人对社会主义前途产生怀疑。举什么旗,走什么路,是直接关系到全党全国全社会能否形成共同理想和精神支柱的核心问题。江泽民反复强调,要坚守长期的革命建设改革中为我们提供精神指引的共产主义理想和社会主义信念。江泽民认为,虽然世界社会主义暂时处在低潮,但并不像有的人讲的那样已经崩溃。要对社会主义充满信心。只要我们把社会主义事业建设好,就能充分显示出社会主义制度的优越性,最终取得胜利。② 1997年党的十五大主题,就是"高举邓小平理论伟大旗帜,把建设有中国特色社会主义事业全面推向二十一世纪"③。坚持马克思主义中国化新成果的邓小平理论,就是坚持无产阶级意识形态,反映了中国执政党的理论成熟程度。在世界社会主义运动处于低潮,国际社会对我国发展充满疑虑的时刻,党坚持马克思主义信仰、社会主义理想信念的话语主题,给全国人民以极大的鼓舞和信心。

2. "精神文明重在建设",必须掌握意识形态各部门领导权

江泽民强调,前进的道路上,必须深刻总结思想文化领域混乱状况的原因,彻底消除混乱产生的因素,确保党和国家长治久安,为改革开放和现代化事业提供牢固精神支撑。江泽民赞同邓小平的分析,即思想文化领域发生问题的原因在于四个坚持等缺乏一贯性、"十年最大的失误是教育"④,认为必须改变精神文明软弱落后的局面。1996年10月,党的十四届六中全会分析了社会主义精神文明建设面临的形势,总结了经验和教训。"精神文明重在建设。"⑤要着重加强理想信念教育、历史和国情教育,使人民了解改革的长期性、艰巨性和复杂性,增强抵制资本主义腐朽思想侵蚀的能力。针对有的地区和部门思想宣传工作中存在的松懈,甚至部分舆论阵地失守的严峻形势,江泽民明确强调,必须牢牢掌握意识形态各部门的领导权,主动占领、巩固

---

① 吴潜涛:《正确理解理想信念的科学含义》,《教学与研究》,2011年第4期,第5-9页。
② 《江泽民文选》第一卷,北京:人民出版社2006年版,第136页。
③ 《江泽民文选》第二卷,北京:人民出版社2006年版,第1页。
④ 《邓小平文选》第三卷,北京:人民出版社1993年版,第305-306页。
⑤ 《江泽民文选》第一卷,北京:人民出版社2006年版,第238页。

和扩大舆论阵地。他总结国内外历史经验教训,语重心长地指出,意识形态工作极端重要,直接关系到反和平演变斗争能否取胜,关系到社会主义事业的成败。告诫全党要抓好社会主义思想宣传阵地,要"牢牢掌握意识形态各部门的领导权"①。各级党委要增强阵地意识,牢牢掌握各宣传文化教育部门、电视台和出版社等的领导权,坚定正确的政治方向,使意识形态各部门牢牢掌握在忠于马克思主义、忠于党和人民的人手里,确保社会主义事业永立不败之地。

3. 要繁荣社会主义文化,坚持正确的舆论导向

江泽民提出要繁荣社会科学,繁荣社会主义文化,坚持正确的舆论导向、弘扬主旋律,鼓励创作反映、讴歌改革开放和社会主义现代化建设的优秀作品。1996年1月全国宣传部长会议上,江泽民重申1994年1月全国宣传思想工作会议中的宣传思想战线的主张,即"以科学的理论武装人,以正确的舆论引导人,以高尚的精神塑造人,以优秀的作品鼓舞人"②。要想在变幻的国际形势中保持清醒头脑,就需要以科学理论进行思想武装,驾驭全局,在改革和建设中掌握主动权,加快发展;以正确的舆论引导人,有利于人们团结奋发向上,更好地为全国工作大局服务;以高尚的精神塑造人,发挥社会主义先进文化的激励作用,影响和塑造人民;以优秀的作品鼓舞人,就是以反映国家和时代精神水平的优秀作品对人们产生影响和示范作用。"舆论导向正确,是党和人民之福"③,加强正面教育和正面引导,有助于增强广大干部群众明辨是非的能力,增强民族自尊心、自信心和自豪感,促进人民的团结和巩固人民政权,意义十分重大。

(四) 胡锦涛社会主义价值观话语权思想

21世纪以来,以胡锦涛同志为总书记的党中央强调党要掌握意识形态工作领导权和主动权,弘扬社会主义核心价值体系,推进马克思主义大众化等。

1. 提出了党要掌握意识形态工作领导权和主动权的建设规律

经历了三十多年的改革发展,人们的思想观念日益复杂多元,再加上西

---

① 《江泽民文选》第一卷,北京:人民出版社2006年版,第160页。
② 《江泽民文选》第一卷,北京:人民出版社2006年版,第497页。
③ 《江泽民文选》第一卷,北京:人民出版社2006年版,第564页。

第二章　社会主义核心价值观话语权思想理论溯源与域外文明互鉴

方敌对势力的"和平演变"和思想渗透，各种不良社会思潮有所滋长，在某种程度上动摇和削弱人民团结、社会稳定和党执政的思想基础，冲击着人们所追求的社会主义价值观念。胡锦涛强调，"经验告诉我们，经济工作搞不好要出大问题，意识形态工作搞不好也要出大问题"①。必须从执政的战略高度来做好这项重要工作，牢牢把握住这一工作的领导权和主动权。胡锦涛指出，最为关键的是要把握意识形态工作中的思想领导，用马克思主义中国化的最新成果来进行思想武装，使我们有面对各种噪音杂音的坚强主心骨。胡锦涛强调要强化组织领导，以高素质的宣传思想工作队伍承担起意识形态工作。胡锦涛强调，必须增强意识形态工作的主动性，把提高舆论引导能力作为加强党的执政能力的重要方面。鉴于互联网在各类传媒中作用日益凸显，胡锦涛强调，"掌握网上舆论主导权，是新形势下有效引导社会舆论的重要环节"②，把互联网建设成为宣传党的路线方针政策的新空间、传播社会主义价值观念和引导社会舆论的新平台。

2. 突出以社会主义核心价值体系为思想文化引领旗帜

思想文化是意识形态存身的基础和场所，意识形态的核心就是其所传递的价值观。而我们党强调要做好意识形态工作，从根本上说，是为了确保和捍卫我国人民共有的核心价值观，葆有我国人民共有的精神家园。面对改革开放以来我国思想文化领域受到的冲击，党的十六届六中全会上，党中央提出以"社会主义核心价值体系"来进行思想文化引领。也就是以"马克思主义指导思想，中国特色社会主义共同理想，以爱国主义为核心的民族精神和以改革创新为核心的时代精神，社会主义荣辱观"③等作为精神文化引领旗帜。2012年，党的十八大报告指出"社会主义核心价值体系是兴国之魂，决定着中国特色社会主义发展方向"④。这些重要论述反映了党对推动理论创新和加强人民思想道德建设的理论自觉，在今天依然具有强烈的指导意义。

---

① 《胡锦涛文选》第二卷，北京：人民出版社2016年版，第527页。
② 《胡锦涛文选》第二卷，北京：人民出版社2016年版，第561页。
③ 《十六大以来重要文献选编（下）》，北京：中央文献出版社2008年版，第661页。
④ 《胡锦涛文选》第三卷，北京：人民出版社2016年版，第638页。

3. 马克思主义大众化是社会主义价值观话语权建设的重要途径

2007年10月,胡锦涛提出了"推动当代中国马克思主义大众化"的时代课题。这就要求全党把开展中国特色社会主义理论体系的宣传普及活动放在重要工作日程上。日常生活中自发生成的人民群众的意识活动,往往是没有经过系统化和理论化的感性意识活动,必然与经过理论化和系统化的马克思主义意识形态存在距离,对其理论本质社会主义核心价值体系也难以深刻领会、理解和认同。胡锦涛着眼于提升人民群众思想觉悟,夯实民众思想基础的大局,向全党提出"马克思主义大众化"的战略任务。核心是用中国化的马克思主义武装人民头脑。这就要立足于中国国情,摆脱教条主义思维方式束缚,推进理论创新,使理论能够反映人民群众的真实需要和价值诉求;在文化教育和提升社会主义精神文明中,以"贴近实际、贴近生活和贴近群众"的表现形式使社会主义核心价值体系深入人心;把深奥难懂的理论转化为具体生动的形式来促进广大群众理解和掌握。马克思主义大众化是今天依然需要进一步深入研究和推进的重大理论和实践问题。

(五) 习近平社会主义核心价值观话语权思想

党的十八大以来,中国进入了中国特色社会主义发展的新时代。站在新的历史起点上,以习近平同志为核心的党中央围绕"以人民为中心",坚持和发展中国特色社会主义,为引领当代中国人民继续追求社会主义价值理想做出了新的时代解答。

1. "以人民为中心"是习近平社会主义核心价值观话语权主题

2012年11月,习近平在党的十八届中央政治局常委同中外记者见面会上说道,"人民对美好生活的向往,就是我们的奋斗目标。"[①]新时代条件下坚守"以人民为中心",发展好中国特色社会主义,为党带领全国人民共同奋斗提供基本遵循,指明前进方向。

2. 突出强调做好意识形态工作的极端重要性

习近平总书记突出强调在全面开放、多元文化交流交融交锋的形势下,必须高度重视意识形态工作。"经济建设是党的中心工作。意识形态工作是党

---

① 习近平:《习近平谈治国理政》,北京:外文出版社2014年版,第4页。

第二章　社会主义核心价值观话语权思想理论溯源与域外文明互鉴

的一项极端重要的工作。"①为此，要做好"凝魂聚气、强基固本"②的基础工程，弘扬社会主义核心价值观以实现"两个巩固"的目的。新闻舆论工作是意识形态斗争的最前沿。只有用好的舆论来引领社会、凝聚人心、推动发展，才能发挥新闻舆论作为发展"推进器"、社会"黏合剂"和道德"风向标"的积极作用。2016年2月，习近平在党的新闻舆论工作座谈会强调，新闻舆论工作是"党的一项重要工作，是治国理政、定国安邦的大事"③，其职责使命，是以中国特色社会主义伟大旗帜引领正确舆论导向；团结人民、鼓舞士气，服务中心，服务大局；④ 传达正确的立场、观点和态度，澄清思想谬误、明辨是非界限；提高国际传播能力，联接中外、沟通世界。还对加强和改进新闻舆论工作提出了具体指导，对抓好意识形态工作、提高新闻舆论工作传播力和影响力起到重要指导作用。

3. 互联网是宣传思想工作的主阵地

当今社会互联网已成为社会思潮舆论信息汇聚的大平台。2015年5月，习近平在中央统战工作会议上提出，"互联网是当前宣传思想工作的主阵地"⑤。必须主动占领，把互联网建成凝聚共识的平台。2013年8月，习近平在全国宣传思想工作会议上提出关于思想舆论领域"三个地带"⑥的论述，有助于我们清醒认识当前思想文化形势和任务。第一个地带是红色的，是主体，由主流媒体与正面力量构成，要守住并加以拓展，扩大其影响力；第二个是黑色地带，主要是网上和社会上的负面的东西，虽然不是主流，但负面影响不可低估，一定要挤压缩小其地盘；对于第三个灰色地带，要防止其向黑色地带蜕变，要大张旗鼓地争取，使其向红色地带转化。这就要求我们，必须过好网络这一关。牢牢把握网络新闻舆论，为提升社会主义核心价值观话语权提供阵地基础。

---

① 习近平：《习近平谈治国理政》，北京：外文出版社2014年版，第153页。
② 习近平：《习近平谈治国理政》，北京：外文出版社2014年版，第163页。
③ 习近平：《习近平谈治国理政》第二卷，北京：外文出版社2017年版，第331页。
④ 习近平：《习近平谈治国理政》第二卷，北京：外文出版社2017年版，第332页。
⑤ 习近平：《习近平谈治国理政》第二卷，北京：外文出版社2017年版，第325页。
⑥ 习近平：《习近平谈治国理政》第二卷，北京：外文出版社2017年版，第328页。

4. 以贡献全球治理的中国方案提升社会主义核心价值观话语权

我国的发展并不是在封闭的环境中进行,需要建设良好的国际环境,社会主义核心价值观要在国际社会获取更多的理解、接受和认同,获得强大的感召力,就要基于大国责任意识和时代担当精神,在为全球治理提供合理的中国方案中使社会主义核心价值观获得国际社会理解和认同。2017年1月18日,习近平在联合国日内瓦总部的演讲中提出了著名的"世界之问":"世界怎么了、我们怎么办?"①把新时代的全球治理问题摆在世人面前。当前世界和平发展、合作共赢的潮流更为强劲,但同样充满着不确定性,各种挑战频发,和平、发展、治理等方面的赤字十分突出。我国古代以其辉煌灿烂的文明为世界做出了突出的贡献,中华民族的美好价值理念也随之远播世界。今天,我国的发展和中国特色社会主义事业探索成就为全球治理提出"构建人类命运共同体,实现共赢共享"②的中国方案,不仅有力回击了西方散播的中国将掉进国强必霸的"修昔底德陷阱"、不承担国际责任的"金德尔伯格陷阱"的诋毁,显示出中国大国责任意识和时代担当精神,我国的价值观念也得到国际社会越来越多的认同和支持。当代中国共产党人把马克思主义和中国实际结合做出的可贵探索,成为新时代中国提升社会主义核心价值观话语权的重要思想指导。

第二节 社会主义核心价值观话语权思想溯源:我国儒家优秀传统文化相关思想

2014年9月24日,习近平在纪念孔子诞辰2565周年国际学术研讨会暨国际儒联第五届会员大会开幕会上指出,"优秀传统文化是一个国家、一个民族传承和发展的根本,如果丢掉了,就割断了精神命脉"③。美国学者希尔斯

---

① 习近平:《谈治国理政》第二卷,北京:外文出版社2017年版,第537页。
② 习近平:《谈治国理政》第二卷,北京:外文出版社2017年版,第539页。
③ 习近平:《从延续民族文化血脉中开拓前进——在纪念孔子诞辰2565周年国际学术研讨会暨国际儒联第五届会员大会开幕会上的讲话》,《孔子研究》,2004年第5期,第4-8页。

第二章 社会主义核心价值观话语权思想理论溯源与域外文明互鉴

也认为,"传统是秩序的保证,是文明质量的保证"①。我国以儒家思想为代表的优秀传统文化为提升社会主义核心价值观话语权提供了活水源头。中国传统文化的主导思想儒家的伦理政治学说蕴含着丰富的"天人合一"、重一统、讲信重义、以理束欲、重视仁政和德治的价值观,尤其是对个人和群体、精神和物质生活等价值观的根本问题,持"群体重于个体、精神生活高于物质生活"②的主张,对后世产生了深远影响,构成了当代社会主义核心价值观的传统渊源。儒家优秀传统文化中的价值观能够世代为人民所认同、遵循,其获得话语权的思想元素尤其值得吸收借鉴。

一、"为政以德""上行下效"

"为政以德"就是为政者要以高尚的道德为百姓做示范,引导和教化民众上行下效,实现良好的国家治理。《白虎通义·三教》指出:"教者何谓也?教者,效也,上为之,下效之。"③在儒家先哲看来,统治者追求自身德行的高尚,引导天下人臣服和效仿,是实现国家治理的好方法。孔子多次论述统治者示范效应对治理国家的积极影响,如"为政以德,譬如北辰,居其所而众星拱之"④(《论语·为政》)。"君子之德风,小人之德草。草上之风,必偃"⑤(《论语·颜渊》)。"其身正,不令而行;其身不正,虽令不从"⑥(《论语·子路》)。为政者自身德行端正、高尚,政令就会畅通,民心咸服;自身行为失德,政令即使三令五申也不会得到民众认同。孟子曰:"以力服人者,非心服也,力不赡也;以德服人者,中心悦而诚服也"⑦(《孟子·公孙丑上》)。统治者道德感化和榜样力量是无穷的,扩展到社会就能实现民心悦服,国治邦安。荀子认为,统治者的行为会上行下效,引起天下民众的效仿,这是国家强大的重要条件。"彼王者不然,仁眇天下,义眇天下,威眇天下。仁眇天下,故

---

① [美]E. 希尔斯:《论传统》,傅铿、吕乐译,上海:上海人民出版社1991年版,第25页。
② 张岱年:《文化与价值》,北京:新华出版社2014年版,第9-11页。
③ 班固:《白虎通义》,北京:中国书店,2018年版,第187页。
④ [春秋]孔丘:《论语》,长沙:岳麓书社,2000年版,第8页。
⑤ [春秋]孔丘:《论语》,长沙:岳麓书社,2000年版,第113页。
⑥ [春秋]孔丘:《论语》,长沙:岳麓书社,2000年版,第118页。
⑦ [战国]孟子:《孟子》,长沙:岳麓书社2000年版,第52页。

天下莫不亲也。义眇天下，故天下莫不贵也。威眇天下，故天下莫敢敌也。以不敌之威辅服人之道，故不战而胜，不攻而得，甲兵不劳而天下服，是知王道者也"①(《荀子·王制》)。为政者以仁爱、道义和威势行于天下，是国家根基稳固和强大的必要条件。后世儒家学者莫不推崇为政者的强大示范作用。《礼记·大学》中，曾子言："一言偾事，一人定国。尧、舜率天下以仁，而民从之。"②都强调为政者本身行仁行义，就会在治国安邦中带来民众自觉跟从的效果，这种"无心之化"能达到比"令"的"有心之求"更好的效果。

儒家优秀传统文化中主张为政者要率先奉行良好的道德风尚，引导全社会上行下效的思想，不仅有助于推动良好社会风貌的形成，而且也有助于国家形成强大的感召力，为国家提供强大的精神支撑。虽然其德治的主体是封建统治者"君"，其理论主张有维护封建统治秩序的作用，但其理论蕴含的思想精华值得我们进行创造性转化，为提升社会主义核心价值观话语权服务。当今世界200多个国家中，主要是政党政治为主，执政党和其领袖以及各地方、各行业的先锋骨干能否为政以德，率先垂范，不仅直接关乎执政党追求的价值理念是否为人们所认同和接受，也直接关乎执政党的政治生命和国家的长治久安。总之，"为政以德""上行下效"思想提供了可资借鉴的重要经验。

二、"以民为本"，利民富民

"以民为本"，就是重视民众在国家治理中的作用，把"民"作为国家政治生活的主体。西周初年，我国就有了朴素的民本意识。《尚书·泰誓上》云："天矜于民，民之所欲，天必从之。"③指出民众想要的事情，天意也会顺从，暗含着民意不可违思想。西周末年，奴隶制日益衰落，周天子势力衰微，传统"天命观"难以为继，人们开始寻找维护政治统治的新信仰，"民"开始进入人们的视野。孔子继承周公"民惟邦本，本固邦宁"④(《尚书·五子之歌》)商

---

① [战国]荀子：《荀子》，沈阳：万卷出版公司2009年版，第120页。
② 于江山主编：《大学·中庸》，北京：中国纺织出版社2015年版，第41页。
③ 姜建设注说：《尚书》，开封：河南大学出版社2008年版，第350页。
④ 姜建设注说：《尚书》，开封：河南大学出版社2008年版，第308页。

第二章 社会主义核心价值观话语权思想理论溯源与域外文明互鉴

亡周兴的历史经验,强调统治集团要行"仁","修己以安百姓"①(《论语·宪问》)、"博施于民而能济众"②(《论语·雍也》),来获得百姓拥戴,维持政治统治,由此开启了与"重神"相对的"重民"时代。战国时期诸侯争霸,孟子提出"民为贵,社稷次之,君为轻"③(《孟子·尽心下》);"得天下有道:得其民,斯得天下矣;得其民有道:得其心,斯得民矣;得其心有道:所欲与之聚之,所恶勿施,尔也"④(《孟子·离娄上》),强调要把民众生死好恶和民心向背看作决定政权存亡的根本因素。荀子认为,"君者,舟也;庶人者,水也。水则载舟,水则覆舟"⑤(《荀子·王制》),即统治者爱护人民、顺应民心,才能获得巩固政权。这种"非神""非君"、以"民"为政治生活主体的民本思想是"中国政治思想中之主流"⑥,是传统社会价值观得以传承不衰的根本原因。

传统重民、以民为本的思想强调统治者要采取利民、富民政策来推动传统社会价值观念的绵延发展。管子认为,"国多财则远者来,地辟举则民留处,仓廪实而知礼节,衣食足而知荣辱"⑦。国富民强,生活富足,是推行礼仪荣辱观念的物质基础。孟子认为,"尧舜之道,不以仁政,不能平治天下"⑧(《孟子·离娄上》)。统治者要实施"仁政",给民众以好处,如"制民之产"⑨等,强调在满足民众基本生活需求的基础上引导人们向善。荀子说:"君子者,治之原也……原清则流清,原浊则流浊。"⑩(《荀子·君道》)社稷者如果不能爱民、不能利民,若求民之亲爱己而不可得也。为政者要爱民,利民,其倡导的价值观念才会被人们接受。"故由天子至于庶人也,莫不骋其能、得其志、安乐其事,是所同也;衣暖而食充,居安而游乐,事时制明而

---

① [春秋]孔丘:《论语》,长沙:岳麓书社,2000年版,第142页。
② [春秋]孔丘:《论语》,长沙:岳麓书社,2000年版,第56页。
③ [战国]孟子:《孟子》,长沙:岳麓书社2000年版,第250页。
④ [战国]孟子:《孟子》,长沙:岳麓书社2000年版,第123页。
⑤ [战国]荀子:《荀子》,沈阳:万卷出版公司2009年版,第114页。
⑥ 金耀基:《中国民本思想史》,北京:法律出版社2008年版,第5页。
⑦ 郝士钊:《中国先哲智慧全书》,北京:中国城市出版社2011年版,第21页。
⑧ [战国]孟子:《孟子》,长沙:岳麓书社2000年版,第115页。
⑨ [战国]孟子:《孟子》,长沙:岳麓书社2000年版,第17页。
⑩ [战国]荀况:《荀子·君道》,沈阳:万卷出版公司2009年版,189页。

用足，是又所同也。"①(《荀子·君道》)制度要让人充分展现才能，实现志向，愉快地从事工作，财务用度充足，才能道义普及，国家安定，使执政者倡导的观念被人们接受认同。

儒家优秀传统文化中主张为政者要满足民众利益需求、重视民心向背，要采取利民富民政策等思想，成为推动封建社会统治者改善民生、发展生产、传承价值观念、凝聚社会的重要思想动力。儒家学者在君主制度前提下以道德说教的方式对统治集团提出警告，把希望寄托于统治集团的开明纳谏，本质上是缺少对封建统治者根本的制度约束，而且被统治的"民"自身权利意识也没有真正觉醒，走到真正自主实现和维护自身权利的民主道路上来。但"民本"思想蕴含的思想精华同样值得我们进行创造性转化。坚持以人民为中心，是我党所有理论方针和政策的出发点。以民为本，改善民生，是党和政府的首要责任，是党和人民追求的社会主义价值理想的体现。升华民本思想，在党的领导下推动社会主义民主政治，以人民当家作主为价值核心，夯实制度安排切实保障人民民主权利。民本须向民主升华，民主也要以民本"为'根'，这样民主才会得到滋养和依托"②。总之，挖掘和创造性转化传统"以民为本"、利民富民思想，不仅有助于为提升社会主义核心价值观话语权奠定物质基础，也为民主观念的深入人心开辟了道路。

三、礼乐教化，化民成俗

良好价值观念的传承仅有"富之"还是远远不够的，还需要礼乐教化，化民成俗。③ 冉有曾经问孔子，人多且富裕以后怎么办，"既富矣，又何加焉？"孔子回答说："教之。"④(《论语·子路》)孟子说，良好的教育比良好的政治更能获得人心，"善政得民财，善教得民心"⑤(《孟子·尽心上》)。以何者教之？礼乐之道是儒家倡导的对民教化的核心。孔子强调，"道之以德，齐之以

---

① [战国]荀况：《荀子·君道》，沈阳：万卷出版公司2009年版，196页。
② 陈启智、张树骅：《儒家传统与人权民主思想》，济南：齐鲁书社2004年版，第143页。
③ 史姗姗：《思想政治教育话语权研究》，博士学位论文，武汉大学，2014年，第45页。
④ [春秋]孔丘：《论语》，长沙：岳麓书社2000年版，第119页。
⑤ [战国]孟子：《孟子》，《孟子》，长沙：岳麓书社2000年版，第229页。

礼,有耻有格"①(《论语·为政》)。主张以孝悌、忠信等伦理观念和"先王礼乐"等作为教化内容,引导百姓树立起儒家的价值观念。荀子也说,"论礼乐,正身行,广教化,美风俗"②(《荀子·王制》)。主张用礼乐统管人心,促民向善,移风美俗。

如何教化之?兴修典籍,开办学堂,游说诸侯,借助制度等成为传播礼乐之道,是儒家价值观念深入人心的方式。如孔子对从周室得到的零散、杂芜的古代文献进行整理,删《诗》《书》,定《礼》《乐》,赞《周易》,修《春秋》,进行"六艺"的编纂,书籍中承载着评判与威慑世人行为的标准,达到引导民众,使民众自觉接受其倡导的"仁"的思想观念的效果。公立与私立教育是实现价值观念话语权的有效方式。夏商周时期就有名为"庠、序、校"等的公立教育。"乡曰庠,里曰序,庠者,庠礼仪也,序者,序长幼也。"③除公学外,儒家开创私学传统,孔子、孟子、荀子都办学授徒,将教育普及到平民百姓,传播了儒家学说观念。游说诸侯,参与政治,借助制度是把握价值观念话语权的有效方式。孔子从鲁国辞官后曾周游列国宣讲自己的主张。孔子之后,其弟子也散游诸侯,或为师为卿相,广泛传播自己的主张。而儒家价值观念话语权的获得,在后世科举制度中表现得最为完备。科举制考试内容注重儒学经典,这种制度化支撑最直接有力地保证了儒家价值观念的传承繁衍。④ 儒家这种注重礼乐教化,通过文化经典传播、通过学校教育教化、依靠制度化支撑来渗透自身倡导的价值观念、促进移风美俗的做法,为今天提升社会主义核心价值观话语权建设提供了很好的借鉴。

四、"疏而不堵,顺势而导"

儒家对社会舆论采取"疏而不堵,顺势而导"⑤的方法,也有助于其倡导的价值观获得话语权。价值观话语的传播意味着信息的流动,必然要注重社

---

① [春秋]孔丘:《论语》,长沙:岳麓书社2000年版,第8页。
② [战国]荀子:《荀子》,沈阳:万卷出版公司2009年版,第129页。
③ 班固:《白虎通义》,北京:中国书店2018年版,第126-127页。
④ 刘海峰:《科举制与儒学的传承繁衍》,《中国地质大学学报(社会科学版)》,2009年第1期,第7-13页。
⑤ 郝士钊:《中国先哲智慧全书》,北京:中国城市出版社2011年版,第3页。

会对信息的反馈。社会舆论反映了集体的思想和行为取向,是价值观话语传播过程中要密切重视的问题。儒家思想非常重视舆论的引导作用。《史记》记载大禹之功,"唯禹之功为大,披九山,通九泽,决九河,定九州,各以其职来贡,不失厥宜。方五千里,至于荒服"①。大禹采用"疏导"之法,顺应水性,导河入海,取得整治水患的胜利,给后世留下重要启示。《论语·颜渊》记载,叶公问孔子要如何治理国家,孔子回答说:"近者悦,远者来。"②政事清明,百姓安居乐业的舆论散布开来,自然会使远方的人来投奔。表现出儒家对舆论社会影响力的重视。

儒家提倡对舆论进行"疏导",批评"堵塞"舆论的方法。《国语·周语上》记载了为政者采用堵塞之法而最终失败的事例。周厉王实行暴虐统治,不听大臣告诫、民众的批评,反派人到处监视抓捕加害批评朝政的人。大臣邵公劝告他,"防民之口,甚于防川",但周厉王仍我行我素,终于以民变被放逐而告终。这就告诫为政者对社会舆论如果仅以强行封堵的极端控制措施,是无法取得预期的效果的。而如果采取"疏导"的方法,则是另一番景象。《左传·襄公三十一年》记载,郑国相国子产对批评朝政的言论并不主张加以禁绝,反而认为,他们说得对的,我就照做,说我做得不对的,我就改,这就是我的老师啊。其对批评言论的开明态度,使民众的意见得以畅通表达,政事得以完善,社会凝聚力得以增强,郑国的国力也让敌国不敢侵略。正反两方面的事例说明了儒家思想重视社会舆论的作用,更多强调以疏导的方式来引导社会舆论的走向。这就要求当前社会主义核心价值观话语权建设要清醒地处理好政事与社会舆论的关系,既要处理好政事,营造良好的社会舆论,传播倡导的社会主义核心价值观念,又要注重追踪和应对变化的社会舆论,学习传统善于纳谏的政治智慧,推进政事的进一步完善,进而获得巩固社会主义核心价值观话语权。总之,挖掘阐发以儒家思想为代表的我国优秀传统文化,激发其生命力,为我们提供了有益的思想借鉴。

---

① [西汉]司马迁:《史记全本》上,沈阳:万卷出版公司2016年版,第7页。
② [春秋]孔丘:《论语》,长沙:岳麓书社2000年版,第122页。

第三节 社会主义核心价值观话语权域外文明互鉴：西方马克思主义相关思想

注重民族性并不意味着排斥世界上其他国家发展起来的人类文明成果。习近平指出，"对人类创造的有益理论观点和学术成果，我们应该吸收借鉴"[①]。作为开放的与时俱进的理论，社会主义核心价值观话语权理论同样是借鉴西方马克思主义者有关无产阶级价值观话语权思想等人类文明成果的产物。

一、葛兰西"文化领导权"思想

安东尼奥·葛兰西(Antonio Gramsci，1891—1937)，意大利无产阶级革命家和马克思主义理论家，西方马克思主义早期代表人物之一，一生致力于工人阶级社会主义运动，他全部理论活动的核心目的就是争取工人阶级的领导权问题。其思想成果的集中体现——《狱中札记》中的文化领导权思想，为我们今天提升社会主义核心价值观话语权工作提供了有益借鉴。

无产阶级的文化领导权是指西方的无产阶级革命要在"市民社会"渠道中做长期细致的工作，推翻资产阶级在市民社会中形成的维护其统治的信仰、价值、文化传统等"上层建筑"，重新建立起反资本主义社会关系的文化和权力机构，形成以无产阶级的观念和价值为核心的对现实的主导观念，通过影响人们理解社会现实的认识和感情来使无产阶级的领导权牢固建筑在"同意"的基础上。文化领导权的实质是"教育关系"[②]，就是无产阶级要对社会行使文化、道德和精神等的领导权，获得人民群众的支持，为无产阶级革命提供"合法性"因素。

[①] 习近平：《习近平谈治国理政》第二卷，北京：外文出版社2017年版，第340页。
[②] 俞吾金：《意识形态论》，上海：上海人民出版社2014年版，第194页。

葛兰西的文化领导权是相对于传统的政治领导权的理论。葛兰西把国家的上层建筑分为两大领域,"国家=政治社会+市民社会"①。政治社会就是军队、法庭、监狱等构成的国家暴力机器。市民社会则是社会舆论的生发地,主体是政党、教会、媒体等社会组织。葛兰西认为,在不同的两个领域,国家具有"统治"和"领导"两种职能,政治社会以强制为基础,靠军队警察等维持公共秩序,而市民社会则是领导权发生作用的场所,表现为意识形态的控制和对被领导者的教育,以被领导者的同意为基础。②葛兰西认为,政治社会十分强大而市民社会十分弱小的地方,如俄国,政治领导权的作用十分重大。但是在西方工业国家,则是不同的状况。市民社会已经成为巩固国家的堡垒。③当国家受到震荡的时候,统治者通过市民社会中的组织对被统治者进行宣传,影响社会舆论,市民社会的干预起到类似堑壕和堡垒的作用,对革命起着极大的遏制作用。因此,西方无产阶级革命就要先在市民社会的各个环节中破坏资产阶级的文化领导权,然后才能可能在适当的时机掌握政治领导权。

无产阶级文化领导权的承担者是"有组织的知识分子"④。有组织的知识分子不是单独的独立阶级,而是广泛遍布于包括生产、政治、文化等领域中的成熟的政治知识分子,是能意识到和执行自身领导和组织职能的"专家+政治家"⑤。作为是上层建筑的"活动家",是无产阶级夺取和巩固政权的"中介",是推动形成无产阶级文化领导权的中坚力量。他们有强烈的批判意识,能够建构新的世界观,批判旧意识形态、传播新意识形态,通过意识形态转换,做好无产阶级核心价值观的传播工作,把不同社会团体紧密团结在无产阶级世界观下,为无产阶级逐步掌握文化领导权做准备工作;当无产阶级获取政治领导权以后,他们继续发挥领导和组织职能,做好无产阶级核心价值

---

① [意]安东尼奥·葛兰西:《狱中札记》,葆煦译,北京:人民出版社1983年版,第222页。
② 蓝瑛:《社会主义政治学说史》下编,上海:上海人民出版社1992年版,第201页。
③ [意]安东尼奥·葛兰西:《狱中札记》,葆煦译,北京:人民出版社1983年版,第180页。
④ 俞吾金:《何谓"有机知识分子"?》,《社会观察》,2005年第8期,第45页。俞吾金认为,把"organic intellectual"翻译成"有组织的知识分子",而不是"有机知识分子",才更加符合葛兰西的本意。
⑤ [意]安东尼奥·葛兰西:《狱中札记》,葆煦译,北京:人民出版社1983年版,第423页。

第二章 社会主义核心价值观话语权思想理论溯源与域外文明互鉴

观的传播工作,使之成为整个社会的"常识",促进巩固和长期维护无产阶级统治的社会制度。

葛兰西文化领导权思想继承了卢卡奇、柯尔施认为西方无产阶级失败的原因在于没有形成自己的"阶级意识"的观点,进一步分析后精辟指出,问题原因在于资产阶级已牢牢掌控文化领导权,资产阶级核心价值观念已深深植入到被统治阶级的内心深处,已被接受成为常识。为此,他强调无产阶级只有取得文化领导权才能取得胜利,在革命胜利以后,仍然要牢固掌握无产阶级文化领导权。这就警示我国执政党在夺取政权以后,仍需注意牢牢把握意识形态工作领导权、管理权、话语权,对我们增强自觉意识,坚决抵制资产阶级价值观渗透侵蚀,提升社会主义核心价值观话语权,使无产阶级价值观念深入人心,进而巩固社会主义政权具有十分重要的警示意义;葛兰西对市民社会的重视,有助于我们增强对思想文化领域宣传工作重要性的认识,发展好教育和文化事业,深入持久、耐心细致地做好宣传思想工作;葛兰西对有组织的知识分子作用的重视,有助于我们充分认识和发挥知识分子作用,齐心协力做好社会主义核心价值观话语权提升工作。

但需要指出的是,葛兰西的文化领导权思想是建立在对经典作家市民社会理论的颠覆的基础上的,因此也不可能真正找到无产阶级获得文化领导权的途径。马克思恩格斯认为,市民社会是物质生活关系的总和,从属于经济基础,是具有决定性质的因素,人们的意识形态、思想观念根本上受制于经济基础,直接受制于政治制度和法律上层建筑。而葛兰西则将市民社会置换为上层建筑的稳定堡垒,剔除了市民社会存在的物质关系和经济基础以及社会历史条件。因此,我们在借鉴葛兰西文化领导权理论、加强对意识形态工作的重视、加强无产阶级价值观传播、注重思想文化领域的宣传和发挥知识分子作用的同时,绝不能忽略提升价值观的基础性工作,就是要发展好国家的物质基础,满足发展型社会民众对公平正义的诉求等,优化好社会主义核心价值观的话语环境,否则仅仅关注意识形态领域,就有脱离现实根基的危险。

二、布尔迪厄"符号权力"理论

皮埃尔·布尔迪厄(Pierre Bourdieu，1930—2002)，法国当代哲学家、人类学家和社会学家，其学术研究领域十分复杂而全面，一生丰富的理论著述中，一直贯穿着符号权力理论，对提升社会主义核心价值观话语权提供了有益思考。

布尔迪厄的符号权力理论认为，一切符号系统，一切文化体系，都充当着将现存社会秩序合法化的功能，都是在通过某种符号暴力再生产生活区隔，将被压迫者的被支配状态永久化。"符号权力"，简言之，就是"在被支配者同谋基础上得到合法承认的权力"①。我国学者朱国华认为可以从三个方面来分析"符号权力"：第一，在性质上，符号权力是构建现实的权力，通过诉诸人的视界原则、区分原则建立符号秩序，向人们昭示事物的法定意义；第二，符号权力是得到普遍认同的软性权力，具有掩盖权力特性的隐匿性，具有赤裸裸强制暴力所不具备的作用；第三，符号权力的作用机制是依赖于普遍"误识"。② "误识"就是被统治者在不知情的基础上对统治者的统治逻辑加以赞同，这反过来巩固了统治基础。基于此，布尔迪厄又将符号权力称为"符号暴力"。

"符号权力"发生作用的机制离不开对惯习(habitus)、资本、场域等概念的理解。惯习，是社会中社会成员行动的关键原则。"就是知觉、评价和行动的分类图式构成的系统，它具有一定的稳定性"③。惯习往往通过无意识层面引导行动者行动，适应它赖以建构的社会条件。惯习的取得取决于行动者在社会空间中所占据的位置，也就是行动者拥有的资本。资本，就是劳动者占有的社会资源。④ 资本有名目繁多的形式，如经济、社会和文化资本等。布尔迪厄将这些资本的被认可形式称为符号资本。资本是与权力联系在一起的，不同资本形式存在相互转换的可能性。行动者拥有的惯习和资本总是处在与

---

① 朱国华:《权力的文化逻辑》，上海：上海三联书店2004年版，第5页。
② 朱国华:《权力的文化逻辑》，上海：上海三联书店2004年版，第108-109页。
③ [美]华康德:《反思社会学导引》，李猛、李康译，北京：商务印书馆2015年，第158页。
④ [法]布尔迪厄:《文化资本与社会炼金术》，包亚明译，上海：上海人民出版社1997年版，第189页。

第二章 社会主义核心价值观话语权思想理论溯源与域外文明互鉴

某一特定场域的关系之中才有效,处在该场域的诸多限制之中。布尔迪厄认为现代社会就是场域斗争的结果。布尔迪厄对大量的场域进行了经验研究,深刻地揭示出权力运作的逻辑。这里只简单通过教育体制、语言体制、两性之间等领域的展现来管窥布尔迪厄的符号权力运作逻辑。布尔迪厄认为,教育体制隐藏了整个符号权力社会学的基础。在《再生产》《国家精英》等著作中,布尔迪厄指出资本主义社会教育体制貌似公平,但实际上却是不平等社会结构再生产的帮凶。布尔迪厄把话语看作是阶级惯习表现自身的方面。在《语言与符号权力》中,布尔迪厄强调话语并不是在生产者和消费者之间发生的编码与解码那样的纯语言学问题,一方面,话语惯习,本身就是因社会因素而构成的性情倾向;另一方面,在话语市场中,话语交换是一种权力关系,是希望得到赞美欣赏的财富的符码,是希望被相信和尊崇的权威符码。[1] 布尔迪厄认为两性之间的权力关系最能体现权力关系的欺骗性。在《男性统治》中,布尔迪厄就揭示出男性是如何生产两性共享的话语,从而使其支配地位合法化的。可以说,语言关系就是言说者背后的力量关系的表现。

总之,布尔迪厄的符号权力理论认为文化在当代社会运作中具有决定性地位,文化符号既为人类的交流互动提供基础,同时也是权力统治的一个根源。权力从来不是孤立研究的领域,它位于所有社会生活的核心。符号体系并不是中立的,其中都寄存着权力的力量,在不知不觉中维持和再生产分层的社会等级和统治系统。所有的文化符号与实践的社会用途都体现了强化社会区隔的利益与功能。布尔迪厄揭示出了文化再生产背后权力的运作过程和策略活动,尤其是当代社会符号权力斗争对文化再生产活动的介入,从而实现其维持社会阶级结构、个人生活方式和品味、社会权力再分配和政治权力正当化程序、文化资源再分配等特殊功能。[2] 当今时代是全球"两制"并存和媒介发达的"全球信息化"时代,在资本主义始终没有放弃对社会主义的"西化"和颠覆企图的背景下,布尔迪厄的符号权力理论有助于我们清醒认识资本主义文化背后隐匿的霸权逻辑,有助于我们警惕在教育系统、语言体制、文

---

[1] Pierre Bourdieu, *Language and Symbolic Power*, (Cambridge: Polity Press, 1991), p. 66.
[2] 高宣扬:《布尔迪厄的社会理论》,上海:同济大学出版社2004年版,第17页。

化产品等领域中出现的话语旁落的危险,对于我们在新时代巩固和提升社会主义核心价值观话语权具有重要警示意义。

但正如学者朱国华指出的那样,布尔迪厄在揭露资本主义统治意识形态的符号权力及其主流话语的同时,也否决了一切具有普遍价值的精神产品和文化秉性,却没有为社会带来任何具有建设性的价值观和信念,展露出价值虚置的虚无主义倾向,是一种没有价值旨归、缺少对未来承诺的社会理论。[①]但这显然并不符合真实的历史和社会现实。因此,布尔迪厄对于资本主义统治意识形态符号权力及其主流话语的批判,正是我们在资本主义文化霸权面前需要加以警惕和保持清醒头脑的缘由;而布尔迪厄所缺失的对未来社会的价值旨归,恰恰是我们提升社会主义核心价值观话语权工作之所以必要和所能提供的,值得高度重视。

本章小结

马克思主义经典理论、我国优秀传统文化和西方文明有益成果提供了丰富的思想理论资源。马克思主义经典作家马克思、恩格斯、列宁以及中国共产党人的社会主义价值观话语权思想构成了社会主义核心价值观话语权的主要理论来源;我国儒家优秀传统文化中的相关思想是社会主义核心价值观话语权的活水源头;西方马克思主义者葛兰西的"文化领导权"理论和布尔迪厄的"符号权力"理论等思想理论,为提升社会主义核心价值观话语权提供了有益借鉴。

[①] 朱国华:《权力的文化逻辑》,上海:上海三联书店2004年版,第33页。

第三章　提升社会主义核心价值观话语权的重要意义和现实基础

价值观话语权问题历来是意识形态领域斗争的核心和突破口，价值观话语权的争夺，是承载不同价值观的社会制度和发展道路之间争夺的集中表现。习近平总书记警示，"一个政权的瓦解往往是从思想领域开始的""思想防线被攻破了其他防线就很难守住"[①]。巩固和提升社会主义核心价值观话语权是关乎我们国家前途命运、社会主义事业的兴衰成败、执政党的生死存亡、民族兴旺发达的大问题，与广大人民群众的切身利益，与世界"和平与发展"时代主题的延续、人类命运共同体的构建紧密相关，具有极其重要的现实意义。

第一节　提升社会主义核心价值观话语权的重要意义

改革开放以来我国多元价值观念与社会主义价值观并存竞争，西方话语霸权又不断浸淫，有少部分人分不清是非，信奉新自由主义、民主社会主义、历史虚无主义等西方错误思潮，被所谓"普世价值"蒙蔽，在社会上造成一定程度思想混乱，对我国社会主义现代化事业造成一定干扰。当前巩固提升社会主义核心价值观话语权，是对不良社会思潮做坚决斗争、澄清思想文化领

---

① 中共中央文献研究室：《十八大以来重要文献选编（上）》，北京：中央文献出版社 2014 年版，第 465 页。

域纷乱局面的迫切要求,有助于提高我国核心价值观话语传播能力,增强社会主义核心价值观凝聚力和感召力,推动实现中华民族伟大复兴的发展目标。

一、突破西方价值观话语困囿

西方价值观念发展时间久远,再加上西方凭借其三百年工业化发展而来的经济实力和媒体传播优势,致使一少部分人产生对西方价值观的迷信,总是拿西方价值观标准来对我国发展说三道四,对我国的发展实践加以攻击和诋毁。正如习近平总书记指出的那样,发展起来的中国强大起来了,解决了"挨打"的问题,但"挨骂"的问题还没有得到根本解决①。当前,西方价值观念隐匿于形形色色的思潮当中,如新自由主义、民主社会主义、历史虚无主义、"普世价值论"等,散布在我国经济、政治、历史、文化各领域,相互渗透,彼此呼应,众声喧哗,实质是干扰我国自主发展实践,否定我国社会主义核心价值观念。唯有以清醒头脑和科学批判突破西方话语困囿,才能使社会主义核心价值观念深入人心。

新自由主义作为一种经济思潮,是相对于资本主义古典自由主义而言的,以反对抵制凯恩斯主义即国家干预为特征,主要理论主张为"自由化""私有化""市场化"和全球"一体化",坚决主张三个"否定",即否定公有制、否定社会主义、否定国家干预。② 20世纪70年代末,开始受到英美等西方国家政府的青睐与追捧。1990年美国推出新自由主义的"华盛顿共识",标志着新自由主义的政治化和意识形态化,成为美国国家意识形态与主流价值观念。新自由主义的本质是"适应国家垄断资本主义向国际垄断资本主义转变"③的思想理论和政策产物,实质是维护私有制和资本主义制度。

政治领域的民主社会主义以抽象人性论为基础,把道德看作社会变革和政治变迁的根本原因,否认社会主义历史发展的必然性,把其信奉的"自由、公正、互助"看作是超阶级、超国家的普遍价值,否认其具有历史性、阶级性,主张在资本主义框架内以政治民主、经济民主、社会民主改良来实现其

---

① 习近平:《在全国党校工作会议上的讲话》,北京:人民出版社2016年版,第20页。
② 何秉孟、李千:《新自由主义评析》,北京:社会科学文献出版社2012年版,第13-14页。
③ 中国社会科学院课题组:《新自由主义研究》,《经济学家》,2004年第2期,第66-74页。

第三章 提升社会主义核心价值观话语权的重要意义和现实基础

所倡导的价值目标。民主社会主义否定党的领导和无产阶级专政，坚持指导思想多元化和多党制，它的价值体系和价值观是奠基于资本主义经济、政治、文化基础上的，无法改变资本主义社会资本的支配地位和资产者的统治地位，实质是社会改良主义，是无法实现社会主义价值目标的。

历史虚无主义坚持唯心史观，大搞"灭国去史"的错误言论。如鼓吹"告别革命"，竭尽能事贬损否定近代以来中国人民争取民族独立、人民解放和国家富强的革命史、建设史和改革史，"社会主义早产论""社会主义失败论""国企改革怪胎论"甚嚣尘上；打着"学术研究""重新评价"的幌子，不顾历史事实竭力美化近代以来反动统治阶级及其历史人物，妄图篡改党和国家对我国近现代以来重大历史事件和人物以及问题的科学评价；有的人打着"还原历史"的幌子，在历史支流中寻找所谓"阴暗面"，借党史中的一些失误与错误否定党的全部历史；以"戏说""恶搞"为名，恶意抹黑领袖和英雄人物；借社会主义的局部曲折否定社会主义发展趋势。历史虚无主义实质是否定党的领导和社会主义制度，妄图将我国纳入资本主义轨道。

20世纪末到21世纪以来，西方国家在经济发展长期停滞、深陷金融危机困境的同时，开始密集使用"普世价值"表征其核心价值观，把推行"普世价值"作为"国家战略"。"普世价值论"抹杀了不同社会制度中价值观的界限，混淆了价值普遍性和特殊性，将其私有制基础上以个体为基石的"自由"、以金钱为母体的"民主"说成是超历史、超阶级、超现实的"普世价值"，将反映资产阶级价值观念和资本主义制度属性的具体价值说成是"人类文明主流"，甚至罔顾事实，歪曲社会主义核心价值观就是"普世价值观"，妄图对我国的指导思想进行"和平演变"。基辛格就直言不讳地说，美国是在"代表全人类行事"，并且"坚信自己的原则具有普适性"[1]，要以西方价值观来"重塑"世界。美国追求的世界秩序就是"拥抱普世价值"[2]。西方凭借其强势话语推行"普世价值"，实质是强制推行资本主义政治理念，力图颠覆共产党领导和社会主义

---

[1] [美]亨利·基辛格：《世界秩序》，胡利平、林华译，北京：中信出版社2015年版，第305-306页。
[2] [美]亨利·基辛格：《世界秩序》，胡利平、林华译，北京：中信出版社2015年版，第489页。

制度。

我们要清醒认识，"主义之争、意识形态冲突，从来就不是纯粹的思想观念之争"，而是"领导权之争"①。奉行什么样的主义，就意味着选择什么样的执政理念，反映出由谁执政、为谁执政、怎么样执政的不同制度选择。错误思潮滋长蔓延，会带来严重的思想混乱。提升社会主义核心价值观话语权，有助于旗帜鲜明反对错误思潮，揭露其制造的种种谎言迷雾，抵制错误思想带来的负面影响，有助于澄清人们的思想困惑，回应和驳斥异己力量对中国特色社会主义事业的攻击和诋毁，推动实现人们价值观念的拨乱反正，增强对中国特色社会主义的信心。

二、消除"主流价值观边缘化"现实危机

党领导人民进行革命、建设和改革的进程中，一直高度重视社会主义核心价值观的培育和践行。但由于改革开放以来我国社会的经济成分和经济利益、社会生活方式、社会组织形式、就业岗位就业方式都日趋多样化，人们的价值观念日趋多元。从价值观内容上看，积极进取、奋发自强、追求富裕、自由、平等、法治等价值观是改革开放以来人们思想观念的主流，但不能否认，我国思想文化领域存在一定程度的价值迷茫和混乱。2009年，《人民论坛》杂志社曾经对8128人进行了调查，结果显示，占36.3%的受访者认为"主流价值观边缘化"是未来十年面临的严峻挑战之一；② 2010年，《人民论坛》杂志社又与人民网和新浪网进行了9316人的调查，对于"您认为主流文化边缘化现象是否严重"这一问题，55.7%的受访者认为"严重"或者"比较严重"。③ 2016年，习近平总书记在哲学社会科学座谈会上的讲话中严肃指出："实际工作中，在有的领域中马克思主义被边缘化、空泛化，在一些学科中'失语'、

---

① 侯惠勤：《马克思的意识形态批判与当代中国》，北京：中国社会科学出版社2011年版，第5页。
② 陈新汉：《警惕社会主义核心价值体系"边缘化危机"》，北京：社会科学文献出版社2011年版，第97页。
③ 艾芸、杜美丽：《73.6%受调查者认为主流文化缺乏现实关怀——"主流文化怎么了"问卷调查分析报告》，《人民论坛》，2010年第24期，第14-17页。

教材中'失踪'、论坛上'失声'。"①这种情况加重了主流价值观边缘化现实危机。

客观上来说,改革开放以来价值观的分化和存在差异是一种必然。由于处于不同的社会地位,处于不同的就业单位和岗位,有不同的教育发展经历和个性特点,价值观主体的价值观分化和存在差异是客观必然,社会成员的价值观在总体上是分层、分化甚至还蕴含冲突的可能性。但是,社会同样需要避免过度追求个性而置道德于不顾,过度追求利益而置法治于不顾,过度追求私利而置群体利益而不顾。只见个人不见整体、只见个性不见法治、利益分配不均等造成社会思想混乱和社会断裂,而混乱和无序是社会发展无法承受之重。社会保持良好运行、均衡发展、较强凝聚力必然呼唤自由、平等、公正、法治等价值观。但历史告诉我们,单纯依靠社会本身是不可能自动走向均衡、自由、平等、公正和法治。这种情况下,为消除"主流价值观边缘化"现实危机,实现对分散的社会价值观的合理引导,实现社会对发展和秩序的价值追求,就迫切需要提升社会主义核心价值观话语权,通过强大的话语传播,以国家利益、社会利益和个人利益的共同需要来说服不同群体、不同社会阶层的人员来认同和接受普遍的价值共识;促使每一个人都对生命的价值、生活的原则和行动的底线等问题进行深入的思考;② 引导人们珍惜生命、尊重规则、追求公正、捍卫法治,形成强大的"价值共识",以此作为指引自身行动的价值理念,才能够使国家利益、社会利益以及政治统治普遍化、合法化,并以此为起点追求崇高和远大的理想和价值目标。

三、增强我国人民"文化自觉"意识

提升社会主义核心价值观话语权,有助于增进我国人民"文化自觉",以反映中国发展实践和价值追求、凝结中国特色、中国风格和中国气派的学科体系、学术体系和话语体系为全面建成小康社会和伟大复兴中国梦提供高水平的智力和精神支持。"文化自觉"是我国著名学者费孝通 1997 年提出的命

---

① 习近平:《习近平谈治国理政》第二卷,北京:外文出版社 2017 年版,第 329 页。
② 徐蓉:《核心价值与国家形象建设》,上海:复旦大学出版社 2013 年版,第 9 页。

题,是指"生活在一定文化中的人对其文化有'自知之明',明白它的来历,形成过程,所具的特色和它发展的趋向"①。文化自觉是当今世界的共同要求。伴随着世界局势的大发展、大变革、大调整,中华文明也面临着重大转型,文化自觉更要求我们要对文化有自知之明,既挖掘和提升中华优秀传统文化的当代价值,又要处理好与其他文化之间的关系,实现有文化发展的自主能力和取得新时代我国文化选择中的自主地位的"双重自主"②目标,实现认识中国和认识世界的良性互通。

"理论自觉"是对文化自觉的一种形式和具体支持。理论作为文化的反映,又是文化的系统性凝练概括。我国社会学者郑杭生在2009年基于"文化自觉"提出了"理论自觉",力求将社会学理论的自主性发展同整体性的中国文化发展相结合,探索了文化自觉在学科层面的基础。郑杭生提出了世界眼光、中国气派兼具的学科"理论自觉"目标,提出了"应对'人类困境'和国内发展挑战做出理论概括、对'传统资源'进行理论开发、对'西方学说'做出理论借鉴、对中国经验做出自己的理论提升"③等实现"理论自觉"的途径,对中华文化及其内蕴的价值观念的理论升华也同样具有借鉴意义。

文化的核心是价值观念,价值观念的绵延传承要以一定的思想理论体系作为理论支撑。2016年5月17日,习近平总书记提出了加快构建中国特色哲学社会科学学科体系、学术体系和话语体系的要求。④ 提升社会主义核心价值观话语权,有助于我们立足中国国情、基于中国实践,以高度的理论自觉和文化自觉主动建构具有中国特色的哲学社会科学,始终保持马克思主义意识形态思想体系的先进性、时代性和吸引力,发挥对中国特色社会主义价值追求的主导和决定作用;要加强"理论自觉",对学术场域"理论欠缺""理论失

---

① 费孝通:《反思·对话·文化自觉》,《北京大学学报(哲学社会科学版)》,1997年第3期,第15-22页。
② 费孝通:《反思·对话·文化自觉》,《北京大学学报(哲学社会科学版)》,1997年第3期,第15-22页。
③ 郑杭生:《促进中国社会学的"理论自觉"——我们需要什么样的中国社会学?》,《江苏社会科学》,2009年第5期,第1-7页。
④ 习近平:《在哲学社会科学工作座谈会上的讲话》,北京:人民出版社2016年版,第19页。

语"的局面进行反思，促进学术繁荣；① 此外，还要锻造出总结中国发展优势、具有中国特色、中国风格和中国气派的话语体系，这样才能在自主发展基础上教育民众、引导民众、凝聚民众，为国家未来的经济社会发展提供科学价值指向，为世界贡献中国价值理念。

四、提升我国社会主义核心价值观话语传播力

中国特色社会主义事业并不是在封闭环境中进行的，而是在失衡的世界秩序中形成和发展起来的，是在中国特色社会主义事业被"丑化"的舆论环境中进行的。当前提升社会主义核心价值观话语权，提升我国价值观话语传播力，努力扭转国际话语格局"三强三弱"（"西强东弱""资强社弱""美强中弱"）局面，向我国人民和世界人民传递出清晰的社会主义核心价值理念，为我国发展创设良好舆论环境，从而进一步增进我国人民的价值观自信。

重建失衡的世界秩序迫切需要摒弃西方霸权国家狭隘的价值观。世界秩序是"在一定历史时期，由世界上主权国家、国家集团等行为主体，按某类规范、准则、原则、目标行事，所建立或维系的世界机制和整体态势"②。威斯特伐利亚以来的世界秩序，长期充斥不公正、不合理的因素，战后的世界秩序基本也是霸权主义和强权政治主导的。冷战结束后美国仍试图凭借其在经济、军事等方面的优势建立起其主导下的世界秩序。这种不平等的世界秩序，武力是主要的争端解决方式，这也是近代以来爆发两次世界大战、二战后众多局部战争仍此起彼伏、广大发展中国家至今仍处于贫困和落后的最重要根源，也是当今世界诸多全球问题迄今久拖不决的主要根源。当代美国著名作家、国际活动家安德烈·弗尔切克（Andre Vltchek）接受采访时就曾激愤地指出，当今世界就是西方霸权主义国家统治下的世界。③ 这种失衡的世界秩序集

---

① 文军：《理论自觉与学术场域的再反思：对当前中国哲学社会科学研究的几点思考》，载《哲学社会科学学术话语体系建设》，武汉：武汉大学出版社2016年版，第321-334页。

② 戴德铮：《国际政治学要论——国际政治态势与战略应对》，北京：时事出版社2010年版，第7页。

③ 张玉城：《当今国际政治结构下的大国博弈——对话安德烈·弗尔切克先生》，环球网，2016-04-14，http://mil.huanqiu.com/observation/2016-04/8809639.html，访问日期：2023年6月10日。

社会主义核心价值观话语权及其提升研究

中反映了西方霸权主义国家的战略利益诉求,折射出的是其狭隘的价值观和将自己的价值观强加于世界的霸权逻辑。资产阶级在全世界推行的所谓的"自由"只不过是拥有私有财产的自由,是资本剥削劳动的自由,"民主"是少数人的民主,是以金钱为"母体"的民主,其"人权"也是由金钱财富决定的,资产权是"人权"的基础。但西方却把其狭隘的价值观包装成"普世价值"向世界人民兜售。美国学者基辛格就在其著作《世界秩序》中认为,美国奉行的是企图"代表全人类行事"的价值观。① 并以此种价值观歪曲和诋毁我国发展实践。

以话语权为突破口,有助于提升我国社会主义核心价值观话语传播力,有效扭转我国国际话语弱势局面,为国家发展赢得良好的舆论环境,进而增进我国人民的价值观自信。从整体上看,当前的国际话语领域处于"三强三弱"局面,我们有时在国际上处于"挨骂"的局面。西方霸权国家热衷于在各个领域全面抹黑中国,发动强势媒体大搞"舆论瀑布"颠倒黑白,"中国崩溃论"崩溃了,军事、能源和环境等方面的"中国威胁论"就粉墨登场;中国阐明了自己和平发展的主张,西方就推卸自身责任、散布不符合我国国情和发展阶段的"中国责任论",歪曲我国和平发展意愿,散布"朝贡体系论"等;假借中立的学术交流宣扬"历史终结论",实质是力图继续维护其霸权地位、继续攫取霸权利益。有些人错误地把西方价值观看作是"普世价值",把西方理论话语奉为金科玉律,成为西方意识形态的应声虫和传声筒。但是冷战结束以来的事实表明,西方价值观念的强行推销带给广大国家的不是繁荣,而是分裂,不是和平,而是灾难。习近平强调:"如果我们用西方资本主义价值体系来剪裁我们的实践,用西方资本主义评价体系来衡量我国发展,符合西方标准就行,不符合西方标准就是落后的陈旧的,就要批判、攻击,那后果不堪设想!"② 当前,提升社会主义核心价值观话语权,壮大传播队伍和提升传播力,以符合我国国情和发展阶段的饱含中国特色、中国作风和中国气派的理论话语、学术话语、学科话语向世界表明我国特有的价值观念,将有效扭转国际生活中"三强三弱"话语格局、改善我国舆论环境,进而增进我国人民的价值

---

① [美]亨利·基辛格:《世界秩序》,胡利平、林华译,北京:中信出版社 2015 年版,第 305 页。

② 习近平:《习近平谈治国理政》第二卷,北京:外文出版社 2017 年版,第 327 页。

观自信。

五、提升我国社会主义核心价值观话语引领力

以话语权为突破口，在传播我国发展实践成就进程中进一步增强社会主义核心价值观引领力。中国共产党成立以后高举自由、民主旗帜，领导人民追求这些美好价值，实现国家独立、人民解放。随着改革开放的深入，在新的历史条件下，我国较好地解决了价值追求中的三大困境。我国学者虞崇胜、叶长茂认为，我国在发展中成功推进了对自由、民主、平等价值的追求。第一，较好解决了"自由与平等的冲突"。自由不仅是消极自由不受干涉，还具有积极的普遍意义，即多数人能有条件享有自由，追求自由。平等不是平均，是大多数人平等享有各项权利和自由。公正和法治的价值就是使自由与平等动态平衡，使这些美好价值惠及多数人。第二，实现了"个体和共同体在价值层面的平衡"。既尊重个人权利和肯定个人自由，制约国家权力，又尊重发展中国家实际，以国家富强作为劳动人民实现个人自由与权利的保障。第三，"反映了人的自由全面发展需要，使人类共同价值形成系统的完整的体系"[①]。个人层面的爱国、敬业、诚信和友善是共同体成员应尽的责任和义务；政治与社会层面的自由、平等、公正和法治是公民发展个体权利的保障，反映到共同体层面就是富强、民主、文明与和谐的愿望和要求。社会主义核心价值观从个体、制度和共同体层面满足了人的多样化价值需求。我国取得的重大成就尤其是改革开放四十多年来取得的巨大变革，让人们在中国经济实现快速发展，国家实力日益攀升和人民获得感日益增强中更深刻理解和认同社会主义核心价值观。

以话语权为突破口向世界人民展现我国社会主义核心价值观念的魅力，有助于提升社会主义核心价值观感召力。国际感召力，就是为了完成重大历史任务最大限度争取国际社会理解支持和追随、维护良好外部环境的能力，是"当代大国外交的新要素"[②]。社会主义核心价值观不仅是我国人民追求的

[①] 虞崇胜、叶长茂：《社会主义核心价值观与人类共同价值》，《中共中央党校学报》，2016年第2期，第54-60页。

[②] 徐进：《感召力：大国外交的新要素》，《学习月刊》，2012年第9期，第42-43页。

美好价值,指导着我国追求美好生活的价值实践,它同样是"人类共同价值的高度凝结"①,有助于人类谋幸福、谋福祉。2012年3月,习近平主席在俄罗斯演讲时明确向世界传递了人类命运的中国判断,这个世界已经越来越成为安危与共的"命运共同体"②。共同利益呼唤共同价值。人类共同价值是"人类追求的共同利益的体现"③。社会主义核心价值观是人类共同价值的高度凝结。2015年9月,习近平在第70届联合国大会一般性辩论上发表重要讲话,明确把社会主义核心价值观与人类共同价值联系起来。他指出,"和平、发展、公平、正义、民主、自由,是全人类的共同价值,也是联合国的崇高目标"④。社会主义就是在追求这些人类共同价值中向前发展。革命导师马克思恩格斯在充分肯定近代人们追求民主、自由、人权等共同价值基础上,以科学的辩证唯物主义和历史唯物主义揭示出私有制条件下这些价值只是为统治阶级少数人享有的实质,认为推动历史发展的真正主体——广大劳动人民也应该享有这些美好价值。俄国十月革命胜利后,列宁也强调要利用资本主义已经取得的带有普遍性的价值成果,"不利用大资本主义所达到的技术和文化成就便不可能实现社会主义"⑤。中国在国际舞台上扮演着越来越重要的角色,发挥着越来越重要的作用,并在一定程度上改变着世界秩序的样貌。弘扬社会主义追求的自由、平等、公正与民主等人类共同价值,把人类、国家、社会、个人层面的价值要求融为一体,既把全国人民的心力目标凝为一处,成为中华民族伟大复兴的中国梦的坚实思想基础,也为推动永久和平和普遍繁荣的人类命运共同体提供了强大动力。当前提升社会主义核心价值观话语权,就是要进一步展现出我国为中国人民谋幸福、为世界人民谋福祉的大国追求,在国内,增强人民的凝聚力,在国际关系层面,向世界传递出中国人类共同价值的倡导者、人类共同价值的积极践行者的积极形象,增强社会主

---

① 虞崇胜、叶长茂:《社会主义核心价值观与人类共同价值》,《中共中央党校学报》,2016年第2期,第54-60页。
② 习近平:《习近平谈治国理政》,北京:外文出版社2014年版,第272页。
③ 秦宣、刘鑫鑫:《共同价值:打造人类命运共同体的价值观基础》,《中国特色社会主义研究》,2017年第4期,第38-43页。
④ 习近平:《习近平谈治国理政》第二卷,北京:外文出版社2017年版,第522页。
⑤ 《列宁选集》第3卷,北京:人民出版社2012年版,第535页。

义核心价值观感召力,获得更多国家的理解认同和支持,齐心协力共同建设人类命运共同体。

第二节 提升社会主义核心价值观话语权的现实基础

卢梭曾经说过,即使我们对司空见惯的事物进行观察,也是需要具有哲学的头脑。牢牢把握社会主义核心价值观话语权对于我们来说至关重要,具有深刻的时代价值,但是显然,这又并不是可以敲锣打鼓、很轻松就可以实现的任务。唯有在准确充分把握客观现实的基础上,以高度的责任心、使命感积极主动进行提升才能得到巩固和发展。

一、解决和平与发展"时代之问"提供现实境遇

重大时代主题是一定历史阶段内涉及全局性的重大战略问题。1984年邓小平会见来访的缅甸总统时就指出,和平和发展是当代世界的主题。[1] 南北问题就是经济问题、发展问题。维护世界和平与促进共同发展是世界各国的头等任务,但正像邓小平所说,这两个问题一个都没有解决,发展问题还很严重。[2] 奉行资本主义价值观的西方国家对两大主题不仅缺少建树,甚至成为这两大主题难以解决的根源。世界呼唤新的反映人类共同价值的新价值观。

当代西方经济危机和全球发展灾难反映出资本主义价值观危机。随着时间的推移,2007—2008年被称为"百年一遇"的金融危机带来的严重后果日益显现出来。随着20世纪70年代末以来打着所谓"自由"旗号的新自由主义在英美等国家的广泛实施,西方国家掀起私有化浪潮,大幅削减了社会福利,政府对金融管制全面放松,经济危机和金融危机已经成为西方国家的"流行病",这次金融危机就是资本主义内在矛盾的又一次大爆发,进一步加剧了资本主义本就十分严重的贫富差距、两极分化现象,使资本主义的固有矛盾即

---

[1] 《邓小平文选》第三卷,北京:人民出版社1993年版,第96页。
[2] 《邓小平文选》第三卷,北京:人民出版社1993年版,第353页。

生产无限扩大和劳动人民购买力相对缩小的矛盾进一步激化。英国剑桥大学教授马丁·雅克指出，1972—2013年新自由主义主导时期，美国收入最低的10%人口实际收入在下降，但收入最高的10%人口的财富增速却比其他的所有人都高得多；全职男性工人的实际收入比40年前还要低；而英国及其他一些高收入国家的情况与美国无太大差别，在金融危机后甚至更加突出：2005—2014年，在25个高收入经济体当中，有65%~70%的家庭的实际收入都陷入了停滞甚至下降。[①] 时至今日，新自由主义仍拿不出切实解决危机的有效措施，经济复苏乏力无望。新自由主义政策的推行不仅使西方发达国家深陷危机，也使新兴发展国家深受其害。20世纪80年代以来，按新自由主义"私有化、市场化、自由化（尤其是金融自由化）和全球一体化"模式改造的样板国家，如阿根廷，从原本准发达国家沦落成拉美地区最贫穷的国家，其他如俄罗斯、印度尼西亚、泰国、埃及等，也都面临经济倒退、政治衰败、贫富两极分化、社会动荡等困难。越来越多的有识之士认识到，所谓"自由"价值观不过是西方垄断资本对世界各国劳动人民进行剥削和掠夺的迷惑工具，是垄断资本扩大贫富两极分化的自由，而不是全体社会成员的自由，它根本不可能改变世界多数人的贫困落后和实现少数人发财致富的现实，而只能是进一步加深这种状况。

当代西式民主"政治衰败"和人类全球问题反映了资本主义价值观危机。经济的危机往往导致政治的危机。新自由主义政策导致的加剧的不平等正在西方国家内部导致民众的严重分化和割裂，"民粹主义"力量正在升起，英国公投脱欧和坚持封闭与"逆全球化"的特朗普上台就是这种民粹主义思想的典型表现。特朗普以"美国优先""让美国再度强大"为名，与新自由主义政策彻底决裂，但又陷入种族歧视、仇外攻击、贸易保护等"民粹泥潭"，严重分化和割裂的美国有巨大的陷入极权主义的风险。这恰恰是西式民主的危机。不仅发达国家民主出现民主撕裂、政治衰败，劣质民主催生"民粹"，"民粹"又反过来杀死民主；事实上冷战后西方大国加快输出民主的对象国非但没有收

[①] ［英］马丁·雅克：《新自由主义的死亡与西方政治危机》，载中国社会科学院世界社会主义研究中心：《世界社会主义跟踪研究报告（2016—2017）——且听低谷新潮声（之十三）》，北京：社会科学文献出版社2017年版，第326-334页。

第三章 提升社会主义核心价值观话语权的重要意义和现实基础

获民主，反而陷入文明冲突、政局动荡，正经历惨痛的无序和混乱。"自2010年以来，美国及大多数盟友的民主程度出现了倒退。"①美国学者弗朗西斯·福山曾经认为西方国家实行的自由民主制度是"人类意识形态发展的终点"和"人类最后一种统治形式"②并构成"历史的终结"。但在历史事实面前，福山在其著作《政治秩序与政治衰败》中不得不承认："现代自由民主国家面临的政治衰败，一点也不少于其他类型的政权。"③他认为一个国家要成功治理，三个要素不可或缺：国家建构、法治和民主。他认为过去对民主关注太多，但民主并不能自动防止"政治衰败"，在民主以外，拥有一个强大国家能力和官僚机构中立自主的国家建构显然对于政治发展来说十分重要。以往备受推崇的西式民主等价值观受到越来越多的质疑。

当前地区动荡、恐怖主义肆虐，与资本主义在全球推行的帝国主义政策、追逐垄断利润紧密相关。当代资本主义是进入金融垄断资本主义的帝国主义时代。资本主义追求全球扩张、进行经济掠夺，为了支配原材料和自然资源彼此竞争，加剧地区紧张局势，甚至导致战争和冲突。为达到目的，美国等西方国家暗中支持地区恐怖主义势力，进行政治扶持、经济资助、技术武器援助，文化上挑拨矛盾和煽动仇恨，甚至打着"人权高于主权"的旗号不惜直接以武力、军事干涉手段对其他国家进行"民主改造"，激起世界各地区内部争端与"颜色革命"，以追逐垄断利润为核心的帝国主义政策是地区动荡不安、恐怖主义肆虐的根源。④ 资本主义制度以垄断资本利益为政策考虑第一位，关乎全球公共利益重大问题，如全球气候变化问题等在私人资本主导的制度下也难以实施。

---

① 袁野编译：《美媒：美国与盟友推动"全球民主倒退"》，《青年参考》，2021年11月26日，第1版。

② [美]弗朗西斯·福山：《历史的终结及最后之人》，黄胜强、许铭原译，北京：中国社会科学出版社2003年版，第1页。

③ [美]弗朗西斯·福山：《政治秩序与政治衰败——从工业革命到民主全球化》，毛俊杰译，桂林：广西师范大学出版社2015年版，第23页。

④ 余维海、周华平：《为了工人和人民的解放，为了社会主义！——第17次共产党和工人党国际会议亲临记》，载中国社会科学院世界社会主义研究中心：《世界社会主义跟踪研究报告（2016—2017）——且听低谷新潮声（之十三）》，北京：社会科学文献出版社2017年版，第182-192页。

总之,西式民主政治实在是"当今世界政治失序的乱源"①。西式民主困境有其深刻根源。学术上偏执民主一元论,政治思维方式坚持选票至上论,认为只有西方政治是民主的,民主是政治的全部内容,西式民主是普世的,实践中认为民主就是普选和多党制,民主简化为选票至上,政治家为选票毫无底线等。当今西式民主政治衰败与当代人类全球问题难以解决反映了资本主义价值观的深刻危机。爱好和平、追求发展的各国人民呼唤反映人类共同价值的新探索,这就为我们提升社会主义核心价值观话语权提供了客观的现实境遇。

二、中国特色社会主义探索成就奠定客观基础

国家实力是提升社会主义核心价值观话语权的深厚物质基础。社会主义核心价值观是人类共同价值的高度凝结,以此作为价值指引的我国发展实践展现出重大成就。2017年7月,习近平在迎接党的十九大专题研讨班讲话中,对此做出精辟概括,指出中华民族实现了三次历史性飞跃,就是从站起来到富起来再到强起来;中国的发展使世界社会主义进程呈现出新的面貌和活力;中国的发展为那些想自主发展的国家提供了一条可资借鉴的新道路,为解决和平与发展的时代主题提供了中国的建设方案。② 这就为提升社会主义核心价值观话语权奠定了坚实的实力基础。

近代以来,久经磨难的中华民族为了追求独立、自由、民主、富强,在中国共产党领导下,经过28年艰苦卓绝的斗争,终于推翻了三座大山,结束近代中国半殖民地半封建社会局面,中国人民从此站了起来。改革开放以来,党不断推进社会主义各项事业以及党的建设伟大工程,努力发展生产力,人民生活实现了从贫困到温饱、由温饱再到小康的跨越,实现了富起来的飞跃。2012年以来,以习近平同志为核心的党中央,奋力开拓新时代中国特色社会主义事业,以新发展理念为指引,推动经济社会发展质量效益不断提升,全

---

① 张树华:《论新民主观与全面政治发展》,载中国社会科学院世界社会主义研究中心:《世界社会主义跟踪研究报告(2017—2018)——且听低谷新潮声(之十四)》,北京:社会科学文献出版社2018年版,第433-488页。

② 习近平:《习近平谈治国理政》第二卷,北京:外文出版社2017年版,第62页。

第三章 提升社会主义核心价值观话语权的重要意义和现实基础

面深化改革推进，经济结构优化、区域协调，创新性发展战略大力实施，开放型经济体制逐步健全，对世界经济增长贡献率不断提高。中华民族开始走向强起来的飞跃。20世纪80—90年代苏联解体、东欧剧变和21世纪初资本主义金融危机这两次具有重大历史发展转折点意义的事件发生后，可以说世界社会主义运动虽然总体仍处于低潮期，但中国特色社会主义发展的巨大成就标志着，世界社会主义进入了"发展长周期中的上升期"[①]。长期喧嚣的"历史终结论"终结了。西方资本主义在全球发展中的进攻势头开始发生逆转。中国的发展使社会主义在新世纪展现出强大的生机活力，并不断开辟发展新境界。

走向现代化是二战后广大发展中国家的追求与梦想。在资本主义主导的世界秩序中，发达资本主义国家是受益者，发展中国家长期处于边缘依附地位，有些国家由于西方新自由主义的影响，经济长期停滞，人们生活不仅得不到提高，反而在不断退步。它们迫切需要走向现代化的新途径。改革开放以来，我国社会主义现代化道路越走越宽广，中国已成为世界第二大经济体，世界经济增长第一引擎，中国道路对世界的影响也越来越大，为发展中国家走向现代化提供了新的思路和方案，也吸引着越来越多国家人民理解和认可社会主义核心价值观。

唯有反映人民愿望、要求、利益的话语权才会受人民认可。社会主义价值观反映着工人阶级和无产阶级的物质利益要求，社会主义核心价值观是中国最广大人民根本利益的反映，在国际社会，还反映着世界各国人民追求和平发展的美好梦想，社会主义核心价值观话语赢得了越来越多人民的支持。

为什么人的问题，是一个根本问题。阶级社会里没有超阶级的利益。是否站在广大人民的立场、反映大多数人而不是少数人的利益，是判断不同性质价值观的试金石。资本主义价值观把垄断资本、少数人的利益摆在首位。社会主义核心价值观则是维护无产阶级利益。无产阶级的利益与最广大人民的根本利益具有内在一致性，无产阶级以解放全人类为自己的历史使命。社

[①] 姜辉：《世界社会主义在21世纪的新发展和新走向》，载中国社会科学院世界社会主义研究中心：《世界社会主义跟踪研究报告（2016—2017）——且听低谷新潮声（之十三）》，北京：社会科学文献出版社2017年版，第171—181页。

会主义现实运动史就是为人民利益奋斗的历史。中国革命、建设和改革是为中国人民谋独立、谋幸福、谋利益而奋斗的历史。社会主义核心价值观也始终坚持把人民群众作为价值判断和价值实现的主体,把人民利益摆在首位。将人民对美好生活的向往作为全党的奋斗目标。另一方面,当今世界经济全球化深入发展,人们的经济活动越来越突破民族国家的界限;在人类共同的全球问题如环境问题、恐怖主义等面前,整个人类开始逐步形成一个大共同体,世界各国人民的利益越来越多地联系在一起。作为人类共同价值凝结的社会主义核心价值观在国际社会反映着世界各国人民追求和平发展的美好梦想,与向往幸福美好生活、追求经济社会进步的广大发展中国家存在着共同的利益诉求和价值取向,反映了人民的愿望、要求和利益,从而赢得话语权。

三、社会主义核心价值观内在精神提供思想基础

社会主义核心价值观要取得话语权,还在于其理论本身具备"求是、求实、包容"的内在精神。

"求是"就是具有科学性。社会主义核心价值观之所以是正确的价值观,在于它是以科学的世界观为基础。[①] 1859年恩格斯在《卡尔·马克思〈政治经济学批判〉》中就曾经指出:"我们党有个很大的优点,就是有一个新的科学的世界观作为理论的基础。"[②]世界观是人们对客观事物的本质和规律的认识,只有符合实际,如实反映事物现象,正确揭示了事物本质规律的世界观,才是科学的世界观。马克思主义以科学的实践观为基础,揭示出物质世界和人类思维的本质和规律,揭示出人类社会产生和发展的本质、规律与必然趋势;马克思主义以科学的唯物史观和剩余价值理论为基石,揭示了"两个必然"的历史规律,即资本主义必然灭亡、社会主义必然胜利的趋势,找到了推动"两个必然"历史趋势的主体——无产阶级。马克思主义科学的世界观决定了社会主义价值观的内容,就是符合无产阶级和人民利益,对大多数人有利的思想和行为,就是善的,就是正确的价值观。社会主义核心价值观在马克思主义

---

① 韩民青:《没有科学的世界观,就没有正确的价值观》,《大众日报》2018年2月14日,第9版。
② 《马克思恩格斯文集》第二卷,北京:人民出版社2009年版,第599页。

第三章 提升社会主义核心价值观话语权的重要意义和现实基础

指导下,在社会主义运动史中逐步发展而来,追求人类共同价值,符合最广大人民群众的利益,是正确的价值观,具有科学性,为最终赢得话语权奠定了理论基础。

"求实"就是实事求是的理论品质。马克思主义最讲实事求是。社会主义核心价值观也最讲实事求是。只有从客观存在的事实出发,把马克思主义同中国实际相结合,制定适合中国国情的路线、方针和政策,才能真正实现人民的利益。中国共产党带领人民追求人类共同价值的历史就是实事求是地把马克思主义中国化的发展史,正是在解答"什么是新民主主义革命、怎样进行新民主主义革命""什么是社会主义革命、怎样进行社会主义革命"的进程中,我们才形成了马克思主义中国化的第一次历史性飞跃,形成了毛泽东思想的重大理论成果。改革开放以来,在探索"什么是社会主义、怎样建设社会主义""建设一个什么样的党、怎样建设党""实现什么样的发展、怎样发展""新时代坚持和发展什么样的中国特色社会主义、怎样坚持和发展中国特色社会主义"①等问题的回答过程中,产生了新的历史性飞跃,形成了中国特色社会主义理论体系的重要思想理论成果。在马克思主义中国化理论成果的指导下,中国人民实现了从站起来、富起来到强起来的飞跃,实现了落后国家发展现代化的梦想,中国特色社会主义事业在东方充满勃勃生机。"中国道路""一带一路""人类命运共同体"无一不是从中国实际出发探索出来的创造人民美好生活的必由之路,为赢得社会主义核心价值观话语权奠定坚实的思想和物质基础。

"包容"意味着社会主义核心价值观是开放包容的理论体系,具有开放的、兼收并蓄的理论特征。开放,发现和吸收人类文明的先进和有用成果,充实和强大自身;包容,意味着尊重差异、包容多样,以社会主义核心价值观引领形成广泛社会认同,尊重和维护世界多样性,广泛参与世界文明对话,汲取世界文明成果丰富自身,推动人类文明进程。思想认识问题的变革是一个长期过程,长期以来一些西方国家偏执于西方文明优越论,甚至不惜以武力

---

① 习近平:《决胜全面建成小康社会 夺取新时代中国特色社会主义伟大胜利》,北京:人民出版社2017年版,第18页。

向世界强行推销其价值观,成为世界秩序混乱的一大根源。社会主义核心价值观却以其开放包容精神为指引,充分尊重世界文明、宗教和价值观的多样性,充分尊重世界各国选择自身社会制度与发展模式、发展道路的自主权,努力推动不同文明之间友好相处、平等协商对话、共同发展繁荣,努力构建和谐世界。当前中国已进入追求满足人民美好生活需要、逐步实现共同富裕、实现中华民族伟大复兴、建设社会主义现代化强国并对人类做出更大贡献的新时代。① 社会主义核心价值观则更应该坚持多样性文明共存共生,在开放包容、对话交流中充实强大自身,在推进人类文明进程中赢得话语权。

四、中国社会信息化发展提供技术条件

20世纪90年来以来,信息化越来越成为推动经济社会发展的重要力量。进入21世纪,中国社会信息化发展取得了长足进展,为提升社会主义核心价值观话语权提供了技术条件。

我国学者指出,信息化是建立在电子计算机信息处理技术基础上,通过信息能传递、使人具备智能信息处理能力为标志的新型生产和生存方式,将导致人类社会诸阶段智能化变迁的历史过程。② 信息化的发展是以电子化作为产生前提,以数字化作为存在基础,以网络化作为发挥作用的条件。③ 信息化浪潮虽然肇始于西方国家,但20世纪90年代我国政府大力推动,我国社会信息化建设步伐明显加快。2012年以来,中国社会信息化进入一个新的飞速发展时代。

社会信息化,首先是指信息传播全球化,十分迅速且范围广泛,信息能够迅速渗透世界各个角落;其次,社会活动信息化,政府部门、生产部门、个人的生产生活方式日益受到信息的作用和影响;最后,信息社会全球化,信息成为社会发展运行的重要推动力,信息交流向社会化方向发展,有助于

---

① 习近平:《决胜全面建成小康社会 夺取新时代中国特色社会主义伟大胜利》,北京:人民出版社2017年版,第10-11页。
② 王旭东:《社会信息化概念的历史考察及其厘定》,《安徽师范大学学报(人文社会科学版)》,2008年第4期,第414-419页。
③ 王旭东:《社会信息化概念的历史考察及其厘定》,《安徽师范大学学报(人文社会科学版)》,2008年第4期,第414-419页。

第三章　提升社会主义核心价值观话语权的重要意义和现实基础

推动解决困扰人类的全球问题。这次变革当中,"互联网+"、手机移动终端、大数据构造了基本框架,人们于其中的生产生活日益呈现出"虚拟空间、万物互联""互动交流,即时即地""供需数据,精准提取"的崭新态势。① 具体而言,就是"互联网+"成为人们日常生活的基本平台,线上线下沟通交流、学习生活,呈现万物"互联"趋势;移动终端成为人们日常生活的基本工具,用手机即可"即时即地"完成购物、学习、办公等事项;"供需数据,精准提取"成为时代运行导向,通过捕捉分析数据,精准分析人们生活需求状况,进行社会运行状况与趋势分析。

尽管我国互联网的起步较晚,在数字化时代有所落后,但在 21 世纪这个"互联网+"全球性平台面前,中国社会信息化发展已经获得了比较高的发展起点。首先,最新数据显示,我国"互联网+"在全球互联网格局中,已经具备了规模优势。根据世界互联网发展报告数据,截至 2021 年 12 月 31 日,全球网民总数为 53.9 亿,互联网普及率为 67.9%。②第四次世界互联网大会报告指出,截至 2017 年 6 月,全球移动端社交媒体活跃用户 27.8 亿。③ 而我国第 52 次互联网络发展报告指出,到 2023 年 8 月,中国网民已达 10.79 亿规模,互联网普及率 76.4%,其中累计建成开通 5G 基站 293.7 万个,占移动基站总数的 26%,用户接入移动互联网与千兆光纤网络规模持续增长。④两组数字进行对比,会发现我国"互联网+"在网民数量、移动端活跃用户数等方面都已经具备了很好的规模优势,这就为社会主义核心价值观话语的最大范围传播奠定了技术基础。其次,我国出现了容纳不同年龄层次的、不同职业和兴趣群体的崭新社交平台,用户人群已经向海外拓展。微信数据报告指出,截至 2018 年 6 月底,微信及 wechat 合并的月活跃账户已达到 10.58 亿,微信公众号已

---

① 韩庆祥、张健:《当代中国意识形态驱动战略的实施路径》,《中共中央党校学报》,2017 年第 4 期,第 73-78 页。
② https://www.internetworldstats.com/stats.htm,访问日期:2023 年 8 月 31 日。
③ 中国网络空间研究院:《世界互联网报告总论 2017》,2017-12-05,http://www.wicwuzhen.cn//web17/material/images/2017bg.pdf,访问日期:2023 年 8 月 30 日。
④ 《第 52 次中国互联网络发展状况统计报告》,中国互联网络信息中心,2023 年 8 月 28 日,https://www.cnnic.net.cn/n4/2023/0828/c88-10829.html,访问日期:2023 年 8 月 28 日。

经达到 2000 万个。① 截至 2017 年底,微信用户年龄在 55~70 岁老人达 5000 万,55 岁以下者则占据 97.2%。2016 年的微信用户构成中,40.4%为企业员工,党政机关事业单位人员占 13.4%,学生占 14.4%,自由职业和个体户占 25.3%,无业人员和农民占 6.6%,用户覆盖面十分广泛。② 微信用户不仅已经占领国内主流人群,而且向海外拓展,海外用户超 1 亿,已经覆盖超过 200 个国家和 20 种语言。这就为社会主义核心价值观话语针对国际国内不同人群进行分众化、差异化传播奠定技术基础。最后,金融机构在电子支付领域最为信任的合作伙伴正在诞生,截至 2018 年 3 月底,某移动支付与其海外合营公司的伙伴在全球已累计拥有约 8.7 亿年度活跃用户,稳居全球最大移动支付公司之位。③ 这就为增进用户黏性,持续性进行社会主义核心价值观话语传播奠定了技术基础。可以说,在快速发展的社会信息化进程当中,中国已取得了规模发展的优势,这就为我们与资本主义价值观话语的全球竞争提供了较好的工具与平台,有助于我们对西方价值观话语进行快速反应和精准剖析,迅捷广泛地传播社会主义核心价值观,提高中国特色社会主义理论的普及率和影响力,并且把社会主义核心价值观的传播引上国际轨道,在国际国内全面提升社会主义核心价值观话语权。

五、新时代文化自信彰显提供主体基础

欲使人不疑,唯有先自信。文化自信源于主体对国家发展道路和发展规律认同基础上的高度自觉。"文化自信是更基本、更深层、更持久的力量。"④ 我们具有高度的道路自信。习近平强调,"全党同志必须牢记,我们要建设的是中国特色社会主义,而不是其他什么主义"⑤。中国特色社会主义道路,坚

---

① 《腾讯公布 2018 年第二季度及中期报告》,腾讯网,2018 年 8 月 15 日,https://static.www.tencent.com/storage/uploads/2019/11/09/45af73f62f7d20f31e8c4ec75f287641.PDF,访问日期:2023 年 8 月 28 日。
② 企鹅智酷:《2016 年最新〈微信影响力报告〉》,https://www.sohu.com/a/112269759_483389,访问时间:2023 年 8 月 31 日。
③ 《阿里巴巴集团公布 2018 年 3 月底止季度及财年业绩》,https://data.alibabagroup.com/ecms-files/1532295521/d0a6ca4f-d60c-4656-acc5-2b5aa7febb96.pdf,访问日期:2023 年 8 月 28 日。
④ 习近平:《习近平谈治国理政》第二卷,北京:外文出版社 2017 年版,第 339 页。
⑤ 习近平:《习近平谈治国理政》第二卷,北京:外文出版社 2017 年版,第 37 页。

第三章 提升社会主义核心价值观话语权的重要意义和现实基础

持党的领导是最本质的特征,发展生产力是第一要务,满足人民对美好生活的需求、促进人的全面发展是根本目的。这条道路的鲜明特征是坚持党的领导,这是我国革命建设和改革取得胜利的根本原因。当今中国在党的领导下,越来越显现显示出独特的民族凝聚力与宏观整合力。学者张维为指出,中国作为一个具有"四超""四特"的国家,即超大型人口规模、超广阔疆域国土、超悠久历史传统、超深厚文化积淀,独特的语言、独特的"选贤任能"传统和"民心向背"的治国理念、独特的以"家庭"为根基的"社会与国家"互动互补模式、独特的融"市场经济学"与"人本经济学"为一体的经济的大国,正在实现一个前所未有的"文明型国家"的崛起。① 中国始终坚持发展生产力,如今比历史上任何时期都更接近中华民族伟大复兴目标,日益走近世界舞台中央,为其他发展中国家现代化贡献中国方案,对世界秩序产生重大的积极影响。这条道路的本质,是以人民为中心的发展道路。它始终坚持以实现公平正义、增进人民福祉作为自己路线、方针、政策的出发点和落脚点,把激发人民主体意识,调动最广大人民积极性、主动性和创造性作为最根本力量,坚持全体人民共享改革发展成果、最终促进每一个人的全面自由发展。加强社会主义核心价值观话语权建设,就是让人民懂得坚持走中国特色社会主义道路关乎党的命脉、国家的前途和人民幸福,必须毫不动摇地坚持。

辉煌的建设成就离不开科学理论的指引。人们在辉煌发展成就中坚定了对马克思主义理论的自信。毛泽东思想永远是我们发展道路上的精神指南。邓小平开创并为后继者所发展的中国特色社会主义理论,尤其是中国化马克思主义的最新理论成果——习近平新时代中国特色社会主义思想,是我们在新时代指引进一步发展的精神旗帜。这个中国实践道路总结出的最新理论成果,围绕着"怎样坚持和发展中国特色社会主义"的核心主题,在对我国历史方位做出已经进入"新时代"的判断基础上,系统回答"新时代坚持和发展什么样的中国特色社会主义、怎样坚持和发展中国特色社会主义"②的时代课题,

---

① 张维为:《中国震撼:一个"文明型国家的崛起"》,上海:上海人民出版社 2016 年版,第 64-77 页。
② 习近平:《决胜全面建成小康社会 夺取新时代中国特色社会主义伟大胜利》,北京:人民出版社 2017 年版,第 18 页。

对国家发展重大问题提出理论分析与政策指导，为新时代更好地推进中国特色社会主义事业提供方向引领。

选择什么样的制度不仅决定着一个国家的社会性质，也决定着一个国家经济和社会发展的效率。党领导中国人民百多年来的探索道路中，经历了三次大的制度变革：第一次革命结束了半殖民地半封建社会的局面，形成了国家独立、人民当家作主的社会主义新制度；改革开放带给中国开放和具有活力的新面貌；21世纪以来发展观念的变革使我们从粗放式的发展模式转向以人为本的、全面协调可持续的发展模式。这些制度创新使党和国家与人民总是有活力地、高效率地推动经济和社会发展。可以说，制度总是在解决问题中发展创新的，制度自信也是在不断解决问题、创新发展中得以强化的。在庆祝中国共产党成立100周年大会上，习近平总书记指出："走自己的路，是党的全部理论和实践立足点，更是党百年奋斗得出的历史结论。中国特色社会主义是党和人民历经千辛万苦、付出巨大代价取得的根本成就，是实现中华民族伟大复兴的正确道路。"[①]新时代条件下完成民族复兴的历史任务，就要在党的坚强领导下，有序推进制度改革创新，不断彰显中国特色社会主义制度的优越性。

文化自信是国家发展更为基本、更为深层、更为持久的力量。我国五千年的文明发展史传承出的中华优秀传统文化，党和人民在艰苦革命和艰辛创业中凝结创造的革命文化和社会主义先进文化，以及中华民族发展复兴的光辉历程，是我们坚持文化自信的内在依据。文化在本质上是一个民族的生存方式的体现，中国特色社会主义文化是我国人民生存和发展方式的提升和凝炼，坚定文化自信就是对我国人民自我生存和发展方式的认可和自信，实质上是对中国人民证成自身财富和权利的利益正当性的捍卫，坚定的文化自信赋予我国人民进行中国特色社会主义思想理论和实践行动以道德崇高性与道义正当性。

正如习近平指出的那样，在当今世界里，"中国共产党、中华人民共和

[①] 习近平：《在庆祝中国共产党成立100周年大会上的讲话》，北京：人民出版社2021年版，第13页。

第三章 提升社会主义核心价值观话语权的重要意义和现实基础

国、中华民族是最有理由自信的"①。以社会主义核心价值观为指引的国家发展道路、发展理论和制度形态以及我国优秀的中国特色社会主义文化，赋予党和人民以深层的文化自信，这是提升社会主义核心价值观话语权的最为深厚的主体基础。

本章小结

提升社会主义核心价值观话语权具有重要的现实意义，也具备深厚的现实基础。其意义在于突破西方价值观话语困囿、消除"主流价值观念边缘化"现实危机、增进我国人民"文化自觉"意识、提升我国社会主义核心价值观话语传播力和提升我国社会主义核心价值观话语引领力。提升社会主义核心价值观话语权也具备深厚的现实基础。解决和平和发展"时代之问"提供了现实境遇、中国特色社会主义发展探索成就奠定了客观基础、社会主义核心价值观内在精神提供了思想基础、社会信息化发展提供了技术条件以及新时代的文化自信彰显提供了主体基础。

---

① 习近平：《在庆祝中国共产党成立 95 周年大会上的讲话》，北京：人民出版社 2021 年版，第 13 页。

第四章　社会主义核心价值观话语权发展现状

自党的十八大以来，习近平总书记从党和国家的前途命运、社会主义事业的兴衰成败、世界"和平与发展"时代主题的延续、人类命运共同体构建的高度，高度重视社会主义核心价值观话语权问题，取得了一定的发展成效。但我们也必须清醒地看到，巩固和提升社会主义核心价值观话语权并不是一朝一夕可以解决的问题，仍存在较多亟待解决的问题，只有找到问题的根源所在，才能做到有的放矢，事半功倍。

第一节　社会主义核心价值观话语权现实成效

党的十八大以来，直面改革开放以来多元、多样、多变的社会价值观念和纷繁复杂的社会思潮与社会主义核心价值观竞争并存态势，党高度重视社会主义核心价值观话语权问题，取得了一定发展成效，为进一步巩固提升社会主义核心价值观话语权奠定了良好基础。

一、党和政府以及媒介等话语主体公信力得到提高

话语主体公信力，是人民群众对公共权力及其代表传播话语的信任程度，信任度是检验公信力的最为重要和直接的指标。在宣传弘扬社会主义核心价值观的各级各类话语主体当中，党和政府是主导主体，党是主导主体中的核心力量。媒介是传播社会主义核心价值观话语的重要主体，还包括学术界智

第四章 社会主义核心价值观话语权发展现状

库、商业类企业、公民个体等基础性主体。

中国共产党是践行社会主义核心价值观、维护发展人民利益的最为直接和坚定的主体。党领导下的政府是贯彻社会主义核心价值理念，维护人民利益的坚定主体。人们对党和政府及其话语的信任度可以作为检验社会主义核心价值观话语权成效的重要指标。信任度的高低应当从多个方面来进行衡量，首先应当包括民众对党的信任程度。学者张蕴岭认为，还要包括人们对国家政府的治理能力和成效的认可程度，对政府领导下的国家的未来发展趋势是否有信心；包括民众对政府政策合理与否，局势稳定与否，发展未来是否可预期的判断；还包括民众对国家领袖领导力高低的判断，尤其是能否较好地处理重大事务或突发事件，直接关系到民众对领袖领导力的认识。[1] 整体来看，党的十八大以来，全面从严治党战略不断向纵深发展，党中央坚决贯彻和部署落实"八项规定"，深入开展群众路线教育活动，严格党规党纪刚性约束，坚持"打虎""拍蝇"不放松，对全部国家公职人员开展国家监察，强化从中央到地方的巡视监督，党内外监督合力日益增强，与国际合作撒下惩治腐败的天罗地网。可以说，"不敢腐"的目标已经初步得到了实现、"不能腐"的制度笼子已经愈加完善，而"不想腐"的心理堤坝也正在构筑。人民群众是最痛恨腐败的，十八大以来的党中央坚韧执着反腐败，获得了人民越来越高程度的认可、信任和信赖。中国社会科学院的廉政中心进行的调查研究表明，90.2%的城乡居民认可党中央的反腐措施，觉得"非常管用""比较管用"[2]，对党的信心信赖不断提升。政府积极落实新时代党中央"以人民为中心"的治国理念，发展中始终坚持把民生放在首位，赢得了民众的较高信任，收获了较高的公信力。海外民调机构的调查显示出中国民众对政府的信任度处于全球领先水平。如2018年3月22日，美国知名公司爱德曼根据对全球28个国家3.3万人的调查情况发布的《2018年全球信任度晴雨表报告》表明，中国国民对公共机构的总体信任度比去年上升了7个百分点，达到了74%的历史高值，远高于全球48%的平均值。其中，受访者对政府的信任度大幅上升了8

---

[1] 张蕴岭：《中美政府公信力为何有这么大差距》，《红旗文稿》，2018年第3期，第41页。
[2] 王京清、孙壮志：《中国反腐倡廉建设报告NO.8》，北京：社会科学文献出版社2018年版，第58页。

个百分点，达到了84%的全球最高值，高学历高收入群体对政府的信任度更是高达89%，远远超过所有被调查国家43%的平均水平。有68%的中国受访者对未来充满信心，认为政府会带领民众走向更美好的未来。同一时期美国民众对政府的信任度大幅下滑，信任支持率持续走低，与我国公共机构信任度稳步上升势头形成了鲜明对照。美国民众如今对公共机构的信任度大幅下跌了9个百分点，降至了43%；民众对政府的信任度大幅下滑14个百分点，跌至33%，有59%的美国民众认为政府是最坏的机构；民众对未来也缺少稳定的期许，只有15%的美国民众认为政府能起到带领民众走向更美好未来的作用。[1]

媒介是宣传和弘扬党和人民追求的社会主义核心价值理念、宣传党的政策主张、反映人民利益的积极主体。人们对媒介话语的信任度同样是检验社会主义核心价值观话语权建设成效的重要指标之一。对媒介的信任度的高低也要从多个方面来进行衡量，即是否真实、高尚和权威。真实，就是新闻的时间、地点、人物、事件等要素、新闻反映的客观事实、新闻引用的材料乃至人物的心理活动都应该具有真实性；高尚，就是媒介传播的新闻信息，不论主题重大的时政报道还是百姓冷暖的社会新闻，都应当是满足人们新闻需求并给人以精神享受的精神产品；权威，就是媒介具有敏锐的洞察力和深度的剖析力，为受众分析重大时事和社会热点提供有价值的参考信息，新闻报道能够公正客观、见解独立，形成有影响力的品牌。[2] 整体来看，党的十八大以来，习近平总书记多次对宣传思想工作、新闻舆论工作、网络舆论工作做出指示，媒介发挥其"第四种权力"的作用，坚守社会主义核心价值理念，遵循公共利益导向，承担社会责任，履行监督功能，"社会公器"的秉公执用赢得了民众的信任，媒介话语公信力逐步提升。据美国爱德曼公司调查数据统计，中国民众对媒体话语的信任度达到了71%，处于全球最高水平，高学历高收入群体则达到了80%，远高于所有被调查国家43%的平均水平，这种较

---

[1] Edelman, "2018 Edelman Trust Barometer Global Report", 2018-03-22, https：//www.edelman.com/sites/g/files/aatuss191/files/2018-10/2018_ Edelman_ Trust_ Barometer_ Global_ Report_ FEB. pdf, 访问日期：2018年10月15日。

[2] 甄燕红：《公信力——传媒竞争的重要砝码》，《兰州学刊》，2003年第5期，第209页。

第四章　社会主义核心价值观话语权发展现状

高的媒介公信力在被调查的 28 个国家或地区中有 22 个表示对媒体不信任的"全球信任破产"的局面下更显得尤为珍贵。[①] 另据2018 年 2 月 26 日工信部网络舆情研究中心发布《2017 年中国网络媒体公信力调查报告》表明，人民网、新华网、人民日报客户端和澎湃新闻等网络媒体的影响力高居前列，腾讯新闻、腾讯网等商业类媒体公信力处于领先水平。数据显示，人民网、澎湃新闻、腾讯网客户端的用户信任度分别为 96.46、94.38、91.73，属于优秀的水平；凤凰新闻、界面、新浪新闻、网易新闻客户端的用户信任度分别为 84.77、83.29、82.54、81.66，处于良好的水平。[②] 公众对媒介较高的信任度，表明媒介公信力良好，反映提升社会主义核心价值观话语权工作取得了较好成效。

学术界尤其高端智库推动民众对国情和价值观念的了解，获得了较好的信任度。2021 年 1 月，具有权威性和影响力的《全球智库报告2020》发布报告指出，2020 年中国智库数量位居世界第二，达到 1413 家，包括中国现代国际关系研究院、中国社会科学院、国务院发展研究中心、清华-卡内基全球政策中心、中国国际问题研究院、全球化智库、北京大学国际战略研究院、上海国际问题研究院等智库继续上榜世界顶级智库百强名单。[③] 这些智库以严谨的学术研究态度和对社会的责任感充分发挥了理论界智囊作用，为政府决策提供参考、促进中外民众对政府决策的认识和理解，成为政府、理论界和民众之间的良好沟通桥梁和社会主义核心价值观的传播平台。

一些商业类企业也逐步发挥弘扬社会主义核心价值观的社会担当，获得了广泛的信任。如当前网络社交媒体正实现从随波逐流追逐热点向旗帜鲜明表明态度的良好转变。腾讯网和腾讯新闻客户端等获得了网络用户的信任，

[①] Edelman, "2018 Edelman Trust Barometer Global Report", 2018-03-22, https://www.edelman.com/sites/g/files/aatuss191/files/2018-10/2018_Edelman_Trust_Barometer_Global_Report_FEB.pdf, 访问日期：2023 年 8 月 31 日。

[②] 《网媒公信力报告：网媒更应坚守社会责任》，中国新闻网，2018 年 2 月 26 日，https://www.sohu.com/a/224151591_123753，访问日期：2018 年 8 月 31 日。

[③] James G. McGann, "2020 Global Go To Think Tank Index Report", 2021 年 1 月 28 日，https://repository.upenn.edu/bitstreams/8fa7709a-310d-43b2-bee6-94c49db23e41/download，访问日期：2023 年 8 月 31 日。

在商业类网络媒体平台中拥有着最为广泛的拥护接受度。① 微信平台以辟谣中心、辟谣小助手等系统工具，拦截谣言文章累计达 60 余万篇，谣言安全教育累计传播量超过 2000 万，累计科普达 3.4 亿次，成为净化网络空间、传播弘扬社会主义核心价值观的重平台之一。②

公民个体在弘扬和践行社会主义核心价值理念进程中具有"双重身份"，就是既作为党和政府及意识形态管理部门开展社会主义核心价值观教育的客体，同时又是保卫、弘扬和践行社会主义核心价值观的主体。③ 退伍军人吕保民"见义勇必为"的英雄事迹、退休老人马旭"涓滴见沧海"、慷慨资助教育的义举激荡着无数人心田，让人们感受到社会主义核心价值观就在我们身边，极大增进了人们对社会主义核心价值观话语的认同和信心。

二、思想理论创新使思想引领力得到提升

一个民族、一个政党要实现自身追求的价值理想，一刻也离不开科学理论的指导。以习近平同志为核心的党中央紧紧围绕以人民为中心的价值理念，形成了习近平新时代中国特色社会主义思想，为全党全国人民提出了新时代推进发展的主心骨，展现出了强大的思想引领力，社会主义核心价值观话语权得到前所未有的提升。

首先，党的思想理论展现出鲜明的决断力。党的十九大，习近平总书记首次提出了"中国特色社会主义进入新时代"这一重大政府论断，鲜明概括出我国所处的新的历史方位：这个新时代是中华民族追求中国特色社会主义新胜利、追求实现"两个一百年"新奋斗目标、追求人民共同富裕美好新生活、追求中华民族伟大复兴新梦想和为世界和平发展做出新贡献的新时代。④ 新时

---

① 《网媒公信力报告：网媒更应坚守社会责任》，中国新闻网，2018 年 2 月 26 日，https：//www. sohu. com/a/224151591_ 123753，访问日期：2018 年 8 月 31 日。
② 中华全国新闻工作者协会：《中国新闻事业发展报告（2017）》，中国记协网，2018-06-19，http：//www. xinhuanet. com/zgjx/2018-06/19/c_ 137258556_ 2. htm，访问日期：2023 年 8 月 31 日。
③ 赵增华：《微文化时代非公有制经济人士社会主义核心价值观建设主体的认定及塑造》，《中共太原市委党校学报》，2018 年第 6 期，第 37-39 页。
④ 习近平：《决胜全面建成小康社会 夺取新时代中国特色社会主义伟大胜利》，北京：人民出版社 2017 年版，第 10 页。

第四章　社会主义核心价值观话语权发展现状

代就要解决好我国主要矛盾的变化和发展目标的问题。我国社会主要矛盾发生了变化，就要致力于解决发展不平衡不充分的问题。而为了实现2035年基本实现现代化，就要努力建设创新型国家，推进国家治理体系和治理能力现代化，提升社会主义文明程度，推进人民共同富裕进程和建设好美丽中国。实现2050年社会主义现代化强国目标，又要求我们发展好经济，实现国力鼎盛，坚持和发展好社会主义制度，实现制度定型，推进人民幸福。党对于新时代历史方位进行了精准决断，并以此为基础，制定出进一步发展的正确的路线方针政策，展现出鲜明的决断力。

其次，党的思想理论展现出鲜明的解释力。我国发展的成就尤其党的十八大以来的重大成就受到高度评价，新一届党中央总结的我国能够取得重大历史性成就和历史性变革的根本原因赢得了民众广泛认可。"中国特色社会主义最本质的特征是中国共产党领导，中国特色社会主义制度的最大优势是中国共产党领导"[1]，经济领域要"使市场在资源配置中起决定性作用，更好发挥政府作用"[2]，中国特色社会主义民主政治必须坚持党的领导、人民当家作主与依法治国三者的有机统一等，日益成为全体人民的广泛共识。为了实现中华民族伟大复兴的美好愿景，新一届领导集体站在新时代的历史方位上，擘画出"执政党治理""国家治理"等蓝图，习近平中国特色社会主义思想提出了"八个明确"主张。以实现社会主义现代化和中华民族伟大复兴"中国梦"引领人民，总结出坚持发展中国特色社会主义的十四条基本方略，再次强调发展中国特色社会主义必须坚持党的领导、推进"四个全面"战略、坚持新发展理念等。[3] 还通过"中国梦""生态梦""青年梦""我的梦"等脍炙人口的口号，让每一个社会个体找到适合自身的合理定位与价值目标。党的理论创新成果得到人们广泛认可，党所追求的价值理想得到广泛传播，社会主义核心价值观话语权得到极大增强，为更好地引领党和人民的事业提供了强大的思想武

---

[1] 习近平：《决胜全面建成小康社会 夺取新时代中国特色社会主义伟大胜利》，北京：人民出版社2017年版，第20页。

[2] 习近平：《决胜全面建成小康社会 夺取新时代中国特色社会主义伟大胜利》，北京：人民出版社2017年版，第21页。

[3] 习近平：《决胜全面建成小康社会 夺取新时代中国特色社会主义伟大胜利》，北京：人民出版社2017年版，第19-26页。

器和行动指南。

又次,党的思想理论展现出深刻的批判力。党的十八大以前,主导意识形态的核心——社会主义核心价值体系与多样化社会思潮处于并存竞争的态势。党的十八大以来,尤其是习近平总书记在全国宣传思想工作会议上强调要高度重视意识形态工作以来,经过多年来对其他不良社会思潮的分析和批判,不良社会思潮逐步失去市场,或偃旗息鼓向社会主义核心价值观靠拢,国内呈现出社会主义核心价值观"一元主导、多元共存"①的生动局面,社会思潮整体态势平稳。人民论坛2010—2020年多轮问卷调查显示,新自由主义思潮从2010年至2015年一直处于社会关注度较高、现实影响深刻"十大社会思潮"前三位,而2016年、2017年、2018年则分别下降为第五位、第九位和第六位,2019年、2020年其影响力和关注度更下滑至十名以外。盛行一时的崇拜西方自由化、市场化的倾向得以扭转,新自由主义影响力逐渐势微。历史虚无主义排名也逐渐下滑,从2012年第二位、2013年第三位降至2016年第六位和2017年第八位,2018年、2019年退出主要社会思潮榜单,曾经猖獗的丑化英雄、抹杀历史的状况得到根本改观。谋图以西方"自由、民主、人权"价值观篡改社会主义核心价值观的所谓"普世价值"论调也失去市场,从2011年第一位下降至2018年第十位,2019年同样跌出前十。另一方面,民族主义思潮自2010—2020年中,有8年高居"十大社会思潮"前三位,反映出人们以自豪态度看待中国各项成就,有助于坚定四个自信;生态主义思潮从无到有,排名迅速上升,2017年一跃位居第三位,至今都属于具有较大影响力的主要社会思潮,反映出社会思潮逐步向社会主义核心价值观靠拢的趋势,有助于社会主义生态文明观念获得更多共识。②

最后,党的思想理论展现出强大的感召力。中国在国际社会提出的重大国际议题得到越来越广泛的认可,中国在国际舞台上的影响力也得到越来越公正的评价。在重大国际议题上,中国迅速发挥感召力。例如,自从2013年国家主席习近平访问中亚和东南亚提出"一带一路"倡议以来,伴随着在"政策

---

① 陈琳、单宁:《当前国内社会思潮趋势走向》,《人民论坛》,2018年第6期,第12-15页。
② 人民论坛"特别策划"组:《2019年十大社会思潮》,《人民论坛》,2019年第35期,第10-11页;人民论坛"特别策划"组:《2020年十大社会思潮》,《人民论坛》,2021年第3期,第12-13页。

沟通、设施联通、贸易畅通、资金融通、民心相通"[1]等方面的重点合作，"一带一路"倡议从无到有，国际社会认知度逐渐增加，在海外受访者中认知度分别为 2014 年 6%、2015 年 15%、2016—2017 年 18%，呈现稳步上升态势，在印度、印尼等沿线国家，"一带一路"认知度更达到 40%以上。以社会主义核心价值观为指引、体现大国担当责任的"一带一路"倡议将随着进一步深入实施收获越来越多的认可和支持。中国的经济和科技国际影响力日益受到认可，2016—2017 年海外受访者希望中国在经济和科技领域发挥全球治理作用的比例分别为 64%和 65%，与此同时，发展中国家与年轻人群体相较发达国家和中老年群体对中国经济和科技的国际影响力更为认可。总体而言，海外公众比较认可中国在国际事务中的影响力，在 2014 年、2015 年、2016—2017 年三次调查中，中国在国际事务中的影响力都是排名世界第二，并且海外受访者普遍认为中国的国际地位和国际影响力将会继续增强。[2] 在世界经济出现"逆全球化"的关键时刻，以社会主义核心价值观为指引，旨在为中国人民和世界人民谋福祉，追求"合作共赢"的中国将在新一轮全球化浪潮中为世界做出更大贡献。而中国国际感召力的增强，反过来进一步增进了中国人民对社会主义核心价值观的信心和自豪感。

三、媒介管理和媒介融合使话语传播力得到增强

传播力决定着影响力。对于报刊、电视等传统舆论阵地和互联网等新兴舆论阵地，马克思主义不去占领，非马克思主义和反马克思主义就会蔓延；社会主义核心价值观得不到弘扬，腐朽落后价值观就会渗透。党的十八大以来，党的舆论阵地坚持媒介管理和媒介融合[3]，坚守正确的舆论导向，顺应媒介发展规律，话语传播力得到显著增强。

党的舆论阵地坚守正确导向。马克思主义新闻观警示我们，不存在没

---

[1] 国家发展改革委等：《推动共建丝绸之路经济带和 21 世纪海上丝绸之路的愿景与行动》，新华社，2015 年 4 月 7 日，http://lb.mofcom.gov.cn/article/jmxw/201504/20150400941645.shtml，访问日期：2023 年 8 月 31 日。

[2] 当代中国与世界研究院课题组：《2016—2017 年中国国家形象全球调查分析报告》，《对外传播》，2018 年第 2 期，第 18-21 页。

[3] 刘贵占：《网络空间意识形态研究》，博士学位论文，哈尔滨工程大学，2017 年，第 124 页。

党性、没有立场的舆论。近年来，一些舆论阵地呈现出思想混乱的局面，社会主义主流价值观面临着边缘化的现实危机。这一教训深刻警示我们，坚持正确的政治方向和舆论导向，才能扭转思想文化领域的混乱局面，才能凝心聚力，带领人民沿着正确道路实现好新时代的发展目标。党的十八大以来，尤其是2013年8月19日全国宣传思想工作召开以来，党的舆论阵地坚持党性原则，自觉维护中央权威；党的舆论阵地坚持以人民为中心，牢记自身职责与使命，抓好党的路线方针政策的宣传、实际工作的推动和群众的动员组织，围绕中心，服务大局，为实现党的历史使命凝聚人心和力量；坚守舆论阵地，做好正面宣传、舆论引导、舆论交锋、应急管理、基础管理等各项工作；党的舆论阵地坚持正面宣传为主，坚持正面宣传和舆论监督的有机统一，既勇于揭露具体工作中存在的问题和社会丑恶现象，做到针砭时弊，又能够客观反映社会整体发展的宏观真实，反映出社会积极向上的主流与本质，使背离社会主义核心价值观的言行受到批评和监督，使践行社会主义核心价值观的言行得到赞美和弘扬；加大对社会主义核心价值观话语传播的重要网络平台的监督和管理，致力于"营造风清气正的网络空间"[1]，构筑起良好的精神家园，提供良好的舆论环境，社会主义核心价值观话语权得到极大提升。

党的舆论阵地坚持媒介融合，使话语传播力得到增强。媒介即讯息。当前社会发展已经进入"对媒介形态、媒介生产和传播的整合性应用"[2]的"全媒体"时代，出现了事物发展和运动过程都能够被信息技术捕捉记录的全程媒体，出现了文字、数字、视频、音频等多种信息技术格式融为一体的全息媒体。党的十八大以来，党中央重视推动传统媒体和新兴媒体融合，使社会主义核心价值观话语得到了广泛的传播，传播力得到增强。如人民日报作为向中国人民和世界人民展现党的理论路线方针政策的窗口，宣传党中央重大战略决策和重要战略部署，及时迅捷传播国内外重大信息的平台，也积极适应这种信息技术发展带来的变革，积极推动自身数字化转型。1948年创刊的"老报"在21世纪不断以新的形式出现：1997年创办网络版；2012年发布官方微

---

[1] 习近平：《习近平谈治国理政》第二卷，北京：外文出版社2017年版，第337页。
[2] 姚君喜、刘春娟：《"全媒体"概念辨析》，《当代传播》，2010年第6期，第13-16页。

博；2013年发布微信公众号；2014年开通了手机客户端；2016年，"中央厨房"上线，搭建起全媒体时代的传播平台，将党的理论主张、大政方针和新闻资讯第一时间传递到中国人民和世界人民面前。截至2017年6月，每天覆盖用户6.35亿。① 网民遍布210多个国家和地区。2018年2月26日工信部网络舆情研究中心发布《2017年中国网络媒体公信力调查报告》，人民网、人民日报客户端作为"国家队"网络媒体，在所有网络媒体中影响力高居前列。② 新闻舆论注重管理和顺应信息技术发展要求，努力提高传播力，有效提升了社会主义核心价值观话语权。

四、恰当的话语转换使话语亲和力得到提高

话语亲和力，意味着话语的表述与传播具有亲近感，是话语受众对话语主体的话语内容和效果的理解、互动与接受情况的反映。③ 话语亲和力的提升，需要恰当的话语转换。习近平在2013年8月19日召开的全国宣传工作会议上指出，弘扬主旋律的关键在于提高质量和水平，让群众爱听爱看，产生共鸣。④ 这就要求社会主义核心价值观话语传播在以往较多关注传播内容的真实性，符合社会法律、道德等规范的正确性的基础上，更加注重融入话语主体情感的真诚性，注重理性商谈的程序性和契合话语对象和话语情境的适当性，逐步从注重真实和正确的文本话语、官方话语、传统话语、独白话语等实现向具有情感、包含互动和契合受众和话语情境的日常话语、大众话语、现代话语、情感话语、对话话语等的"话语转换"⑤，使社会主义核心价值观话语更为容易被群众所接纳和理解。

如社会主义核心价值观话语的提出，先是经历学术话语和官方话语的互动。学者们对转型时期价值观的研究和探讨，推动了社会主义核心价值观官

---

① 人民日报社：http://www.people.com.cn/GB/50142/104580/index.html，访问日期：2018年5月20日。
② 工信部：《2017年中国网络媒体公信力调查报告》，光明网，2018年2月26日，https://baijiahao.baidu.com/s?id=1593452463671316050。
③ 徐柏才、邓纯余：《话语亲和力视角下的社会主义核心价值观传播》，《社会主义核心价值观研究》，2017年第1期，第63-68页。
④ 习近平：《习近平谈治国理政》，北京：外文出版社2014年版，第155页。
⑤ 许苏明：《论思想政治教育的话语转换》，《东南大学学报》，2014年第2期，第5-9页。

方话语的产生，官方话语的发布又进一步推动了社会主义核心价值观的研究，进一步丰富了学术话语，为官方话语奠定了深厚学理基础。社会主义核心价值观话语的传播与弘扬过程中，官方话语和学术话语又不断进行新的转换。第一是增强了社会主义核心价值观话语传播中的人文关怀，实现了向情感话语的转换。社会主义核心价值观是社会主义的价值追求，根本上来说就是为了实现人的自由和全面发展。社会主义核心价值观话语传播过程中，提高对价值主体——人的关心和体恤，提升社会主义核心价值观话语权就有了立足的根本。例如"公正"价值观是社会主义核心价值观的重要追求，是社会主义制度的首要价值，是人获得自由和全面发展的社会制度条件。在"公正"价值观的传播过程中，强调了"机会公平、规则公平、权利公平"等官方话语和学术话语，又用"把权力关在制度的笼子里"①"伸手必被捉"等话语表达出对特权和腐败等问题深恶痛绝的情感，使用"照镜子、正衣冠、洗洗澡、治治病"②"打铁还需自身硬"③"老虎苍蝇一起打"④"退休不是安全岛"以及"一把尺子量到底"⑤等日常话语和大众话语表达出从严治党的坚定决心和切实行动，极大增强了人们对"公正"价值观的承认和认同。

　　第二是增加了社会主义核心价值观话语传播过程中的互动因素。单纯的理论"灌输"越来越难以满足信息来源丰富、尊崇个性选择自由的新时代青年的信息需求。唯有强调与话语受众的沟通、交流、互动，才能使话语受众在多元价值观念中自觉选择社会主义核心价值观。巴赫金的对话理论以及哈贝马斯对于沟通的强调，都使社会主义核心价值观的传播更加注重互动和沟通的因素。如"富强"价值观，"厉害啦，我的国"这种大众话语更有说服力，大大提高了"富强"价值观的亲和力。"富强"价值观不仅意味着国家富强，而且意味着人民幸福，走向共同富裕。"精准扶贫"的官方话语转化为共同富裕道路上"一个都不能少"的大众话语，来自西部地区、偏远山区民众的"生活好了"的日常话语，极大增添了"富强"价值观的说服力。

---

① 习近平：《习近平谈治国理政》，北京：外文出版社2014年版，第388页。
② 习近平：《习近平谈治国理政》，北京：外文出版社2014年版，第375页。
③ 习近平：《习近平谈治国理政》第二卷，北京：外文出版社2017年版，第161页。
④ 习近平：《习近平谈治国理政》，北京：外文出版社2014年版，第388页。
⑤ 崔利民：《必须一把尺子量到底》，《中国纪检监察报》，2016年1月27日第8版。

第四章 社会主义核心价值观话语权发展现状

第三是用人民群众熟知的具有中国特色的成语、俗语、名人名言和形象表达等来进行表达。如作为官方话语的"爱国"价值观，就常用耳熟能详的"国家兴亡，匹夫有责"的大众话语和"有国才有家"的日常话语来进行表述，增强"爱国"价值观话语亲和力。如"诚信"价值观，既用"言必信，行必果"①的传统话语来表达对个人的诚信道德要求，用"公道自在人心"等俗语表明社会主义市场经济经济活动中诚信价值观的基石作用，也用"一把尺子量到底"来表达对党和政府主要话语主体的诚信价值观表率作用的监督和制约。再如"法治"价值观，既用"一个新的纲领毕竟总是一面公开树立起来的旗帜"的理论话语②来表达我国的中国特色社会主义法治道路，用"法安天下"③的日常话语表明全面依法治国的重要意义，还用"带电高压线"④等日常和大众话语表达共产党人严明的政治组织纪律，理论话语向通俗形象话语表达的转变提高了法治价值观的亲和力。

第四是聚焦现实和热点事件，契合传播过程中的具体情境，增强了社会主义核心价值观的说服力。如小学生听到国歌驻足敬礼的新闻中，用"你敬礼的样子，真美"等日常话语极好地诠释"爱国，是人世间最深层、最持久的情感"⑤，反映出人们对爱国价值观的尊重和拥护；边疆扫雷战士荧屏面前饱含深情的"爸爸妈妈请你原谅我"，深刻诠释了新时代"爱国"价值观内涵。

总之，恰当的话语转换增强了社会主义核心价值观话语亲和力，社会主义核心价值观影响力显著增强，我国国家形象也得到了提升。"中国文明大国、东方大国、负责任大国、社会主义大国"⑥国家形象也得到越来越多国家和青年的认可。根据中国外文局对外传播研究中心从 2012 年开始携手国际机构合作开展的 5 次中国国家形象全球调查显示，中国国家形象整体稳中有升，得分为 2013 年 5.1 分、2014 年 5.9 分、2015 年 6.2 分、2016—2017 年 6.22 分，呈现出小幅上扬趋势；其中，发展中国家比发达国家对中国国家形象评

---

① [春秋]孔丘：《论语·子路》，杨伯峻、杨逢彬注译，长沙：岳麓书社 2000 年版，第 123 页。
② 《马克思恩格斯文集》第三卷，北京：人民出版社 2009 年版，第 415 页。
③ 习近平：《习近平谈治国理政》第二卷，北京：外文出版社 2017 年版，第 133 页。
④ 习近平：《习近平谈治国理政》第二卷，北京：外文出版社 2017 年版，第 181 页。
⑤ 习近平：《在北京大学师生座谈会上的讲话》，《人民日报》2018 年 5 月 3 日，第 2 版。
⑥ 习近平：《习近平谈治国理政》，北京：外文出版社 2014 年版，第 162 页。

价更高。① 国家形象提升使其中蕴含的社会主义核心价值观得以广泛传播，社会主义核心价值观话语权在国际层面收获成效，进一步推动国内社会主义核心价值观话语影响力的提升。

五、新时代发展成就与变革使话语环境有所改善

党的十九大报告提出"经过长期努力，中国特色社会主义进入了新时代"②。

新时代以十八大为起点。这个崭新的历史方位决断是以党的十八大以来我国发展取得的发展成就和根本变革为判断基础的，有效地改善了社会主义核心价值观话语权的话语环境。2008年金融危机以来，世界经济增长缓慢，局部热点问题突出，环境和恐怖主义等问题加剧。与此同时，国内经济社会发展进入结构转型升级新常态，经济增长动能亟须转换，仍存在制约社会发展活力的体制机制，社会上仍存在有法不依、执法不严、违法不究、司法不公的状况，思想文化领域意识形态工作处于被动局面，存在主流价值观"边缘化"现实危机，而长期执政的大党先进性和纯洁性又不断经受改革开放和发展市场经济负面因素的影响，容易滋生骄傲自满，停滞不前，能力欠缺，脱离群众以及腐败问题等，这些都成为制约和掣肘社会主义核心价值观话语权的不良话语环境。这就对新时代党的领导方式、执政方式、国家的发展质量和发展方式都提出了新的要求。

以习近平同志为核心的党中央励精图治，抵住了严峻多变的外部压力，攻克了多年沉疴的顽瘴痼疾，刹住了弥漫多年的歪风邪气，使党、国家、人民的面貌发生了巨大变化。经济长期保持中高速增长，经济增长正在实现由"创新驱动"的动能转换，综合国力位居世界第二，成为推动世界经济发展的"健康发动机"；全面深化改革革除阻碍深化发展的体制机制，增强了社会发

---

① 作者根据中国外文局对外传播研究中心：《中国国家形象全球调查报告》(2012、2013、2014、2015、2016-2017) 整理，http://www.accws.org.cn/achievement/index.htm，访问日期：2023 年 8 月 31 日。

② 习近平：《决胜全面建成小康社会 夺取新时代中国特色社会主义伟大胜利》，北京：人民出版社 2017 年版，第 10 页。

展活力；全面依法治国变革以往存在有法不依、执法不严、违法不究、司法不公的状况，追求法治国家、法治政府和法治社会的有机统一正成为人民的共识；扭转了思想文化领域以往存在的被动和混乱局面，使中华民族的优秀文化传统、科学精神、民族精神、改革创新精神等得到弘扬，为人民追求新的奋斗目标提供智力支持和精神支撑；发展成果为人民共享，人民获得感得到显著增强；绿色发展理念深入人心，生态文明建设取得明显进展；中国特色社会主义强军、外交、全面从严治党和坚持加强党的领导等都呈现出良性发展的局面。新时代取得的历史性变革和历史性成就，为我们进一步提升社会主义核心价值观话语权工作奠定了良好基础，提供了较高的现实起点。

第二节　社会主义核心价值观话语权现实困境

毋庸讳言，尽管巩固和提升社会主义核心价值观话语权工作已经取得了一定成效，但新时代巩固和提升社会主义核心价值观话语权工作仍然任重道远。为此，把握社会主义核心价值观话语权仍然存在的诸多不足，是进一步提升工作成效的基本前提。具体而言，社会主义核心价值观话语权现实困境表现在以下方面。

一、我国核心价值观话语仍存在"话语逆差"

十八大以来的党中央高度重视意识形态工作，坚决维护中国人民艰辛追求的价值理想，西方不良社会思潮表面上有所收敛，不再像之前那样公然挑战人民群众认知底线。但整体来看，我国价值观话语仍存在"话语逆差"，西方不良思潮的负面影响仍有待于进一步消除。

西方不良社会思潮利用信息技术领域的物质优势形成的"话语平台逆差"，隐身网络制造思想混乱和蛊惑青年。信息技术高速发展的时代，中国网民数量尤其是青年网民数量激增。根据我国第52次互联网发展状况的统计数据显示，截至2023年6月，我国的网民10—39岁群体，占全体网民总数的48.7%。其中10—19岁网民占13.9%，20—29岁网民占14.5%，30—39岁网民占20.3%。① 互联网已经成为当前很多人尤其是年轻人获取信息的主要来源。西方不良社会思潮利用在互联网领域起步早、母根服务器多的物质优势，以持续不断的话语信息流，包装营销其所谓的"自由民主"价值观念，定期推送假新闻污蔑中国缺少人权，弱化我国节能环保领域的努力和成绩，歪曲我国贡献国际社会的发展倡议，把互联网、微博、微信公众号等作为宣扬其思想价值观、蓄意制造思想混乱和蛊惑青年的根基和平台。可以看到，西方不良社会思潮利用"话语平台逆差"，隐身网络平台，把我国影响较大的经济社会发展事件、党和国家历史上具有重要纪念意义的热点事件，都化作西方不良社会思潮渗透的"契机"，以达到其抢占话语权，输出西方价值观、抹黑和妖魔化我国党政军等机构直至干扰我国特色发展之路和最终瓦解党和人民追求的社会主义价值理想的目的，对此我们必须要有清醒的认识。

西方不良社会思潮利用人们追求学术话语更新的心理，以层出不穷的学术名词和评价指数营造"学术话语逆差"。在经济、政治、历史、文学艺术等各领域，西方不良社会思潮以西方价值观念为指引，不断推出新的学术名词和各种评价指数，试图以西方价值观念剪裁我国发展实践，以西方评价体系评判我国改革实践。如西方新自由主义经济思潮，形成了包括"自由化""私有化""市场化"和全球"一体化"②的话语体系；政治领域的民主社会主义思潮形成了否定党的领导和无产阶级专政，鼓吹指导思想多元化、"三权分立式"民主和多党制的话语体系；历史领域的虚无主义思潮以"解密和重写历史""重新评价历史人物"等话语体系鼓吹否定党的领导、否定革命领袖和否定社会主义革命、建设和改革实践；艺术领域炮制出以"艺术再创作"为名的消费和戏谑经典的话语体系。此外，西方国家还依据其价值观念，发展出"自由之家"指数、《经济学人》"民主指数"等，表面标榜中立和科学，实质是以其自身价值观的标尺来衡量不同国家的发展实践。西方价值观话语体系和评价指数无视我国经济发展和民主法治取得的客观进步，对我国发展做出了网络自由全球倒数第三、我国是治理能力低下的"专制独裁"国家的荒谬结论。可以看出，

---

① 《第52次中国互联网络发展状况统计报告》，中国互联网络信息中心，https://www.cnnic.net.cn/n4/2023/0828/c88-10829.html，访问日期：2023年8月28日。

② 何秉孟、李千：《新自由主义评析》，北京：社会科学文献出版社2012年版，第13-14页。

第四章　社会主义核心价值观话语权发展现状

西方不良社会思潮利用人们追求学术话语更新的心理，依托其层出不穷的学术名词和评价指数，实质是试图设定"普世"评判标准，掌握经济发展、社会发展和全球治理的标准制定权和结果裁判权，将不符合其价值观的理论设定和制度标准的其他国家引诱至其所预设的轨道。①

二、哲学社会科学的话语影响力仍较弱小

一个民族的强盛，离不开科学理论思维的指引。习近平认为，一个国家的哲学社会科学发展水平，是一个国家发展水平的重要体现。"一个没有繁荣的哲学社会科学的国家不可能走在世界前列"②。哲学社会科学为人们提供认识和改造世界的工具，是民族思维能力和文明素质程度的反映，是国家综合实力的体现。我国人民追求社会主义价值理想、寻求民族独立、国家富强和人民富裕的道路中，每一步都离不开哲学社会科学的知识变革和思想指导。革命战争时期，毛泽东就强调要"用社会科学来了解社会，改造社会，进行社会革命"③。并以宽广的视野和高瞻远瞩的哲学思维为指导写下无数鸿篇巨制，《星星之火、可以燎原》《论持久战》《新民主主义论》《论联合政府》《论十大关系》《关于正确处理人民内部矛盾的问题》等，成为指导中国寻求自主革命道路和建设道路、建构新型国家制度的理论指引。进入改革开放的历史新时期，邓小平强调要加快发展教育和科学。"科学当然包括社会科学"④。他重视哲学社会科学的社会指引作用，指出过去我们忽视了有关政治学、法学、社会学、世界政治等的研究，提出了要加紧补课的重要任务，力求为改革开放和国家发展提供强大的学理支撑。党的十八大以来，党中央对哲学社会科学分外重视，大力推动哲学社会科学发展。当前我国哲学社会科学发展取得了较好的成就，已然成为一个世界大国，在很多方面，如科研人员数量、发表论文数量以及政府投入等都处于世界领先的地位。

---

① 阚道远：《西方话语霸权建构的新动向及其政治影响》，《思想理论教育导刊》，2018 年第 11 期，第 87-91 页。
② 习近平：《在哲学社会科学工作座谈会上的讲话》，北京：人民出版社 2016 年版，第 2 页。
③ 《毛泽东文集》第二卷，北京：人民出版社 1993 年版，第 269 页。
④ 《邓小平文选》第二卷，北京：人民出版社 1994 年版，第 48 页。

但不可否认的现实是,当前我国哲学社会科学学科体系、学术体系和话语体系仍然很不完善,哲学社会科学的话语影响力仍然比较弱小。改革开放以来,尤其是党的十八大以来,我们党坚持理论创新,在坚持和发展中国特色社会主义的诸多重大问题都做出了鲜明决断,提出了许多原创性、体现民族性、反映时代性的概念与理论,有效地推进了改革开放和社会主义现代化事业,有力地推动了世界社会主义发展进程。但整体上看,我国哲学社会科学的学术贡献能力和水平并不能适应我国综合国力增强和国际地位提升的要求,哲学社会科学的国际影响力仍然比较弱小,在国际社会中仍然存在"有理说不出、说了传不开"①的状况,发展起来的中国"'挨骂'问题还没有得到根本解决"②。某些西方发达国家仍按照自身价值观设定学术体系,以此作为评判我国发展实践的评价体系,对我国事务说三道四、横加干涉;我国的发展道路、发展理念和发展模式在国际社会仍然饱受攻击和指责,中国特色社会主义事业仍然受到质疑和诽谤,中国国家形象仍然受到误解和扭曲,中国对国际社会的贡献仍然没有得到应有的尊重和承认。面对这种困境,我国哲学社会科学还没有充分把中国崛起、中国奇迹、中国震撼的"发展优势"转化为"理论优势""学术优势"和"话语优势",在一些关键性的学术命题、学术思想观点、学术标准和学术话语方面能力和水平仍有所欠缺,少有能向世界传递的中国思想、中国价值和中国主张,存在自主性、原创性、民族性的学科话语、学术话语欠缺和失语的局面。这显然"同我国综合国力和国际地位还不太相称"③。顺应时代发展趋势,根据我国国家实力和国际地位的变化,洞悉世界资本主义和社会主义两大力量对比出现的新态势以及国际社会对我国国际贡献的新期待,迫切需要我们发展出具有中国特色、中国风格和中国气派的哲学社会科学,努力争取国际话语权,增强我国哲学社会科学的国际影响力,为我们新时代的发展提供科学的理论指引和精神支撑。

---

① 习近平:《习近平新闻思想讲义》,北京:人民出版社 2018 年版,第 147 页。
② 习近平:《在全国党校工作会议上的讲话》,北京:人民出版社 2015 年版,第 20 页。
③ 习近平:《习近平谈治国理政》第二卷,北京:外文出版社 2017 年版,第 338 页。

三、话语受众的话语接受效果存在差异和变动

话语接受效果是衡量社会主义核心价值观话语权的重要指标。不同的话语受众对社会主导价值观话语的接受效果存在差异，会产生不同的社会心理。社会意识形式中，社会意识形态及其主导价值观属于理性的层次，影响和制约着社会心态；社会心态属于社会意识的感性层次，是承载意识形态及其核心价值观的直接基础，是意识形态及其核心价值观被认同进而转向群众性活动的中介。① 改革开放四十多年来，社会结构变化、社会发展机制转变，追求发展与效率，自由、民主、公正、法治等社会主导价值理念日益转化成为社会主流价值观念，转化为人们的积极心理追求。整体来看，社会心态逐步走向开放革新、开拓进取、勇于参与竞争。但我们也要看到，少数人仍没有树立起科学的自由、公正、平等、法治观念，生活中仍然以狭隘利己主义为指导，唯权力是从、唯资本是从。另外，不同阶层的话语受众对社会主导价值观念的接受程度是不同的，在社会变革中呈现出不同的社会心态。有学者进行的调查研究表明，社会阶层当中的中层和中上层对社会主义核心价值观话语接受度更强，具有更为积极的社会心态。这部分人群社会支持感更广，积极情绪更高，社会参与程度更高，成为国家发展和社会建设需要依靠的最为核心的力量，对社会发展起到了社会团结和社会凝聚的引导和引领作用。② 当前我们尤其需要关注社会基层及社会少数的社会心态。③ 既不能忽视少数人呈现出来的错误价值观带来的负面影响，也不能轻视少部分人群中存在的疏离和反智等不良社会心态，防止其造成对社会主义价值理念的冲击和质疑，防止其引发非理性行为直至极端行为。此外，不同的话语形式也会带来不同的话语效果。一些传统学术话语艰深晦涩，难于被普通大众所理解，结果仅成为学者的孤芳自赏；一些传统官方话语官僚刻板，容易引发受众的厌憎心理，都不可避免地限制了社会主义核心价值观话语的吸引力。

话语受众的话语接受效果存在变动。存在诸如话语受众对核心价值观接

---

① 郑永廷：《社会主义意识形态发展研究》，北京：人民出版社 2002 年版，第 341 页.
② 王俊秀：《不同主观社会阶层的社会心态》，《江苏社会科学》，2018 年第 1 期，第 24-33 页。
③ 王俊秀：《不同主观社会阶层的社会心态》，《江苏社会科学》，2018 年第 1 期，第 24-33 页。

受程度前后不一致，呈现出变化不居的不稳定性，而且容易受到外部影响等问题。如在社会主义核心价值观话语的传播过程中，有的人在最初获得强烈的情感触动、情感震撼，但又在日常生活中演化到情感平淡和情感疏离；有的人在特定的话语传播情境中高度认同社会主义核心价值观，但遇到社会现实问题时，却难以运用理性进行分析，往往诉诸非理性的情感判断；话语受众的话语接受效果容易受到社会中存在的错误价值观及其消极负面情绪和疏离与反智等不良社会心态的影响，容易出现反复。总之，社会主义核心价值观话语接受效果存在的差异和不断变动已成为进一步提升社会主义核心价值观话语权和推动社会发展与治理过程中亟待解决的突出问题。

四、我国核心价值观话语传播路径仍显薄弱

党的十八大以来，对于报刊、电视等传统舆论阵地和互联网等新兴舆论阵地，坚守正确导向，坚持媒介管理和媒介融合，顺应媒介发展规律，话语传播力得到显著增强。尤其是我国社会信息化的不断发展，为我们更为迅捷广泛传播社会主义核心价值观提供了强大的工具与平台，有助于我们对西方价值观话语进行快速反应和精准剖析，更为广泛地提高中国特色社会主义理论的普及率和影响力。但是我们也要看到，社会主义核心价值观话语的传播路径仍有薄弱之处，仍存在着嵌入力不够、对外传播能力不足等问题。

社会主义核心价值观话语嵌入力不足，主要有部分网络社群嵌入力不足、信息技术平台上优质内容嵌入力不足两方面。网络社群，可以包括现实社群或者现实生活组织的网络延伸，但更多的是不基于现实交往而仅依赖网络形成的网上交往环境和空间。网络社群的兴起扩大反映出了人们突破时空、地缘、血缘和业缘的障碍，扩大和发展自己对于社会交往的需要和结群的需求。它能将具有共同兴趣、某种共识的人们凝聚在一起，一方面推动了公民之间的自由交往与自由联合，另一方面又成为当前社会主义核心价值观话语传播中尤其需要重视的领域。如有学者对大学生群体进行的网络社群生存样态的调查表明，大学生对网络社群有较高的依赖度，同一个人同时会身处不同的网络社群，关注的范围涵盖沟通交流、信息获取、学习和兴趣以及生活服务等各个方面。但学生网络社群具有的封闭性和排他性，社群内的思想动态和

第四章 社会主义核心价值观话语权发展现状

行为内容难以把握,给思想教育引导带来了困难。①这也就导致社会主义核心价值观话语难以进入一些网络社群内部,对网络社群内部成员影响效果有限。其次,信息技术平台上优质内容嵌入力不足。信息技术的发展,大数据精准推送客观上带来低俗劣质信息的传播,弱化了社会主义核心价值观话语效果。大数据的应用,为我们带来了信息定制、资讯分众的便利,有助于我们便捷地获取更多相关信息,扩大视野,降低信息处理的时间和成本。但是,大数据精准推送在快速发展的同时,也存在着价值观方面的诸多乱象。如劣质低俗信息海量推送、博人眼球的"标题党"层出不穷、情绪极端化文章频繁出现。有人把大数据精准推送信息总结为:"真假难辨、价值导向错乱、缺乏深度。"②因为网络上的内容往往是采取事后控制,也就是说,在事件发生之后加以管控。这就往往造成不良信息已经被迅速扩散,对社会主义核心价值观话语构成带来较大的负面影响和破坏力。

我国核心价值观国际传播能力仍不强大,表现在国际舆论主导能力仍显不足,评价标准体系的贡献力和影响力仍然较低,影响了国家形象的塑造和国际感召力的增强,这些问题作为重要的影响因素,又反过来会影响甚至削弱国人对社会主义核心价值观话语的理解与认同。首先,国际舆论主导能力仍显不足。西方凭借其具有的物质平台优势,加紧引导国际舆论,形成在经济、政治、文化、社会、能源、生态、军事等领域的全面"舆论围剿"。如在经济领域,西方散布"贸易逆差论""操纵汇率论";在政治领域,西方散布"专制独裁论""朝贡体系论";文化领域,散布我国"扭曲信息""操纵受众";社会领域,歪曲我国"网络自由低下""缺少人权";能源领域,西方散布"中国能源威胁论";生态领域,散布"中国环境恶化论";在军事领域,西方散布"中国军事威胁论",凡此种种,不一而足。西方不断提出主导舆论的各种论调,抢占话语制高点,尽管与事实严重不符,但造成的先入为主的印象,往往使我国疲于应付,澄清舆论和还原真相即使付出巨大的代价,有时候也难以收到效果。在西方舆论话语的频繁攻击中,我国提出的一些重大国际议题

---

① 董盈盈:《大学生网络社群生存样态分析与应对策略》,《思想理论教育》,2019年第2期,第81-85页。

② 倪戈:《网络时代,应如何规范"算法"》,《人民日报》2018年7月4日,第19版。

往往被刻意忽视和淹没。如我国提出的推动世界和平发展的重大国际议题，如"一带一路"倡议，仍有82%的海外受访者表示没有听说过。① 再如，我国坚持中国特色社会主义发展道路，取得了重大发展成就，为世界治理贡献了中国方案。但目前仍有73%的海外受访者对中国的发展并不了解或者了解程度需要加深，这一数据在发达国家更是达到了81%；海外受访者对中国重大的科技成果如发射世界首颗量子卫星"墨子"号、建成世界最大单口径射电望远镜"天眼"FAST、造出世界最大起重船、北斗卫星导航系统等的认知度仅仅分别为13%、12%、11%、10%。②中国的国际舆论主导能力亟待加强。其次，评价标准体系的贡献力和影响力仍然较低。西方以其价值观的标尺来衡量不同国家的发展实践，凭借其层出不穷的学术名词和评价指数来设定"普世"评判标准，掌握经济发展、社会发展和全球治理的标准制定权和结果裁判权。③与之相比，中国的价值理念对于世界上不同国家发展状况的评价标准体系的贡献力和影响力仍然较低。而根据西方价值观标尺对我国的发展状况进行衡量，我国国家形象不可避免地被歪曲和误读。美国学者乔舒亚·库珀·雷默指出，国家形象问题可谓中国进入21世纪以来最为棘手的战略难题。④ 最后，误读带来偏见，我国承担的国际责任没有得到公正的国际评价。在国际社会中，中国始终坚持走和平发展道路，致力于和平解决地区热点问题，在维和、反恐等方面积极参加联合国行动，为维护地区和平和世界和平作出贡献。中国成为世界经济发展的健康动力源，近十多年来对世界经济贡献率年均达到30%以上，2017年则达到34%，远大于美欧日总和的20%。⑤ 中国通过多边舞台加强同新兴发展中国家和发达国家的合作，维护WTO世界多边贸易体

---

① 当代中国与世界研究院课题组：《2016—2017年中国国家形象全球调查分析报告》，《对外传播》，2018年第2期，第18-21页。

② 当代中国与世界研究院课题组：《2016—2017年中国国家形象全球调查分析报告》，《对外传播》，2018年第2期，第18-21页。

③ 阚道远：《西方话语霸权建构的新动向及其政治影响》，《思想理论教育导刊》，2018年第11期，第87-91页。

④ [美]乔舒亚·库珀·雷默：《中国形象：外国学者眼里的中国》，沈晓雷等译，北京：社会科学文献出版社2006年版，第8页。

⑤ 王军：《世界经济稳健复苏，中国经济作出贡献》，国家统计局网站，2018年1月19日，https://www.stats.gov.cn/xxgk/jd/sjjd2020/201801/t20180121_1765023.html，访问日期：2023年8月31日。

制，推动了公正合理国际秩序建设；中国积极承担国际义务与责任，在世界出现"逆全球化"逆流的关键时刻，坚持对外开放政策并不断扩大，为全球提供发展的最大市场，为建设繁荣和谐的世界作出贡献。但 2017 年，仍仅有 22% 的海外受访者认可中国是积极参与全球治理的负责任大国。[①] 可见，西方对我国经济发展、民主政治与和平发展道路仍存在较大误解，消除"理解赤字"迫切需要提升我国价值观话语的国际传播能力，促进不同文明之间的深入沟通和相互理解。当越来越多的国际人士认知、理解和支持我国社会主义核心价值观话语主张，又能进一步增进我国人民对社会主义核心价值观的认同和自豪感，社会主义核心价值观话语权才能得到更好地提升。

第三节 社会主义核心价值观话语权不足归因

面对巩固和提升社会主义核心价值观话语权工作仍存在的诸多问题，只有挖掘出导致这些问题的根源所在，未来的工作中才能做到有的放矢，取得更好成效。

一、话语主体素质能力欠缺

社会主义核心价值观蕴含着国家和民族生存繁衍的基因密码，是国人凝心聚力求复兴的精神密钥、是人们立身处世的精神依归。社会主义核心价值观是人民群众在创造历史中形成并加以凝练的，也将在新的历史条件下为人民群众继续传承和发展，党和政府部门、新闻媒体、社会组织在新时代，以坚定的道路自信、理论自信、制度自信、文化自信为精神支撑，为新时代提升社会主义核心价值观话语权建设构建了坚实的主体性基础。但是我们也要看到，当前的部分话语主体素质和能力欠缺，极大地妨碍了社会主义核心价值观话语权提升工作的效果。

---

① 当代中国与世界研究院课题组：《2016—2017 年中国国家形象全球调查分析报告》，《对外传播》，2018 年第 2 期，第 18-21 页。

首先，部分话语主体话语权意识欠缺，对新形势下提升社会主义核心价值观话语权工作的重要性和紧迫性领会不够。从国际形势来说，世界处在大发展大变革大调整时期，坚持走中国特色社会主义道路的中国离中华民族复兴目标越近、离世界舞台中央越近、离我们追求的社会主义共产主义价值理想越近，西方国家对中国道路、中国理论、中国制度、中国文化及其内蕴的社会主义核心价值观念所进行的渗透、诋毁、遏制越不会停止，我国人民捍卫社会主义核心价值观话语权的斗争将愈加具有长期性的特点。有学者指出，西方国家依托信息化时代全球"互联网+"平台，成立专门的价值观输出机构，目的就是否定马克思主义指导思想、否定中国共产党的领导和社会主义制度、解构中国优秀传统价值观以兜售西方所谓的"普世价值"。[①] 可以说，敌对势力散布西方错误思潮、污蔑我国社会主义核心价值观、歪曲我国国家形象、扰乱社会主义秩序、颠覆社会主义政权的图谋从来没有停止，提升社会主义核心价值观话语权工作具有明显的长期性。另一方面，从国内形势来说，我国正处在经济发展方式结构性转型的关键阶段，社会主义核心价值观话语权建设的复杂性正在加深。全面深化改革的道路上利益格局多元、矛盾交织，不同阶层人群的思想共识的凝聚难度有所增加，疏离、反智等不良社会心态有所滋长；提升社会主义核心价值观话语权，凝聚价值共识，培育自信、理性、积极的大国心态，从而团结人们齐心协力建设中国特色社会主义、引领人们建设美好生活所面临的复杂性同样是前所未有的。但是，部分话语主体话语权意识的缺失，面对西方的舆论宣传战、文化渗透行为，缺少必要的警惕意识，行动上缺少稳固、提升社会主义核心价值观话语权工作的主动意识，对工作中的问题总是被动应对；社会主义核心价值观传播过程中，仍存在少数舆论阵地负责人对重大问题认识模糊、宣传内容偏离正确导向、少数民众政治观念淡化等种种问题，这些都十分不利于提升社会主义核心价值观话语权工作的开展。

其次，少数话语主体"失误、失职、渎职、失语"，造成自身公信力缺失，

---

① 韩庆祥、张健：《当代中国意识形态驱动战略的实施路径》，《中共中央党校学报》，2017年第4期，第73-78页。

第四章 社会主义核心价值观话语权发展现状

客观上对社会主义核心价值观话语权造成了冲击和损害。"失误"是话语主体在传播和践行社会主义核心价值观过程中出现的差错，并非出自其个人的主观愿望，更多的是由于工作态度疏忽、工作方法片面和工作经验不足等，但客观上造成了人们对社会主义核心价值观及践行的认知误解和理解偏差。"失职"是话语主体对自身工作岗位严重不负责任，客观上给国家、社会或人民的利益造成了一定损失，其个体的失职行为危害到了践行社会主义核心价值观的氛围，伤害了人们对社会主义核心价值观的尊重和信心。如少数商业类媒体盲目追求收视率、点击率，过度娱乐化，内容虚假低俗，污染了社会主义核心价值观话语传播环境。根据2018年2月26日工信部网络舆情研究中心发布的《2017年中国网络媒体公信力调查报告》，商业类媒体用户覆盖率较为广泛，腾讯新闻、今日头条、网易新闻是2017年中国代表性新闻客户端覆盖用户数据的前三名，但除了腾讯新闻以外，其他的商业媒体公信力却没有与其强大的覆盖率相匹配，如搜狐新闻、天天快报、今日头条客户端的用户信任度分别为78.81、77.32、75.25，均未达到良好水平，整体水平与民众期待仍有较大差距，有待于进一步提高。网民最为反感"虚假新闻""标题党""植入广告"和"新闻炒作"以及"三俗信息"等新闻形态，这些有害信息导致用户对于网络媒体的严肃性、可信度和权威性不甚满意，满意度分别为72.67、73.23、74.04，相较92.70的便捷性和89.78的时效性可谓相去较远，媒体公信力受到一定损害。[1] "渎职"是话语主体滥用岗位权力、徇私舞弊，给国家、社会或人民的利益造成了重大损失，如个别司法机关工作人员的个体渎职行为，却客观上严重损害人们对社会主义核心价值观的信心，对社会主义核心价值观的践行带来严重负面影响。根据我国国家司法文明协同创新中心的中国司法文明指数报告显示，截至2017年，全国31个省、自治区、直辖市的司法文明指数都没有达到"良好"（80分）的水平，其中海南省指数最高，为76.2分，各省最高分和最低分的分差为8.8分，相比较2016年的最大分差

---

[1] 工信部：《2017年中国网络媒体公信力调查报告》，光明网，2018年2月26日，https://baijiahao.baidu.com/s?id=1593452463671316050，访问日期：2023年8月31日。

3.8分，又扩大了5.0分，表明全国各地司法文明的差距在"进一步拉大"①，说明我国各地司法公信力建设离人民满意还有一定的差距，还有较大的努力空间。"失语"则是话语主体面对背离和践踏社会主义核心价值观的思想和言行置若罔闻，麻木不仁，助长了为害者的嚣张气焰。"失误失职渎职失语"的话语主体人数虽少，但所涉及的领域却比较广泛，绝不能忽视其带来的恶劣影响。

最后，部分话语主体提升社会主义核心价值观话语权能力不足，无法适应新时代的历史任务和日新月异的传播格局，制约了社会主义核心价值观话语权工作效果。话语传播通过一定的平台和渠道、一定的议程设置、把握一定的时机、采用一定的言说方式来表达话语内容。当前部分话语主体不能很好地解决"渠道""策略""时机""方式"的问题，制约了工作效果。第一，社会主义核心价值观话语的传播渠道仍显单一，自媒体平台影响力不足。目前社会主义核心价值观话语的主体传播平台与渠道是党和政府及其领导下的国家政权机关中的意识形态管理部门，它们受到国家权力的支持，具有话语传播的比较优势，在报刊、电视、广播等传统媒介中展现出了比较强大的话语优势。官方网站、官方微博、政务头条号等新兴网络媒介也受到了高度重视、发展很快。截至2018年6月，我国共有政府网站19868个，共有34.5万个栏目数量；经过新浪认证的政务机构微博已达137677个；各级党政机关在今日头条政务公共信息发布平台的政务头条号有74934个；中国大陆有31个省、自治区、直辖市开通了政务头条号，其中河南省以发布7501个位居发布数量的全国之首，而山东以11.9亿阅读量位居阅读量的全国之首。② 这些都表明了社会主义核心价值观话语的传播空间在扩大，影响在加强。但一方面随着信息时代的飞速发展，尤其是手机自媒体终端的兴起，"人人都是麦克风"，各种非主流价值观趁机运用自媒体新平台进行话语传播，不易监督，不易引导，给社会主义核心价值观话语传播造成巨大压力。第二，话语议程设置渗

---

① 《〈中国司法文明指数报告2017〉新闻发布会在京举行》，司法文明协同创新中心网站，2018年6月23日，http://www.cicjc.com.cn/info/1012/1065.htm，访问日期：2023年8月31日。
② 《第42次中国互联网络发展状况统计报告》，北京：中国互联网络信息中心，2018年8月20日，http://www.cac.gov.cn/2018-08/20/c_1123296882.htm，访问日期：2023年8月31日。

第四章 社会主义核心价值观话语权发展现状

透能力不足。传播学和新闻学领域中的议程设置理论认为,大众传播过程中,媒介能够通过议题的选择影响公众对议题的关注程度,形成公众议程并影响政策议程,达到大众传播效果。也就是说,媒介不仅能成功锁定对某个问题的关注,还能通过提供语境,决定人们如何思考。[1] 我国学者李本乾在以上海为样本的实证调查中,也证实了议程设置理论在中国的适用性,又进一步提出了"阶梯规则"理论。他指出在四个"阶梯议程"中,受众议程从个人议程向社区议程和地区议程以及国家议程的转化中,与媒介议程的相关显著性水平会不断提高。[2] 这也就从反面指出了提高传播效果过程中,媒介议程进入个人议程在实践中是存在一定的困难。社会主义核心价值观话语传播过程中虽然依托广阔的渠道进行丰富的议程设置,但目标受众是日益分散化、且具有高强度的流动性的,议程选择具有较强的自主性,渗透能力不足就无法进入个体的内心世界,直接削弱了社会主义核心价值观话语的效果。第三,话语时机把握仍然不十分恰当迅捷。如果不能及时对网络空间的思想立场和价值取向进行及时匡正和约束,就会直接影响社会主义核心价值观话语的公信力。尤其在一些突发事件处理过程中,一些部门不能及时报道事件信息,对网络中网民的臆想反应不够迅速,对事件中涉及的重要信息主体的报道缺失或片面,就会给谣言和污蔑留下空间,给社会主义核心价值观话语公信力造成损毁。第四,社会主义核心价值观话语仍存在一定刻板单调倾向。有些传统意识形态和价值观宣传较为刻板,单调,以单纯的灌输为主,而且缺少对话语对象需求的区别把握,高傲的精英话语、深奥的学术话语、严肃的官方话语也没有转化为喜闻乐见的大众话语,因而在受众对社会主义核心价值观话语的认知、理解、接受和认同、对纷繁复杂的不良社会思潮形成自觉的分辨力和免疫力方面的作用效果并不明显。总的来说,话语主体素质和能力的欠缺与不足直接对提升社会主义核心价值观话语权工作造成了制约和掣肘。

---

[1] [美]马克斯维尔·麦库姆斯:《议程设置:大众媒介与舆论》,北京:北京大学出版社2008年版,第180页。

[2] 李本乾:《中国大众传媒议程设置功能研究》,兰州:甘肃人民出版社2002年版,第44页。

二、不同话语系统存在冲突和矛盾

用具有中国特色、中国作风和中国气派的话语传播社会主义核心价值观，针对不同的话语受众，要加以适当的话语转换，是稳固和提升社会主义核心价值观话语权的重要前提条件。但是，一方面，当前我国具有民族性、原创性、时代性的社会主义核心价值观话语表达形式仍不充足，另一方面，针对不同的话语受众，社会主义核心价值观话语的表达缺少有针对性的分众化对象化的话语转换，这些都制约了提升社会主义核心价值观话语权的工作效果。

首先是存在着哲学社会科学自主性发展和西式话语体系盛行的矛盾。我国哲学社会科学、学术话语和话语体系仍然很不完善，具有民族性、原创性、时代性的社会主义核心价值观话语表达形式仍不充足，不能满足我国发展的综合国力与提升的国际地位的新要求。我国拥有绵延几千年的中华文化，具有深厚的历史底蕴，形成具有特色的思想体系，反映了中国人的知识智慧与理性思辨。将中华文明进行创造性转化，实现创新性发展，是我国哲学社会科学自主性发展的十分宝贵而且是不可多得的资源。改革开放以来，尤其是党的十八大以来，我们在坚持和发展中国特色社会主义的过程中提出了许多具有原创性和时代性的新理念、新概念。当代中国实现的重大成就和变革，是我国哲学社会科学自主性发展，提炼出有学理性、规律性的新理论的实践基础。在当前哲学社会科学的发展过程中，学科体系已经基本确立，但自主的学术体系还没有完全建立，自主性的话语体系还有很大欠缺。有学者指出，改革开放四十年来西方话语体系几乎成为"注解我国改革开放的思想支撑和价值支持"[①]。这一方面是受制于西方"话语垄断"，西方以其强大经济军事实力为后盾，依托其强大科技文化实力，形成持续不断的"话语流"和海量的"话语瀑布"，向其他国家倾销和兜售其思想理论和观念主张；但更主要的问题在于有学者在学习西方过程中，缺少理论自觉、文化自信和价值自信，"迷信西学"，不观照中国现实，不屑于论及中国优秀传统文化；在短暂的引进西学的

---

① 戴木才：《从思想和价值观上打造"中国话语权"》，《红旗文稿》，2015年第6期，第12-13页。

过程中，要么流于照搬西方的解释框架和研究方法，流行以西方概念和理论解读中国，要么缺少对现当代外国哲学的宏观把握，仅从某一流派、某一任务出发，缺少对外国哲学思潮发展大势的把握，要么是"唯西是举"，认为只有西方价值观才是"治世良方"，完全放弃了批判立场，臣服和接受现当代西方哲学，试图打造"全盘西化"哲学版。这些问题造成当前哲学社会科学学术话语和话语体系仍比较薄弱，不可避免地弱化了理论对于现实问题的解释力，难以对基于中华民族优秀传统文化、中国国情和实践经验的中国快速发展和社会转型进行有效的解释说明，客观上损害着社会主义核心价值观话语权。

其次，存在着统一的主体话语系统和分众化的受众话语系统的矛盾。话语主体的话语系统和话语受众的话语系统存在着一定程度上的不同步，话语主体的话语体系针对不同的受众缺少恰当的分众化和对象化的话语转换。我国人民群众的生产生活实践是创造鲜活的具有时代性的日常话语、大众话语的实践来源。但当前话语主体的话语表达形式仍然主要表现为政治话语、学术话语、独白话语，还远远没有把丰富的日常生活实践提炼为更具有说服力和吸引力的日常话语、大众话语、对话话语、情感话语。不同民族、不同地区、不同行业的话语受众对社会主导价值观念话语内容和表达方式的需求是有差别的。巴赫金的对话理论告诉我们，唯有通过符合个体话语习惯的对话，才能使外部话语进入个体的自我话语，为个体的理解和认同打下基础。对不同民族特点的社会主义核心价值观话语传播，要体现出民族特征。不同阶层的受众对于社会主义核心价值观话语的接受程度也是不同的，在社会变革中呈现出不同的社会心态。当前，针对不同话语受众的特点，开发和形成具有针对性的分众化和对象化的个性话语系统，仍然是匮乏的。话语受众的话语接受效果也不是一成不变的，如果始终以整齐划一、艰深晦涩的传统学术话语进行灌输，以单调刻板、内容严肃的传统官方话语来进行自我独白式的话语传播，容易导致话语受众形成厌憎心理，这些状况都对提升社会主义核心价值观话语的吸引力造成了沟通上的阻碍。

三、"知情意行"统一的发展过程存在断裂

社会主义核心价值观话语不仅需要以具有吸引力感染力说服力的话语来

进行话语表达,还需要遵循"知情意行"①统一的规律促进话语受众将社会主义核心价值观内化于心并外化于行。从话语受众的角度上说,社会主义核心价值观话语权的实现意味着话语受众实现了"知情意行"统一的内化于心和外化于行的过程。"知"就是晓之以理,使受众在多元化的价值选择中,通过理论梳理,在对比、分析、鉴别中,自觉选择科学的社会主义核心价值观。"情"就是动之以情,稳固情感,把受众对社会主义核心价值观的理性认识升华为亲近、信任,转化为自觉的精神追求和实行践履的欲望。科学的理性认知只有上升为深厚的情感,这种认知才可能是稳固的,不容易发生变化,才能抵御各种外来因素的影响。"意"就是以坚强的意志、坚定的信心和恒心,能经受住欲望和艰苦环境的考验,来实践社会主义核心价值观。"行"是指行为,话语受众要在日常生活、学习和工作中自觉践行社会主义核心价值观,行为践履是社会主义核心价值观话语传播的最终目的。可以说,话语受众实现"知情意行"统一的发展过程,才意味着社会主义核心价值观话语权得到了实现。总体来看,当前社会主义核心价值观话语传播取得了比较好的进展,但也不能否认,"知情意行"统一的发展过程仍然存在着一定程度的断裂,对社会主义核心价值观话语权的提升造成了影响。

加强思想政治教育是社会主义核心价值观话语传播的重要途径。但当前教育过程中社会主义核心价值观"知情意行"统一的发展过程存在着某种程度的断裂。教育过程中,社会主义核心价值观话语传播主要通过专门的思想政治教育部门来承担或其他生产、流通、服务等各项工作中渗透思想政治教育等来体现。总体来说,包括学校、党校等教育部门在内,这些领域的社会主义核心价值观话语传播取得了较好成果,但也存在一定问题,如专门的思想政治教育思想性、政治性注重有余,实践性仍然不足,存在"重知轻行"的问题,这就会引发知行分离,甚至在外界的影响下产生对社会主义核心价值观的情感的不稳定性和认知的变动性。而其他生产生活等各项工作中加强思想政治教育,做到充分和全面的"思政渗透"还没有得到完全的实现,仍存在着

---

① 陈洁:《我国大学生法治教育研究》,博士学位论文,复旦大学,2012年,第48页。

第四章 社会主义核心价值观话语权发展现状

"重知轻德"①"重技轻德"等现象。这就容易造成思想政治教育成为社会主义核心价值观话语传播的"孤岛",既不利于以社会主义核心价值观对社会生活进行全面的思想引航,不利于形成连续的社会主义核心价值观教育,也不利于人们在就业、生活等人生选择中进行社会主义核心价值观践履。

文化产品和文化生活是使人们满足精神生活、在耳濡目染中感受社会主义核心价值观的重要平台。但是当前能够很好地全面呈现社会主义核心价值观话语、展现中国人坚定追求美好国家和社会以及展现深沉爱国情感、敬业、诚信和友善等品质和不屈不挠、百折不回英勇奋斗的恢弘作品仍有所欠缺。文化是国家、民族的灵魂,每一个变革时代,都需要产生出反映时代先声、开社会先风和启智慧先河的文艺,承载着丰富时代精神,以启迪、滋养和传承后人。革命战争年代,毛泽东就强调要建设民族科学和大众的文化,在文艺要"为人民大众服务"②思想指导下,涌现出《东方红》《黄河大合唱》《白毛女》《南泥湾》等感情真挚、激越人心的优秀作品,成为与军事战线共同对敌斗争的重要文化战线。我国在对外开放和发展社会主义市场经济的过程中,邓小平强调在高度重视物质文明建设的同时,"还要建设社会主义的精神文明"③。党的十八大以来,习近平十分重视文化建设对于实现中国梦的动力支持和精神支撑作用,强调要以社会主义先进文化来引领人民精神世界,以繁荣的文化产品增强人民精神力量,增强国家文化实力。④ 党的十八大以来,我国文化事业不断加强,文化产业发展成绩显著,如2017年我国出版图书达51.2万种,文化产值占GDP比重达到前所未有的4.29%,比2004年文化产值占GDP比重的2.15%几乎整整翻了一倍,文化事业呈现一派繁荣局面。⑤但要看到,我国文化产品"繁而不荣,多而不精",存在"文化内涵稀薄,人文

---

① 石书臣:《正确把握"课程思政"与思政课程的关系》,《思想理论教育》,2018年第11期,第57-61页。
② 《毛泽东选集》第三卷,北京:人民出版社1991年版,第865页。
③ 《邓小平文选》第三卷,北京:人民出版社1993年版,第28页。
④ 习近平:《习近平谈治国理政》,北京:外文出版社2014年版,第160页。
⑤ 国家统计局:《文化事业建设不断加强,文化产业发展成绩显著——改革开放40年经济社会发展成就系列报告之十七》,国家统计局网站,2018年9月13日,https://www.stats.gov.cn/zt_18555/ztfx/ggkf40n/202302/t20230209_1902597.html,访问日期:2023年8月31日。

精神和主体价值缺失"①的问题，文化产品内在的社会主义核心价值观话语的表现力不够。如21世纪以来我国长篇小说年产量在4000部以上，但能反映改革开放以来巨大深刻的社会变迁，展现国家民族对富强、民主、文明和和谐社会美好追求的作品仍不多见；作为文化作品中影响力最大的电影文艺形式，也存在着形式美大于内容美、道德让位于娱乐、技术重于人文等问题，像《战狼》《红海行动》等传播爱国等社会主义核心价值理念的优秀作品仍然较为匮乏；电视作为大众文化产品的重要提供者，也存在着浮躁、急功近利、缺少原创精神的内容。文化生活中，西方节日如"圣诞节""情人节"纷至沓来，而很多蕴含着深厚社会主义核心价值观念的中国传统文化节日却悄然无声。这些问题一方面是因为改革开放以来国门打开，引进西方现代思想观念和先进技术的同时，西方腐朽价值观和思想理论也一拥而入，在以往的发展过程中我们特别强调技术经济，忽视了人文精神，特别强调物质增长，忽略了人生意义和价值。葛兰西就曾指出，资本主义国家文化阵地中，资本主义价值观已经掌握了文化领导权，这对树立起科学的无产阶级价值观是必须克服的困难。对于我们来说，文化产品和文化生活的阵地，如果不能深植起无产阶级的价值信仰，文艺作品和文化生活中缺少社会主义核心价值观内在精神的支撑，就无法满足人们对科学价值和信仰的追求。

制度化是社会主义核心价值观念得以传承的有效保障。"制度问题更带有根本性、全局性、稳定性和长期性"②，制度既是在社会主义核心价值观念指导下建立的，又是国家和社会良性运行、和谐发展、核心价值观念得以传承的有力保障。"法律是成文的道德。"③道德是人内心的法律，通过诉诸良心、信念、社会舆论等实现对社会倡导的价值观的影响。但道德的内控力不具有强制性的约束性，唯有把社会倡导的爱国、敬业、诚信、友善等价值理念诉诸法律的形式，才能更为普遍地激发全体社会成员的认同和遵循。因此，价

---

① 欧阳雪梅：《中华文化国际影响力的现状及制约因素》，载《中国学术与话语体系建构》（社会科学卷），北京：社会科学文献出版社2015年版，第32-43页。
② 《邓小平文选》第二卷，北京：人民出版社1994年版，第333页。
③ 习近平：《习近平谈治国理政》第二卷，北京：外文出版社2017年版，第116页。

值观不仅可以表现为知识化形态、生活化形态，还需要发展为"制度化形态"①、法律化形态等多种表现形式。核心价值观也只有从知识化、生活化等形式进一步发展到制度化、法律化形式，才能得到更有效地推进。从我国儒家传统文化中为国尽忠、为家族尽孝、重义轻利、讲究诚信等价值观话语的传承来看，除了统治者上行下效、为政以德，化民成俗等，濡化制度，通过以儒家经典为考核核心的科举制度选拔出认同其价值观的人才，通过氏族宗法制度保障人们对其价值观的践履是被实践证明有效的运行方式。新加坡则非常注重以法律化形式来保护其核心价值观。我国社会主义核心价值观的发展也需要经历从知识化、生活化再进一步走向制度化、法律化的形式。从党的十六届六中全会社会主义核心价值体系的提出，党的十八大报告初步凝练出二十四字的社会主义核心价值观，社会主义核心价值观的知识化形态取得了重大突破，"三个倡导"在实践层面上也取得了一定进展。但是当前现实生活中稳固社会主义核心价值观话语成效的制度化、法律化的形式仍没有得到很好的健全和完善，制约了社会主义核心价值观话语权效果。如爱国、敬业、诚信、友善等价值观仍具有高度抽象性，缺少具体化的制度和准则，这就无法对实际生活中存在的违反者进行有效的规制。而实际生活中体现社会主义核心价值观的行为，如舍己救人、见义勇为就是对社会主义友善价值观的体现，但现实生活中却有人在见义勇为中因不合理不合法的"防卫过当"理由而受到牵连。体现社会主义核心价值观的行为如果不能通过制度化法律化的形式得到表彰和弘扬，就会使人们产生动摇心理。推进社会主义核心价值观制度化法律化是当前提升社会主义核心价值观话语权过程中应该加以着力解决的问题。

四、社会发展带来核心价值观话语传播新问题

互联网信息技术的发展为社会主义核心价值观话语传播带来便利的同时，也不可避免地给社会主义核心价值观话语的传播带来挑战。社会主义核心价

---

① 张艳娥：《价值观的制度化：何以必须与何以可能》，《唐都学刊》，2016年第4期，第90-96页。

值观话语嵌入力不够和对外传播能力仍不强大等都构成了对提升社会主义核心价值观话语权的制约。

社会主义核心价值观话语嵌入力不足,主要由于以下因素造成:从受众角度来说,"主观干扰"导致社会主义核心价值观话语难以进入部分网络社群。主观干扰是人作为信号接收的执行器拒绝接收信息。① 作为精力有限的个体,面对信息爆炸时代的信息膨胀和信息裹挟,总是选择性地接受自认为有用的或者重要的信息。而使用网络中最大数量的青年群体,有的是对传统的宣传风格和话语抱有抵触情绪,有的是只关注狭隘个人利益,对社会主义核心价值观话语传播表现出"政治冷漠"②,这就导致社会主义核心价值观话语难以进入和影响此部分网络社群中的成员。其次,从信息技术提供主体来说,"技术中性"并不意味着"价值中性",如果放任丑恶低俗信息的传播,就是在数据流量中迷失了价值观,使价值观成为技术的附庸。技术本身没有价值观,但技术是一把"双刃剑",关键是用在拥有什么样的价值观的发明者和操纵者手中。那种"流量为王"、不惜以丑陋低俗信息换取关注的错误做法,违背公序良俗,必须加以纠正和取缔。

社会主义核心价值观话语国际感召力不足,主要是对外传播中的社会主义核心价值观话语渠道建设仍有所滞后,没有跟上我国企业和人民在海外交往扩大的步伐。根据我国国家形象调查报告(2016—2017)显示,被调查民众中国的了解的来源,"使用中国产品"占41%,"听了解中国的人说"占23%,"中国在当地推出的传统媒体"有18%,"与中国人交往"占15%,"中国人在当地推出的新媒体"有12%,"参加中国在当地的活动"仅7%。③ 不仅传统媒体和新媒体影响有待加强,而且同日益增长的海外交往相比,新的传播渠道拓展力度有限,仍十分狭窄,亟待拓宽和优化。再者,社会主义核心价值观话语对外传播形式仍较单一,话语内容也难以符合需求。被调查民众对"平时不太接触中国媒体"的原因分析中,"不知道应该看什么中国媒体"占25%,

---

① 王璐、周均:《控制论视阈下抢占网络话语权路径初探》,《军事记者》,2016年第9期,第39-40页。
② 郭倩倩、秦龙:《政治冷漠与积极公民重塑》,《探索与争鸣》,2016年第3期,第50-53页。
③ 当代中国与世界研究院课题组:《2016—2017年中国国家形象全球调查分析报告》,《对外传播》,2018年第2期,第18-21页。

"话语表达方式不地道、听不明白"占19%,"中国媒体的报道不符合需求"占10%,"不善于讲故事,内容不吸引人"占7%,"节目种类少"占7%,"形式不新颖"占4%[①]。总之,社会主义核心价值观话语嵌入力不够和对外传播能力仍不强大构成了对提升社会主义核心价值观话语权的制约。

五、满足美好生活的体制机制仍不完善

社会主义核心价值观话语要固化为人们自觉的价值追求,还需要社会以基本制度和良好运行的体制机制来加以保障。我国社会主义基本制度的确立就是以人民倍加珍视的反映人民利益的自由、平等、公正、法治等价值观为基础的。如社会主义初级阶段的基本经济制度,在坚持公有制为主体的同时,允许多种所有制经济共同发展,增进了社会活力,促进了自由、平等与公正;社会主义市场经济体制的确立和完善,同样体现了党和人民对平等、自由等价值理念的追求。对民主价值的追求也体现在我们党领导革命建设和改革发展不同时期的制度化实践中。革命根据地建设时期的"三三制",抗日民族统一战线的政权中,共产党员、非党的左派进步分子和中间派各占三分之一,都有自由平等参政说话的机会,民主权利得以行使,党所追求的民主、自由、平等价值理念得到很好的传播。新中国成立和发展的进程中,人民民主专政的国体根本上保障了我国人民自由而平等的社会地位,实现了最大程度和最广泛的公正;我国人民代表大会制度的政体,中国共产党领导的多党合作和政治协商制度、民族区域自治制度、基层民主自治制度等进一步保障了人民对自由、平等和公正的追求。我国社会主义制度的建立,实行了社会主义经济、政治和文化等多种制度,从国家权力层面保障了社会主义核心价值观念的运行。

基本制度还需要由具体的体制机制来进一步加以体现。当前,体现社会主义核心价值观话语的体制机制仍不完善是比较突出的问题。生活世界是人类生存和发展的各项活动,包括物质生产活动、处理社会关系的实践活动等

[①] 当代中国与世界研究院课题组:《2016—2017年中国国家形象全球调查分析报告》,《对外传播》,2018年第2期,第18-21页。

立足的基础。马克思主义实践观告诉我们,人类的实践活动,是把握世界包括物质世界、人类社会和精神世界的深刻基础;马克思意识观认为,意识来源于存在,而人们的存在就是人们的现实生活过程。这表明,人们对社会主义核心价值观话语的认知和认同都离不开人们在生活世界中开展的各类实践活动。话语传播有助于增进人们对社会主义核心价值观的理性认知和亲近情感,但更需要在人所从事的各项实践活动中坚定对社会主义核心价值观的意志和转化为自身的追求。改革开放四十多年来,我国经济社会面貌取得了今非昔比的长足进步。我们经济三次产业增加值占国内生产总值比重分别为7.9%、40.5%和51.6%,服务业已擎起中国经济半壁江山;城镇常住人口已达8.1亿人,城市化率达到58.52%。[①] 社会需求结构发生重大转变,日益转向消费、投资、出口协同拉动,2017年最终消费支出对国内生产总值贡献率已经达到58.8%,成为经济增长的主要动力;居民消费结构也转型升级,开始从注重量的满足转向追求质的提升。[②] 我们已经从"生存型社会"走向"发展型社会"阶段。"生存型社会"社会发展的主要目标之一是解决温饱问题,"发展型社会"的发展目标则主要是聚焦于人的发展。[③] 这与党的十九大对我国当前主要矛盾的把握是一致的。十九大报告认为,我们应该解决发展不平衡不充分的问题,更好地解决人们的美好生活需求。人们的美好生活需要,既包括物质性需求,也包括精神性需求。物质性需求需要进一步解放和发展社会发展生产力,实现全体人民的共同富裕;精神性需求则需要满足"发展型社会"人民日益增长的民主、法治、公平、正义、安全、环境等多样化需要。当前,这种不能满足人民美好生活需要的不平衡不充分,更多地体现在体制和机制方面,如在生产力方面,仍存在结构性不平衡,现有的生产要素如劳动、资本、知识、信息、管理、技术等仍不能充分涌流、竞相迸发活力来推动生

---

① 国家统计局:《城镇化水平显著提高,城市面貌焕然一新——改革开放40年经济社会发展成就系列报告之十一》,国家统计局网站,2018年9月10日,https://www.stats.gov.cn/zt_18555/ztfx/ggkf40n/202302/t20230209_1902591.html,访问日期:2023年8月31日。

② 国家统计局:《国内市场繁荣活跃,消费结构转型升级——改革开放40年经济社会发展成就系列报告之七》,2018年9月5日,https://www.stats.gov.cn/zt_18555/ztfx/ggkf40n/202302/t20230209_1902587.html,访问日期:2023年8月31日。

③ 迟福林、殷仲义:《发展型社会——惠及13亿人的基本公共服务》,《人民论坛》,2008年第24期,第58-59页。

第四章 社会主义核心价值观话语权发展现状

产力的发展,政府和市场的关系也有待于进一步加以理顺;在生产关系领域,当前社会现实中尤其是在少部分地区和部门仍存在需要进一步深化改革的问题。例如对特权的监督和制约仍然不完善,特权现象仍时有显现;社会领域城乡差距仍需要进一步缩小,权利需要进一步均等安排等问题,与满足人民日益增长的诸如法治、安全、环境等多样化需求仍有距离。并且,我们要意识到,在我们这样一个拥有 14 亿多人口的大国里,要想实现对这种不平衡不充分的发展的彻底变革显然也不是一蹴而就可以加以解决的问题。体制机制的不完善,某些个体在生活中遭遇的困境会造成对于社会主义核心价值观话语的疑虑,产生疏离的情感,也阻塞了少数个体对社会主义核心价值观话语的践行之路。只有进一步全面深化改革,不断健全完善体制机制,发展社会生产力,追求全体人民共同富裕,使所有人都共同享有改革发展成果,共建美好生活的共同生活背景,满足人民更高层次的精神需求,才能更好地优化话语环境,把固化在社会主义基本制度中的社会主义核心价值观的追求进一步落到实处,为巩固和社会主义核心价值观话语权奠定更坚实的基础。

本章小结

党的十八大以来,社会主义核心价值观话语权提升取得积极进展,表现在党和政府以及媒介等话语主体的公信力得到提高;思想理论创新使话语引领力得到提升;媒介管理和媒介融合使话语传播力得到增强;恰当的话语转换使话语亲和力得到提高;新时代发展成就与变革使话语环境有所改善等。但是仍存在着许多制约和掣肘提升社会主义核心价值观话语权的问题,表现在我国核心价值观话语仍存在"话语逆差"、哲学社会科学话语影响力仍较弱小、话语受众的接受效果存在差异变动、我国核心价值观话语传播路径仍显薄弱等。指出问题的根源在于话语主体素质和能力欠缺、不同话语系统存在冲突和矛盾、"知情意行"统一的发展过程存在断裂、社会发展引发核心价值观话语传播新问题以及满足美好生活的体制机制仍不完善,等等。

第五章 提升社会主义核心价值观话语权的基本原则与应对策略

为实现中华民族伟大复兴梦想，必须把巩固和提升社会主义核心价值观话语权作为一项重要的任务。党的十八大以来，在提升社会主义核心价值观话语权工作上取得了可观成绩，在此基础上，我们要对照提升目标，正视存在的不足，消除问题存在的根源，坚持合理的原则，采取相应的应对策略。

第一节 提升社会主义核心价值观话语权的基本原则

一、坚持意识形态工作领导权和夯实话语基础的统一

巩固和提升社会主义核心价值观话语权的工作必须坚持做好属于上层建筑的意识形态工作和做好属于物质生产关系与经济基础的话语基础工作。首先要牢牢坚持意识形态工作领导权、管理权和主动权。马克思主义认为，意识是社会的产物，一切意识都是社会意识，意识形态是由适合一定的经济基础并竖立在这一基础上的法律的、政治的、宗教的、艺术的或哲学的等意识形式构成的有机整体，是统治阶级追求的价值观念的系统化反映。意识形态作为一种思想体系，理论性较强，具有维护自己所认同的价值观，维护与巩固和发展自己立足的经济基础和政治制度的功能。意识形态工作属于实践的范畴。正因为意识形态功能十分强大，意识形态工作也就必然是宏观上和战略上国家和执政党必须高度重视和竭力做好的工作。"领导"，《现代汉语辞

第五章 提升社会主义核心价值观话语权的基本原则与应对策略

海》解释为,"率领并引导朝一定方向前进"①,"领导权"就是某一主体率领并引导人们朝指定方向前进的权力。② 牢牢把握住意识形态工作领导权,就要牢牢把握坚持中国共产党对意识形态工作的政治领导,做好维护经济建设这个中心任务和巩固社会主义的经济基础,发展广大人民群众的利益的工作;要把握思想领导权,就是要以马克思主义为指导,推动意识形态理论的构建创新、传播转化、交流斗争;要强化组织领导权,把对党忠诚、立场坚定、理论觉悟高、实践做得好的干部,选拔到领导岗位上来。"管理",《现代汉语辞海》解释为,"负责某项工作、保管和料理、照管并约束"③。管理权,就是组织中的管理者负责管理工作、组织和利用各种资源完成组织目标的权力。在我国,意识形态工作管理权就是意识形态工作管理主体有效组织和充分运用意识形态领域的人员、物质、平台、信息等要素和资源,借助一定的管理等手段实现既定目标的权力。主动权,就是要意识到当前意识形态工作领域一定程度上存在西方话语盛行的问题,要意识到话语权已经成为不同价值观较量的前沿,要主动拿起话语权这一思想理论斗争的武器,主动开展社会主义核心价值观的宣传、弘扬、捍卫等工作。葛兰西文化领导权思想提醒我们,即使我国执政党在夺取政权以后,仍需注意牢牢把握意识形态工作领导权、管理权、主动权,增强对思想文化领域宣传工作重要性的认识,充分重视有组织的知识分子的作用,发展好自己的教育和文化事业,深入持久、耐心细致地做好宣传思想工作,坚决抵制资产阶级价值观渗透侵蚀,使无产阶级价值观念深入人心,使社会主义核心价值观成为人们的价值遵循。所以,牢牢把握住意识形态工作领导权、话语权、主动权,积极主动向人们宣传阐释作为科学的社会主义意识形态的集中展现的社会主义核心价值观,反映出中国化马克思主义成果的"思想根基和内在精神"④,形成人们对科学意识形态科

---

① 《现代汉语辞海》编辑委员会:《现代汉语辞海》,北京:中国书籍出版社2011年版,第687页。
② 王东红、王咏梅:《把握意识形态工作领导权相关问题探析》,《辽宁大学学报(哲学社会科学版)》,2015年第4期,第53-57期。
③ 《现代汉语辞海》编辑委员会:《现代汉语辞海》,北京:中国书籍出版社2011年版,第375页。
④ 张劲松:《核心价值观:中国特色社会主义理论体系的精神基石》,《理论月刊》,2015年第1期,第5-9页。

学性、真理性和价值性的高度依赖，为提升社会主义核心价值观话语权奠定了基本前提。

与此同时，我们必须要做好属于物质生产关系与经济基础的话语基础工作。马克思恩格斯认为，市民社会是物质生活关系的总和，从属于经济基础，是具有决定性质的因素，人们的意识形态、思想观念根本上受制于经济基础，直接受制于政治制度和法律上层建筑。因此，我们在借鉴葛兰西文化领导权思想来加强社会主义核心价值观话语的传播与弘扬的同时，必须把提升社会主义核心价值观的基础性工作放在重要的位置上。就是说，以不断的全面深化改革、全面依法治国、全面从严治党等举措，不断发展中国特色社会主义，建设人们生产生活的美好生活世界，不断优化社会主义核心价值观的话语环境，为稳固和提升社会主义核心价值观话语权奠定坚实的话语环境基础。

二、坚持提升话语权要素两点论和重点论的统一

要稳固和提升社会主义核心价值观话语权，就要坚持辩证唯物主义观点，做到坚持两点论和重点论的统一。两点论就是要注重全面提升社会主义核心价值观话语权的各个结构要素的水平，争取各个结构要素的协调统一和共同发展。重点论就是要重点抓住当前结构要素中最为突出的问题和方面。

稳固和提升社会主义核心价值观话语权要坚持两点论和重点论的统一。提升话语主体的公信力，尤其是以全面从严治党的精神不断提高作为社会主义核心价值观话语权主导主体核心的党员队伍的先进性和纯洁性，这是新时代做好核心价值观话语权提升工作的前提条件。提升话语内容的引领力是工作取得成效的根本。系统地推进理论创新，以对新时代社会发展主要矛盾和对中国特色社会主义主要任务是实现中华民族伟大复兴的精准决断，以对解决主要矛盾、坚持发展中国特色社会主义来实现人们的价值追求的明晰发展方略来指引人们，是将社会主义核心价值观理念深入社会实践与人民大众的方式。提升核心价值观传播力是当前稳固和提升社会主义核心价值观话语权的关键因素。这一方面是因为社会信息化的发展，新生的媒介载体愈加先进，这就对话语主体媒介融合的能力和水平有越来越高的要求；另一方面，在信息资源丰富的时代，话语受众的信息渠道来源众多，如何把社会主义核心价

值观理念嵌入不同的网络社群当中,如何实现分众化、对象化传播,使不同地区、不同年龄层次、不同群体的话语受众都能自愿接受社会主义核心价值观话语的魅力和吸引力,是有效实现价值引导的关键。提升话语方式创新度,多采用易于被人们接受的饱含情感和利于互动的日常话语、大众话语、现代话语、情感话语和对话话语,是社会主义核心价值观话语容易被接纳和理解的重要影响因素。而优化话语环境,进一步改善生活世界的发展条件,是提升社会主义核心价值观话语权的基础。总之,要想提高工作效果,就需要提升社会主义核心价值观话语权的各个结构要素水平及其结构要素之间的相互作用;还需要在信息化时代重点关注社会主义核心价值观话语传播力,真正把社会主义核心价值观话语传播、渗透和融入所有社会成员脑海和心田,转化成为人们的自觉追求。

三、坚持话语主体自觉和开放包容的统一

巩固和提升社会主义核心价值观话语权,一方面,是为了打破西方话语倾销局面,增进人民对中国特色社会主义的自信以及文化自觉,巩固全国人民团结奋斗的思想基础。这就需要社会主义核心价值观话语主体以高度的历史责任感、使命感,以文化自信作为精神支撑,以文化自觉和理论自觉为理论指引,在国际交流中研究话语传播规律,自觉主动传播社会主义核心价值观,努力消除外部世界对于社会主义核心价值观的错误认知和根深蒂固的偏见。另一方面,巩固和提升社会主义核心价值观话语权,还在于坚持对外开放,挖掘、吸收和借鉴人类文明的先进和有用成果,汲取世界文明成果丰富和充实自身,并与世界文明交流交融,推动世界文明进程。文明的发展是不断地吸收外来文明发展自身的结果。只有坚持相互包容、尊重差异、包容多样,才不会故步自封,走向僵化和自我封闭。而以社会主义核心价值观为引领,又有助于形成广泛的社会认同,尊重和维护世界多样性,在广泛参与世界文明对话中推动人类文明进程。坚持主体自觉原则,同时又要秉承包容开放原则,为世界不同文明的交流打开一扇窗口,进而增进不同文明之间的相互了解、相互理解、促进国家关系良性发展、推动世界和平发展。

坚持主体自觉原则,并不是为了像西方那样谋求话语霸权,通过向全球

兜售和倾销自己的价值观，以自己的价值观作为评判其他国家发展实践的绝对标准。我们既要在世界上发出自己的声音，又要在世界多元文化和文明当中坚持"和而不同"，最终实现"各美其美，美人之美，美美与共，天下大同"①，不同文明在交流互鉴中推动人类文明进步与世界和平发展。因为文明的"和而不同"是源于世界文明是多彩的、平等的和包容的现实。"和而不同"，出自西周末年史伯之语，"和实生物，同则不继"②，"和"表示事物多样性的统一，"同"指无差别的单一事物，如果不能与其他事物相"和"，就无法产生新的事物来。人类在漫长的发展历程中，创造出多彩的文明，当代文明的交流互鉴不应该是独尊某一种文明或者贬损某一种文明。多彩文明之间交流互鉴，才能"让各国人民享受更富内涵的精神生活，开创更有选择的未来"③。不同的文明是平等的，孕育着不同的价值观念。要了解不同文明，就要秉持平等和谦虚的态度。文明是包容的，每一种都有其独特的特点，都值得尊重和珍惜。只有秉持包容精神，才能消除"文明的冲突"，实现文明的和谐共存和共生发展。

第二节 提升社会主义核心价值观话语权的策略建议

稳固和提升社会主义核心价值观话语权是一项长期而艰巨的历史任务。要采取强化话语主体的话语权"自觉意识"④和提升话语能力，推动不同话语体系的协调统一和互动转换，坚持核心价值观话语传播文化路径来促进知行统一，进一步提升社会主义核心价值观话语嵌入力和国际感召力，以对人民美好生活需求的满足进一步优化话语环境等应对策略，使稳固和提升社会主义核心价值观话语权工作进一步取得实效。

---

① 费孝通：《"美美与共"和人类文明》(上)，《群言》，2005年第1期，第17-20页。
② 郝士钊：《中国先哲智慧全书》，北京：中国城市出版社2011年版，第12页。
③ 习近平：《习近平谈治国理政》，北京：外文出版社2014年版，第259页。
④ 黄冬霞：《网络意识形态话语权研究》，博士学位论文，电子科技大学，2017年，第192-193页。

第五章 提升社会主义核心价值观话语权的基本原则与应对策略

一、强化话语主体的话语权自觉意识和话语协同作用

核心价值观是中华民族独特的"精神标识",社会主义核心价值观是中国特色社会主义成功实践的"价值表达",展示了强大的"道义力量"①。当一个国家离开了核心价值观,其在世界历史当中的存续就会成为严峻的问题。当代世界,不同意识形态的纷争,不同思想文化的交流、碰撞、交锋背后根本上展现的是不同价值观之间的竞争。话语权已经走向了价值观交锋的前沿。这就要求我们努力提升话语权自觉意识,增强话语权斗争长期性和艰巨性的思想准备,另一方话语主体要努力增强自身话语能力,增进价值观自信,维护和捍卫社会主义核心价值观。

(一)提升新时代话语权自觉意识

党的十八大报告中,习近平总书记号召全党要进行新的伟大斗争。伟大斗争,是指关乎国家独立、民族解放、人民幸福和自由发展的重大事件。近代以来,中国共产党领导人民进行了从站起来、富起来再到强起来的伟大斗争。新时代我国强起来的伟大斗争面临着新的历史形势,出现了新的特点,迫切要求我们在社会主义核心价值观传播中提升新时代话语权自觉意识。

从国际形势来说,世界处在大发展、大变革、大调整时期,两种社会制度力量对比出现了崭新的态势,资本主义正处于世界资本主义发展长周期的"衰退期",我国的中国特色社会主义发展处于"世界社会主义发展长周期的上升期"②,力量格局的变化使世界发展的不稳定性、不确定性的因素日渐增多,处于衰退期的资本主义势力对我国发展道路和发展理念所进行的渗透、诋毁、遏制不会停止,捍卫社会主义核心价值观话语权的斗争将具有长期性的特点。有学者指出,西方国家依托信息化时代全球"互联网+"平台,成立专门的价值观输出机构,设计否定马克思主义指导思想、否定党的领导和社会主义制度、解构我国核心价值观的议题,以兜售西方所谓的"普世价值"、歪

---

① 戴木才:《论坚定社会主义核心价值观自信》,《马克思主义研究》,2018年第8期,第72-80页。
② 中国社会科学院世界社会主义研究中心:《世界社会主义跟踪研究报告(2016—2017)——且听低谷新潮声(之十三)》,北京:社会科学文献出版社2017年版,第171-181页。

曲中国发展道路。① 如面对中国日益增长的影响力，西方学者不惜歪曲事实，企图继续以"歪理邪说"钳制中国。隶属于美国国家民主基金会的学者频繁炒作"锐实力"概念，歪曲中国"扭曲信息，操纵受众"。可以说，敌对势力散布西方错误思潮、污蔑我国社会主义核心价值观、歪曲我国国家形象、扰乱社会主义秩序、颠覆社会主义政权的图谋从来没有停止，我们必须对社会主义核心价值观话语权建设的长期性有清醒的认识。

从国内形势来说，我国处于经济转型升级的转折点，社会主义核心价值观话语权建设的复杂性正在加深。全面深化改革的道路上利益格局多元、矛盾交织，不同群体的思想共识凝聚难度有所增加；而某些社会主义核心价值观践行主体的公信力却有信任赤字，不能取信于民，在新时代的历史任务要求和日新月异的传播格局面前"能力赤字"凸显，无法取信于民；社会主义核心价值观传播过程中，仍存在少数舆论阵地对重大问题认识模糊、宣传内容偏离正确导向的情况，对新兴媒介传播阵地的运用没有达到理想的效果。可以说，新时代的伟大斗争要求我们自觉增强话语权意识，增强提升社会主义核心价值观话语权工作的主动应对意识，努力做到有所作为，围绕"两个坚持""两个维护"核心主题服务。"两个坚持"，就是自觉坚持党的领导和社会主义制度；"两个维护"，就是坚决维护习近平总书记党中央的核心、全党的核心地位，坚决维护党中央权威和集中统一领导。要同一切否定"两个坚持"，否定"两个维护"的思想和言行做坚持不懈的斗争，为深化改革、破除顽瘴痼疾、克服各种风险和挑战进而实现中华民族伟大复兴和人民幸福开辟道路。可以说，提升社会主义核心价值观话语权工作的艰巨性、复杂性都前所未有。我们要增强话语权意识，既要反对急于求成、轻视困难和挑战的思想和行为倾向，也要反对贪图享受、消极懈怠、回避矛盾的思想和行为倾向，做好付出长期、艰苦努力的思想准备。

(二) 提升话语主体的话语协同作用

话语主体从整体上说要进一步提升对社会主义核心价值观的科学认知和

---

① 韩庆祥、张健：《当代中国意识形态驱动战略的实施路径》，《中共中央党校学报》，2017年第4期，第73-78页。

第五章 提升社会主义核心价值观话语权的基本原则与应对策略

理解能力,从文化自信走向价值观自信,维护捍卫、传播和弘扬社会主义核心价值观。文化的核心是价值观,文化自信的根本是价值观自信。价值观自信,就是指"主体对价值观的充分认可,对价值原则、价值取向和价值目标持有的坚定信念"①。只有树立具有坚定的价值观自信才能为构建社会主义核心价值观话语权提供坚实的主体性基础。主体的价值观自信来源于坚定的理想信念,这就要在科学的理性认知过程中树立起来,在社会全面发展的实践感受中得以增进情感认同并加以巩固强化。因此,要加强马克思主义经典著作研读,把握人类历史发展规律;通过对西方著作文献的学习梳理,把握其理论的历史贡献和历史局限;通过学习我国传统文化经典,把握将其创造性转化来适应新时代发展的必要性,就会在比较和鉴别中获得对科学价值观念的理性认知,增进社会主义核心价值观自信。经济社会发展带给话语主体自由和全面发展的机会,提高自由和发展的能力,使每一个人都有人生"出彩"的机会。在世界各国发展的共时态比较以及我国自身发展历时态的比较中,我国发展优势的充分显现将会带给话语主体高度的情感认同,使社会主义核心价值观自信得到巩固升华。话语主体不仅要坚持价值观自信,还要维护捍卫、传播和弘扬社会主义核心价值观。当今世界各国价值观的传承并非在真空进行,而是存在着激烈的冲突和碰撞。西方国家正在竭力运用其文化霸权和信息霸权向其他国家兜售其价值观,运用"西化""分化"图谋歪曲诋毁我国人民发展的精神支柱,市场经济负面影响催生心理失衡和不良心态,一些人极端个人主义畸形发展,社会生活中还存在迷信、愚昧和颓废的落后文化等,这些都构成对社会主义核心价值观话语的冲击。因此,仅有个体具有价值观自信是远远不够的。话语主体要用明确的话语权意识,用坚定的话语表达维护和捍卫自己信奉的科学价值观;在面对异质价值观的歪曲诋毁时,要勇于交锋论辩,在话语争锋中表明我国社会主义核心价值观的科学魅力;在背离社会主义核心价值观的思想和言行面前,要及时清晰地表明科学的价值立场和正确的价值导向,这样才能形成弘扬赞美社会主义核心价值观话语的主导性

---

① 刘勇、方爱东:《当代中国主流价值观话语权建构的四个维度》,《学术论坛》,2016年第6期,16-20。

的舆论环境，引导更多人认可和信仰社会主义核心价值观。

从不同层次的话语主体来说，要秉持"先进性和广泛性"①结合的原则，形成和强化不同主体的协同作用。有学者指出，党和政府、知识分子、党员干部和人民群众分别承担着倡导和推行、研究和阐释、榜样和示范、遵循和践行的作用，既有所侧重，又相互联系和相互促进。② 这些话语主体发挥协同作用力，协同奏响社会主义核心价值观话语的大合唱。党和政府是最主要的倡导和推行者。政府行为对核心价值观念的确立具有"权威效应"③。这已经为世界各国历史发展所一再证明。启蒙运动时期的资本主义各国均是用政治文件确立起"自由""平等""人权"等核心价值观念。英国1689年《权利法案》、法国1789年《人权宣言》和美国1791年"人权法案"分别都以法律的形式对本国所尊奉的价值观念加以确认。社会主义核心价值观作为我国社会的主导价值观，它的倡导推行首先是一种国家行为。党和政府注重从顶层设计，以利益共享的制度安排、以宣传教育的具体政策等担当起推行和倡导的责任。2013年中央办公厅发布了《关于培育和践行社会主义核心价值观的意见》。指出了提升社会主义核心价值观话语权的意义、原则、途径和方法。2015年中宣部等部门印发《培育和践行社会主义核心价值观行动方案》，对经济社会发展各领域的30多项重点任务进行了部署，促进了社会主义价值观话语日常化。2018年中共中央印发了《社会主义核心价值观融入法治建设立法修法规划》。这一新规划实质是开启了社会主义核心价值观话语的法治化进程，将对新时代的核心价值观话语权提升工作带来不可估量的积极影响。知识分子是人类文明的重要传承者和践行者，是社会主义核心价值观话语的研究和阐释者。④ 马克思主义者历来重视知识分子的作用，认为无产阶级政论家是群众掌握和运用理论改造世界的桥梁和中介。葛兰西非常重视"有组织的知识分

---

① 《江泽民文选》第三卷，北京：人民出版社2006年版，第89页。
② 方爱东、范世珍：《当代中国主流价值观话语主体的身份担当》，《湖北社会科学》，2017年第4期，第185-190页。
③ 陈新汉：《社会主义核心价值体系价值论研究》，上海：上海人民出版社2008年版，第58页。
④ 方爱东、范世珍：《当代中国主流价值观话语主体的身份担当》，《湖北社会科学》，2017年第4期，第185-190页。

第五章 提升社会主义核心价值观话语权的基本原则与应对策略

子"①的作用,认为他们是进行意识形态转换、批判资本主义意识形态和传播新意识形态,做好无产阶级核心价值观传播工作的重要力量。知识分子尤其是我国各级各类智库要通过自身的学术素养和历史责任感,对中国特色社会主义的成功实践做出具有中国风格和中国气派的话语概括,向世界贡献出中国的"价值理念"。知识分子及其理论智库只有对社会主义核心价值观话语做出有力理论阐释,才能履行好、弘扬好社会主义核心价值观话语的使命。同是,我们要以党员和干部为先锋,引领和带动社会形成优良风气,巩固党和政府的公信力,加快增进司法组织话语公信力以及媒体的话语公信力的步伐。党员和干部是无产阶级队伍中的先进分子,是各行各业的骨干力量,是社会主义核心价值观话语的榜样示范者。习近平强调,"伟大时代呼唤伟大精神,崇高事业需要榜样引领"②。榜样的力量是无穷的,他们的言行代表着新时代社会主义核心价值观的价值导向,对凝聚发展的精神力量、引领积极向上的社会风尚起到良好的榜样示范作用。新时代涌现出了舍己救人、英勇守护学生的人民教师张丽莉,献身国防、战斗不息的科学院士林俊德,甘受清贫、守护国防的海岛战士王继才等先锋模范人物,他们有力倡导和传播了社会主义核心价值理念。我国各地区、各单位、各社区的党员干部,都应当主动亮出自己社会主义核心价值观话语榜样示范者的身份,以自己的言行做社会主义核心价值观念的最好诠释。新闻宣传舆论部门的党员干部,要坚持党性原则,以清醒的头脑和坚定的态度传播正确舆论导向,积极反映人民建设美好生活的伟大实践,以明确的"定位意识",以不同的、专业化的信息来满足分众化、差异化的受众需求,要注重信息发布"首发效应",抢占话语先机和舆论制高点,实现舆论引导"时、度、效"③要求,团结党外新媒体从业人员和网络名人,发挥其引导舆论正面作用等。司法部门的党员干部要以其自身的先锋模范作用,做党规国法的严格践行者,带动和引领形成优良的行业风气,增进司法组织的话语公信力,激励和引导更多的人唱响社会主义核心价值观话语。人民群众是践行社会主义核心价值观的基础性力量。微躯也能显光辉。

---

① 俞吾金:《何谓"有机知识分子"?》,《社会观察》,2005年第8期,第45页。
② 习近平:《习近平谈治国理政》,北京:外文出版社2014年版,第159页。
③ 习近平:《习近平谈治国理政》第二卷,北京:外文出版社2017年版,第333页。

各行各业涌现出的爱国、敬业、诚信、友善的平凡人物,体现了人们认同、社会崇尚和时代呼唤的社会主义核心价值导向,普通个体用自身的高尚品格温暖人心、感动社会,形成了社会主义核心价值观话语传播的良好社会氛围。不同层次的话语主体发挥协同作用力,将有力推动社会主义核心价值观话语传播和践行。

二、推动不同话语体系的协调统一和互动转换

有效应对新时代具有新的历史特点的伟大斗争,需要抓紧做好稳固和提升社会主义核心价值观话语权工作。首先,以"理论自觉"锻造以马克思主义意识形态思想体系为灵魂的中国哲学社会科学;其次,形成以核心概念为支撑的学术体系和话语体系;最后,还要努力实现话语的互动转换,提升社会主义核心价值观话语的吸引力、感染力、说服力。

(一)坚持"理论自觉",锻造以马克思主义意识形态思想体系为灵魂的中国哲学社会科学

"理论自觉"是由"文化自觉"发展而来。"文化自觉"是我国著名社会学者费孝通1997年提出的命题,是指"生活在一定文化中的人对其文化有'自知之明',明白它的来历,形成过程,所具的特色和它发展的趋向"[①]。"文化自觉"是当今世界的共同要求。当前世界大变革,中华文明也面临重大转型,要求我们要对文化有自知之明,既要挖掘和提升中华民族优秀历史文化的当代价值,又要处理好与其他文化之间的关系,实现有文化发展的自主能力和取得新时代我国文化选择中的自主地位的"双重自主"[②]目标。"理论自觉"是对文化自觉的一种形式和具体支持。理论作为文化的反映,又是文化的系统性凝练概括。我国社会学者郑杭生在2009年基于"文化自觉"提出了"理论自觉",力求将社会学理论的自主性发展同整体性的中国文化发展相结合,探索文化自觉在学科层面的基础。他提出了世界眼光与中国气派兼具的学科"理论

---

① 费孝通:《反思·对话·文化自觉》,《北京大学学报(哲学社会科学版)》,1997年第3期,第15-22页。

② 费孝通:《反思·对话·文化自觉》,《北京大学学报(哲学社会科学版)》,1997年第3期,第15-22页。

第五章 提升社会主义核心价值观话语权的基本原则与应对策略

自觉"目标,提出了"应对'人类困境'和国内发展挑战做出理论概括、对'传统资源'进行理论开发、对'西方学说'做出理论借鉴、对中国经验做出自己的理论提升"①的途径,对中华文化及其内蕴的价值观念的理论升华也同样具有借鉴意义。

文化的核心是价值观念,价值观念的绵延传承要以一定的思想理论体系作为理论支撑。马克思主义意识形态思想体系作为社会主义核心价值体系以至社会主义核心价值观的"精髓",是社会主义核心价值观起主导和决定作用的方面,马克思主义意识形态思想体系的发展更是需要"理论自觉",既不能是对传统文化的简单"摹写",不能是他国经验的"照搬照抄",更不能成为国外思想体系的"搬运工"。有学者强调,要加强"理论自觉",对我国学术场域"理论欠缺""理论失语"的局面进行反思,促进学术繁荣。② 习近平 2013 年 8 月 19 日在全国宣传思想工作会议上指出,要引导人们全面客观认识当代中国、看待外部世界,要努力讲清楚我国发展道路的中国特色,其中蕴含的中华民族与众不同的精神追求,我国拥有的优秀传统文化和深厚发展基础等思想,为发展我国哲学社会科学指明了方向。在 2016 年 5 月 17 日哲学社会科学工作座谈会上,习近平寄语我国哲学社会科学工作者,提出了要"着力构建中国特色哲学社会科学"③的任务。马克思主义意识形态思想体系要永远保持先进性、时代性、吸引力,就要善于"从实求知",立足中国实践,寻找中国道路,总结好中国具有发展优势的经验,在实践中丰富和发展马克思主义。改革开放以来,中国特色社会主义发展成就日益引发国际社会对中国发展道路、中国理论和中国制度的关注,我国的实践经验,是构筑中国特色哲学社会科学的实践源泉。我们党坚持理论创新,在深入回答了关于社会主义建设、执政党建设和社会主义发展等重大课题基础上,党的十八大以来,以习近平同志为核心的党中央对新时代中国特色社会主义做出了新的时代解答,提出了实现中华民族伟大复兴"中国梦"、建设社会主义现代化强国的总任务,提出

---

① 郑杭生:《促进中国社会学的"理论自觉"——我们需要什么样的中国社会学?》,《江苏社会科学》,2009 年第 5 期,第 1-7 页。
② 文军:《理论自觉与学术场域的再反思:对当前中国哲学社会科学研究的几点思考》,《哲学社会科学学术话语体系建设》,武汉:武汉大学出版社 2016 年版,第 331 页。
③ 习近平:《习近平谈治国理政》第二卷,北京:外文出版社 2017 年版,第 338 页。

了坚持"四个全面战略"、贯彻"五大发展理念"、推进"五位一体"中国特色社会主义总体布局，明确了必须坚持中国共产党领导等新思想和新论断，引领经济社会发展取得了历史性成就，并且推动了世界社会主义运动向前发展，是"服务于21世纪的马克思主义"①。这些理论的创新既离不开哲学社会科学的指引，反过来又为建立和创新具有中国特色的哲学社会科学奠定了深厚的理论基础，也为国家未来的经济社会发展提供了价值指向。

（二）推动理论创新，形成以核心概念为支撑的学术体系和话语体系

价值观是以一定的意识形态为理论支撑的。意识形态作为反映一定社会利益群体价值追求的系统性思想观点，总是由以实质内容的理论学术观点和以表述形式的话语体系来体现的。如中国封建社会的意识形态适应了自给自足的农业社会，形成了以"三纲五常"为核心的价值观，是通过"仁""义""礼""智""信"等一系列核心概念来支撑，并通过广泛传播诸如"克己复礼为仁"②（《论语·颜渊》）、"君子喻于义，小人喻于利"③（《论语·里仁》）、"礼之用、和为贵"④（《论语·学而》）、"温故而知新"⑤（《论语·为政》）、"人而不信，不知其可也"⑥等（《论语·为政》）等话语体系来加以体现，至今仍有深远的影响。资本主义意识形态以绝对的个人主义和利己主义为核心，发展出以所谓的"自由、平等、博爱"为核心的学术观点，宣扬所谓的"自由、民主、人权"等价值观，形成了"贸易自由""私有化""竞争性民主""选举民主""普世价值"等话语体系。以西式民主话语为例，西方民主发端于古希腊的平民统治，本意是人民的统治。在中世纪沉寂千年后，才又在西方国家发展起来。资本主义"民主"价值观念曾经在反宗教神学和反封建专制的斗争中主张肯定人的力量，起到了变革世界的价值先导和理论推动作用，具有历史的积极意义。但当资产阶级掌握政权以后，就撕下和无产阶级"共享"政权和发展权利的伪

---

① 季思：《习近平新时代中国特色社会主义思想是21世纪的马克思主义——中联部纪念马克思诞辰200周年专题研讨会综述》，《毛泽东邓小平理论研究》，2018年第6期，第80-81页。
② ［春秋］孔丘：《论语》，长沙：岳麓书社2000年版，第106页。
③ ［春秋］孔丘：《论语》，长沙：岳麓书社2000年版，第32页。
④ ［春秋］孔丘：《论语》，长沙：岳麓书社2000年版，第5页。
⑤ ［春秋］孔丘：《论语》，长沙：岳麓书社2000年版，第12页。
⑥ ［春秋］孔丘：《论语》，长沙：岳麓书社2000年版，第15页。

第五章 提升社会主义核心价值观话语权的基本原则与应对策略

装,以暴力的"步兵、骑兵、炮兵"①来扼杀无产阶级的正当民主诉求。资产阶级以私有制为基础来巩固资本主义民主制度,当今资产阶级民主发展出"选举民主""精英民主""竞争性民主"等话语体系,并日益程序化、形式化,选举过程需耗费大量金钱,使其日益沦为"金钱"政治,"民主"蜕化为以财富为基础的寡头政治,党派之间的互相倾轧催生国民分裂、滋生民粹主义。西方民主日益陷入"政治衰败"②,但西方国家却仍不忘积极向世界上其他国家兜售其"民主"价值观。

中国特色社会主义民主政治则走出了一条适合中国国情的发展道路。新中国成立和发展的进程中,我国为保障人民当家作主,首先以公有制为基础建立起社会主义经济制度,从根本上保证全体人民具有平等的民主权利。我国发展中国特色社会主义民主坚持党的领导、人民当家作主和依法治国的有机统一,通过中国特色的国体、政体、政党制度和基层民主以及民族制度来保障和发展民主价值观。与西方的选举式民主相比,我国的民主日益显现出协商民主和"贤能政治"的特点。我们坚持人民当家作主,坚持"没有民主就没有社会主义,就没有社会主义的现代化"③,"人民民主是社会主义的生命"④,坚持完善中国特色社会主义民主政治制度,坚持以协商民主等形式丰富社会主义民主的实现形式。协商民主避免了西方"竞争性选举"和"选举民主"带来的利益分化、矛盾尖锐和人民分裂的弊端,具有兼顾各方利益,促进共同利益形成,提高决策效率的明显优势。这对于后发国家来说,是集中国家力量迅速发展现代化事业,实现对资本主义先进技术赶超战略的重要制度支撑。此外,我国社会主义民主政治日益显现出"贤能政治"⑤的优势。西方"竞争性选举"制度下,人们对选举的热情普遍不高,有限参与的选民实质上并不能真

---

① 《马克思恩格斯文集》第二卷,北京:人民出版社2009年版,第509页。
② [美]弗朗西斯·福山:《政治秩序与政治衰败——从工业革命到民主全球化》,毛俊杰译,桂林:广西师范大学出版社2015年版,第23页。
③ 《邓小平文选》第二卷,北京:人民出版社1994年版,第168页。
④ 胡锦涛:《高举中国特色社会主义伟大旗帜 为夺取全面建设小康社会新胜利而奋斗》,《求是》,2007年第21期,第3-22页。
⑤ [加]贝淡宁:《贤能政治——为什么尚贤制比选举民主制更适合中国》,吴万伟译,北京:中信出版社2016年版,第53页。

正代表全体选民的利益;人们对选举缺少热情,给那些宣扬极端民族主义,甚至是毫无政治经验和国家治理经验的"政治素人"和"庸才"以可乘之机。而我国人民代表大会的制度设计,坚持以直接选举和间接选举相结合,是以德才兼备为标准选拔被选举人的。我国的民主价值理念实现了民主全民性和维护人民利益的阶级性的统一,实现了以经济为基础和以适合中国国情的制度设计的政治上层建筑的统一,实现了对资本主义"民主"价值观的超越。围绕着公有制、协商民主和贤能政治等核心概念的学术体系,还需进一步系统性梳理我国与民主制度发展相关的学科体系,如哲学、政治学、经济学、法学、历史学等,实现以中国特色社会主义民主价值观为指引,发展出以具有民族性、主体性、原创性和时代性的民主学术话语体系为支撑的学科体系来,为今后提升社会主义核心价值观话语权工作提供理论指引与支持。

(三)以大众化为方向,实现向日常话语、大众话语、对话话语、情感话语的互动转换

社会主义核心价值观话语要想更广泛和更好地被人们接受,在解决话语民族性、主体性、原创性和时代性等问题,构建中国特色中国风格中国气派的话语体系后,还要适应人民群众的思维和语言习惯,实现严肃的官方话语、深奥的学术话语、缺少沟通的独白话语向比较容易被人们所接受的日常话语、大众话语、对话话语、情感话语的互动转换。"中国梦和我的梦"大众话语的广泛传播和讨论,反映出我们的民族复兴梦想已经从政治话语和学术话语进入了自我层面,实现了向日常话语、大众话语的转化。再如"爱国"价值观话语的传播,"爱国主义"的学术话语、"精忠报国"的传统话语在新时代也要有贴近生活、贴近人民的表达形式。"撤侨行动"的相关话语传播就赋予了爱国以新鲜的话语表达。人民的利益就是党和政府的关切,人民的需要就是民选政府的方向。在海外同胞人身安全和利益遭受严重威胁、翘首以盼急需救援的关键时刻,中国政府及时发出了"祖国母亲接你回家"的坚定承诺,集中展现了祖国对人民利益的关切和维护。被救同胞"没有和平的年代,只有和平的国家"的感恩言语和"跪地亲吻祖国土地"的举动,深深地激荡着每一位国人的爱国情感。以撤侨行动为原型记录和拍摄的纪录片和影视作品,受到了人们的广泛欢迎和肯定。源于生活的爱国价值观话语在多种媒介中广泛传播,形成了具有强大视觉冲击力和情感冲击度的效果,极大增强了提升了爱国价值观话语权。

三、坚持核心价值观话语传播文化路径以促进知行统一

文化是国家民族生存繁衍的重要力量,是民族生存方式的体现,是使人们在丰富的文化产品、连贯的教育活动、多样的文化活动和刚性的制度文化中自觉接受、认同和践行社会主义核心价值观的重要力量。发展文化是各国政党向世人公开树立的旗帜。中国共产党一直高度重视文化建设和文化力量,党的十八大以来,进一步提出要"用中华民族创造的一切精神财富来以文化人、以文育人"①。文化按其层次来说,核心层是精神层,就是内蕴的价值观;物质层,就是蕴含和体现价值观的文化产品;行为层,就是人们的生产生活都体现出价值观的影响,如教育活动、文化活动等;制度层,就是价值观的固化形式,是巩固价值观的制度形态。要想人们能够持久地认同社会主义核心价值观,做到知行统一,就要坚持社会主义核心价值观话语传播的文化路径,就是要运用文化的力量实现社会主义核心价值观话语的有效传播,这就需要坚持"以文化产品化人";要坚持不同层次的教育协同发挥作用,实现"以教育人";要坚持社会主义核心价值观话语传播生活化,坚持"以文化活动育人";坚持社会主义核心价值观话语制度化、法治化,"以制度文化育人"。使人们在持之以恒的丰富的文化生活、教育活动、日常生活和制度文化中做到知行统一,自觉认同和践行社会主义核心价值观。

(一)坚持社会主义核心价值观话语"文艺化",坚持"以文化产品化人"

"以文化人",由《易·贲·象传》中所云"观乎天文以察时变,观乎人文以化成天下"②演变而来,现主要指用优秀的先进的文化进行熏陶和滋养,来完成人的素养的提升,进而促进和实现个人、国家和社会的全面发展。"以文化人"首要的是要坚持把"为人而化"放在首位。"为什么人的问题,是一个根

---

① 习近平:《习近平谈治国理政》,北京:外文出版社2014年版,第164页。
② 《周易》,宋祚胤注译,长沙:岳麓书社2001年版,第111页。

本的问题，原则的问题"①。习近平强调，要坚持"以人民为中心"②的导向创作优秀作品。人民，现阶段包括工人阶级、农民阶级、知识分子、新社会阶层等在内的广大人民都是中国特色社会主义事业建设者，这些人民就是"以文化人"的根，就是"以文化人"的源。文化发展要把满足人民的需求、反映人民的心声作为根本目的，把人民作为文化发展和创造的动力源泉。这就要求自觉抵制为"利"而化的错误倾向，坚持将社会效益摆在首位，坚守"为人民而化"的根本方向。为此，要以牢固的"人文之维"构筑起"以文化人"的价值基石。③ 追求"人文之维"，文化中要展现出对真善美的追求，关注人的精神世界，尊重生命的价值，发挥先进文化启迪心智、增进本领的教化作用，启动意志、生成信念的感化作用，愉悦身心、陶冶情操的美化作用以及内化于行、付诸行动的转化作用。

当前，"以文化人"就是要坚持做优秀的文化产品，"以文化产品化人"。国家层面，党和政府要出台有关鼓励文化发展和加快文化治理的方针政策，对污染人们精神生活的文化现象进行监督管理。习近平2014年10月15日在文艺工作座谈会上，提出要"以充沛的激情、生动的笔触、优美的旋律、感人的形象创作生产出人民喜闻乐见的优秀作品"④，以此来满足人们对精神文化生活的需求；在2016年11月30日中国文学艺术界联合会上，习近平提出文艺的灵魂是思想和价值观念，各种表现形式都是表达思想和价值观念的载体。文艺的性质决定它必须要把反映时代精神作为自己的神圣使命。他提出"坚定文化自信，用文艺振奋民族精神"⑤，强调要创造出以社会主义核心价值观念为灵魂的优秀文艺作品，为中国人民和中华民族不断前行提供激励力量。这些思想为发展出具有我国特色和风格的文化作品提供了理论指导和思想指南。社会层面，要为"以文化人"创造出具有鲜明民族特点与个性、反映新时代巨大变迁和人民需求的优秀作品来振奋民族精神。我们的文学、戏剧、电视、

---

① 《毛泽东选集》第三卷，北京：人民出版社1991年版，第857页。
② 习近平：《习近平谈治国理政》第二卷，北京：外文出版社2017年版，第314页。
③ 林洁：《以文化人的人文之维》，《思想政治教育研究》，2017年第6期，第131-135页。
④ 习近平：《习近平谈治国理政》第二卷，北京：外文出版社2017年版，第315页。
⑤ 习近平：《习近平谈治国理政》第二卷，北京：外文出版社2017年版，第349页。

电影、舞蹈、音乐、书法、摄影、曲艺、美术以及群众文艺等各领域要植根人民创造美好生活的伟大实践，讴歌人民奋斗创造美好人生的追求，刻画各行各业展现出的勇敢、正义、勤劳、敬业、无私的品质和爱国的高贵情感。既要刻画英雄人物、模范人物，让英雄在文化作品中得到弘扬和礼赞，引导人民树立起正确的历史观、民族观和国家观以及文化观，也要刻画普通的平凡人物，不断进行美德的发现和创造，讴歌人们奋斗的人生，坚定人们对美好价值观念的信心。

（二）推进社会主义核心价值观话语"进教材、进课堂、入头脑"，坚持"以教育人"

人的成长是一个不断接受文化熏陶，从自然人不断走向社会人的过程。"化"，从甲骨文来看，是由两个相背而立的人构成，左边的人正立，右边的人倒立，表示会颠倒变化之义。《说文解字》中，对"匕部"的"化"解释为："化，教行也。从匕，从人，匕亦声。"[①]可以看出，"化"原来是变化之义，引申为教化。"化"的特点在于，它是渐进地过程，在时间的流变中逐步得以呈现。"以文化人"强调要在时间的流变中渐进地实现"化"之作用，这就要求"以文化人"尊重人的社会化过程的客观规律，需要尊重人的社会化过程，由不同层次的文化教育协同来实现"以教育人"的作用。人的社会化是贯穿人生始终的长期过程。人的社会化过程并非单一个体所能独立完成，而是要依托不同层次要素的合力作用。如果不同层次的教育要素之间不能形成合力，就容易造成个体对宣传话语的疑惑。为此，就要牢牢把握"以文化人"的层次性[②]；牢牢把握不同层次"以文化人"的协同性。

各级各类教育机构，要承担好优秀文化传播者责任。家庭层次，重视其人的社会化"第一学校"的地位，以品德教育为核心，以优良的家训、家教、家风推动形成文明的新风尚。义务教育阶段和高中教育阶段社会主义核心价值观话语认知培育，要遵循学生成长规律，以学生身边可见和感到亲切的事实来培育起其对社会主义核心价值观的情感和良好的行为习惯，把践行社会

---

① 张章主编：《说文解字》(上)，北京：中国华侨出版社2012年版，第66页。
② 秦在东：《正确认识"以文化人"的层次性与复杂性》，《思想教育研究》，2015年第11期，第24-26页。

主义核心价值观作为一种人生态度,并在丰富的校园文化活动和社会实践活动中加以巩固。大学阶段作为学生世界观、人生观和价值观形成确立的关键节点,就尤其需要以社会主义核心价值观的真理力量、实践力量、精神力量和道义力量来引领学生。理论上讲清楚社会主义核心价值观与其他形形色色价值观的分野,讲清楚社会主义核心价值观与我国优秀传统文化的渊源和与马克思主义的关联,讲清楚社会主义核心价值观与我国国情和人民意愿的高度一致,用马克思主义中国化最新成果来武装学生头脑。用中国"探索前行的进程、真抓实干的进程、共同富裕的进程、中国走向世界、世界走向中国的进程"①的伟大实践来鼓舞激励学生,让学生更为清楚地认识我国取得的伟大历史成就。要用融入中华民族基因的中华民族优秀传统文化成果感染教化学生,用中国革命建设和改革中凝结的"井冈山精神""长征精神""西柏坡精神""大庆精神""'两弹一星'精神""载人航天精神"等来感染激励学生。要用中国为世界人民谋福祉的大国担当精神来感染学生,使学生深刻领会社会主义核心价值观具有的道义力量,从而把高校建设成为传播先进文化和社会主义核心价值观的关键阵地。个体层次,个体的觉醒和主动参与是实现"以文化人"的根本。主体要增强自我教育的自主性,培育善于思考的理性思维能力,挖掘和感悟文化经典,主动加以内化。不同层次的教育活动协力坚持"以教育人",才能够形成教育的合力,在潜移默化中引导人们持久地理解和认同社会主义核心价值观,巩固好社会主义核心价值观话语权。

(三)推进社会主义核心价值观话语生活化,"以文化活动育人"

不仅需要在内容上用优秀的先进文化来对人民进行熏陶和滋养,还需要在文化生活中充分运用潜移默化、润物无声的形式来实现"以文化人"的作用,使人们在持续不断的"以文化人"中实现对社会主义核心价值观的认知、亲近、认同和践行。中华文明绵延发展几千年,在世界上都发挥着深远影响,就是源于中华文化的内在力量。习近平指出:"古往今来,中华民族之所以在世界有地位、有影响,不是靠穷兵黩武,不是靠对外扩张,而是靠中华文化的强大感召力和吸引力。""阐释中华民族禀赋、中华民族特点、中华民族精神,以

---

① 习近平:《中国发展新起点,全球增长新蓝图》,《人民日报》2016年9月4日,第3版。

第五章 提升社会主义核心价值观话语权的基本原则与应对策略

德服人、以文化人是其中很重要的一个方面。"①"以文化人"为我们提供了育人的重要方法论指导，强调要运用人们熟知的文化现象，在生活化的事件中潜移默化施加影响、规范和育人的作用。② 晚明儒家学者王艮主张，"百姓日用即道"③，指出百姓日常生活的原则就是理想的生活原则。习近平也指出："一种价值观要真正发挥作用，必须融入社会生活，让人们在实践中感知它、领悟它。"④学者李本乾的"阶梯议程"理论提醒我们，鉴于互联网的发展尤其是手机自媒体的兴起带来的"人人皆有麦克风"传播景观，国家议程必须克服渗透进入异质化、多元化、注意力分散的个人议程的困难。社会主义核心价值观的话语内容作为对现实生活的表达，要依靠日常生活中的每个人在实际生活中践行。"以文化人"需要充分运用人们在实际生产生活中凝练的传统文化节日的力量，充分运用市场经济发展的力量，充分运用红色仪式的力量，持之以恒，久久为功，来实现社会主义核心价值观话语的传播与弘扬。

要善于运用传统文化节日力量来育人。中国人民在几千年的生产发展过程中，形成了诸多带有特殊中国传统文化元素的节日。如中国人最为注重的春节就体现着我们追求团圆、和谐、幸福的美好追求。在传统文化节日来临之际，既要通过文艺汇演、新闻宣传、集体活动等形式营造出弘扬幸福、和谐价值观的浓厚氛围，也要通过对坚守在春节岗位、维护国家安全和生产生活秩序的人们的报道宣传，让爱国、敬业等价值观元素得以鲜活和凸显，让人们更为真切体会到幸福和谐来自人们齐心协力的奋斗。要善于运用市场经济的力量来育人。挖掘出优秀传统文化蕴含的社会主义核心价值观元素，创造出新的电影、电视、小说、绘画、饮食、服饰等作品，以专利授权的物质激励和经济效益的刺激来吸引更多的人投入社会主义核心价值观话语再创新的道路上来，吸引更多的人在观看、使用丰富多彩的艺术作品中接受蕴含社会主义核心价值观元素的文化熏陶，成为社会主义核心价值观的坚定践行者。充分运用红色仪式的力量来塑造人。如 3 月 5 日学雷锋活动，已经化为亿万

---

① 习近平：《在文艺工作座谈会上的讲话》，北京：人民出版社 2015 年版，第 3 页。
② 王振：《习近平"以文化人"思想探析》，《思想理论教育导刊》，2018 年第 1 期，第 32-37 页。
③ 郝士钊：《中国先哲智慧全书》，北京：中国城市出版社 2011 年版，第 281 页。
④ 习近平：《习近平谈治国理政》，北京：外文出版社 2014 年版，第 165 页。

民众践行友善价值观的动力。有关二战胜利的相关纪念日，9月30日烈士纪念日，10月1日国庆日，12月13日南京大屠杀死难者国家公祭日等，激励着我们牢记历史，缅怀先烈，不忘国史，奋斗拼搏，强大国家，爱国价值观得到了蓬勃激发。社会主义核心价值观话语表达要做到持之以恒，久久为功。如"雷锋活动日"不是走形式主义，不是"三月来了四月走"，而是"志愿行动日日行"，这样才能使助人为乐好风尚形成常态。唯有持之以恒进行社会主义核心价值观话语传播，才能将之蕴含于千百万民众的心灵和价值实践当中，共同追求价值世界和生命意义。

(四) 推进社会主义核心价值观话语制度化、法治化，以"制度文化育人"

社会主义核心价值观作为国家主导价值观，要化为人民的价值共识，牢牢把握话语权，不仅需要"以文化人"，还要将社会主义核心价值共识传播以制度化作为保障，纳入法治化发展轨道，推动千百万民众付诸具体的价值实践。既要把社会主义核心价值观全面融入城市管理条例、行业行规、社区文明公约、公民日常行为规范、学生日常行为守则，使柔性要求贯穿于各项规章制度，也要通过全面融入乡规民约、全面融入党规党纪、全面融入国家立法，将社会主义核心价值观的要求融入以宪法为核心的中国特色社会主义法律体系，以中国特色社会主义法治体系来加以保障，为巩固提升社会主义核心价值观话语成效提供力量支持。

要全面融入固化到各地区、各行业、各部门的规章制度之中。要把社会主义核心价值观这一全体人民生产生活和工作的价值准则，以最能体现社会主义核心价值观话语丰富内涵、精神实质和实践要求的方式，全面融入贯彻在政策、规章、制度的确立、执行之中，促成人们对社会主义核心价值观逐步从理性认知、情感亲近走向自觉追求和化为具体行动的过程。道德层面的价值观要加快向制度化的转变。如诚信价值观的树立和践行，不仅要靠弘扬优秀的传统诚信话语，而且要通过信用制度的确立，形成覆盖全体社会成员的诚信体系。通过学校、银行、行政、司法等部门的联合，不断保持和持续更新个人的诚信纪录，把个人诚信和信用状况相连接，把个人信用状况同生产、生活、学习、工作、就业等相联系，以完善的诚信管理制度来推动全社会形成讲诚信、守诚信、不失信的良好社会风气和文明风尚，形成违背诚信

第五章 提升社会主义核心价值观话语权的基本原则与应对策略

人可耻、违背诚信利受损的局面,把诚信价值观有效地落到实处。社会层面和国家层面的价值观要通过具体的制度、体制、政策将之落到实处。如公正价值观不仅是古往今来人们追求的美好理想,而且是社会主义制度的首要价值。这就要求在经济领域理顺公平和效率的关系,既倡导自强创新,敬业奋斗,确保人的才能得到充分发挥,社会发展充满活力和效率,又要倡导友善互助,共同富裕,确保每一个人自由而全面发展的目标的实现。在社会领域,要从权利平等、机会平等、规则公平和程序公正的原则出发,深入推进利益保障和平衡制度,深化收入分配制度改革,完善社会保障制度、推进司法体制和法律制度的不断完善,体现和实现人们对公平正义价值观的追求。将社会主义核心价值观制度化,有助于持久地激励和形塑人们的行为,克服社会主义核心价值观培育过程中的任意性和随意性,从根本上确保和提升社会主义核心价值观话语权。

要全面融入乡规民约之中。乡规民约,是指中国古代社会中,以国家成文法规为前提,逐渐形成的调整乡村社会的自治规约。[①] 中华民族非常注重"德礼"在化民成俗方面的作用。"道之以德,齐之以礼"[②],是使人心归服的良好办法。传统乡规民约以正人心、厚风俗为宗旨,讲究禁止非为、息纷止讼、忠孝和睦、守望相助,既有宏观上的总约对人加以规范约束,也有专门的规范对具体的生产生活活动加以规范,维护乡民共同意志和共同利益,使乡民在有国法可依的基础上可以有规可循。当前,把乡村社会的乡规民约中蕴含的丰富法律文化资源加以现代化转化,以社会主义核心价值观为精神指引,通过"村规民约"来治理乡村,有助于加快推进村民自治进程。如社会主义核心价值观对"德"的要求与乡规民约的宗旨是一致的,"新枫桥经验"和"桐乡模式"就是把乡规民约与国家价值导引和法律规范有机结合的产物,是追求自治、法治和德治相结合的乡村治理典型代表。当然,有一些乡规民约中仍存在着违背道德、逾越法律的情形,必须加以规避。总之,以社会主义核心价值观为精神指引,积极转化乡规民约中蕴含的丰富法律文化资源来为

---

① 胡仁智:《"乡规民约"的独特法律文化价值》,《光明日报》2018年11月6日,第16版。
② [春秋]孔丘:《论语》,长沙:岳麓书社2000年版,第8页。

现代乡村治理服务，有助于减轻乡民负担，树立和形成良好的乡风民俗，加快推进村民自治进程。

要全面融入党规党纪当中。党规党纪，就是党内的法规体系。党内的法规体系是确保全体党员团结一致行动，实现党的宗旨和使命的保证，是保障推行党的政策的有力保障。党规党纪是由《党章》《关于新形势下党内政治生活的若干准则》《中国共产党纪律处分条例》《中国共产党党内监督条例》等法规体系构成的统一体。党规党纪是对我们应该"做什么样的党员，怎样做党员"做出的详细规定，要求全体党员必须严格遵守。具有严密的组织纪律性，是我们党在革命建设和改革进程中能够取得一个又一个胜利的组织保证。党规党纪规定，任何党员和组织都没有特权，无论党龄长短、职务高低，都不能搞特权，将自己凌驾于党规党纪之上。党的各级组织和每一个党员，都要严格遵守党规党纪的规定，以严格的党员标准和党纪党规来约束和要求自己，以维护党中央的权威，完成党的宗旨、使命、路线方针和政策为己任。根据中共中央组织部统计，截至2022年12月31日，中国共产党党员总数为9804.1万名。[①]每一个党员都以严明的组织纪律要求自己，约束自己，身体力行，确保党所代表和体现的人民根本意志的路线、方针和政策能够得到顺利推行，将会带动更多的人民群众投入到维护和发展人民利益的实践中来，将为实现党和人民所追求的社会主义核心价值观念的强有力的组织保证。

全面融入中国特色社会主义法治国家建设中。社会主义核心价值观话语权的巩固和提升，不仅需要对全体党员加以党规党纪的约束，还要全面融入立法，实现全体人民遵守国法，在建设社会主义法治国家的进程中来实现。全面融入国家立法，以社会主义核心价值理念作为中国特色社会主义法律体系的内在灵魂。这是建设社会主义核心价值观话语权历经理论阐释、政策宣传贯彻、制度规范之后的新阶段。法治的初心，就是守护好全体人民追求的最核心的价值关切。法律法规是推广社会主义核心价值观的重要保证。以往社会主义核心价值观效果未能有效发挥，很重要的原因就在于规范和惩戒法

[①] 中共中央组织部：《中国共产党党内统计公报》，2023年6月30日，新华网，http://www.xinhuanet.com/2023-06/30/c_1129725145.htm，访问日期：2023年8月31日。

第五章 提升社会主义核心价值观话语权的基本原则与应对策略

律制度缺失，这不仅会助长背离者的嚣张气焰，助长不良社会风气，而且会削弱人们对社会主义核心价值观的敬畏之心。2018年5月，中共中央印发了《社会主义核心价值观融入法治建设立法规划》。这就推动了立法修法规划的步伐。力争5到10年后，社会主义核心价值观完成全面渗透和融入法律法规立改废释过程工作，全面渗透融入宪法、法律法规等中国特色社会主义法律体系，以体现和维护社会主义核心价值观为灵魂实现更好的立法导向、更明确的要求和更有力的措施。[1] 例如，诚信价值观融入民法典。民法总则中对民事主体应当遵循诚信原则的规定，就将传统诚信的道德规范上升到了法律层面，将之转化为外在的法律强制约束，使诚信者受褒扬，违信者受制裁，诚信价值观具有了法律强制力的保障。社会主义核心价值观不仅要全面融入立法，还要在全体人民遵守国法，在建设社会主义法治国家、法治政府和法治社会的进程中来实现。亚里士多德认为，法治不仅意味着有良好的法律，还意味着已经确立的法律得到全体人民的遵守。如法治价值观融入立法，人人应当依法行事。政府部门要依据行政法规来实行依法执政，为建设法治国家做出表率。当人们的权利受到侵害时，可以运用《中华人民共和国行政诉讼法》来实现法律救济。这就将法治观念从立法的规范方面走向了执行和监督的实践层面。总之，只有依靠制度和规则的规范性，运用法律的强制性和威慑性，对背离核心价值、扰乱社会秩序、破坏民主法治氛围、干扰团结统一局面等悖离社会主义核心价值观的行为严加惩处，对体现和弘扬社会主义核心价值观的做法和行为加以鼓励支持，才能更有效地引导推动文明的社会观念，树立起良好的社会风气，促使更多的人将他律内化为自律，形成自觉的价值取向和行为准则。

四、提升社会主义核心价值观话语嵌入力和国际感召力

当前我国信息技术的发展已经具备较强的规模优势，信息技术已经渗透到企事业单位生产管理的各个方面，充分运用信息技术大幅度提升社会主义

---

[1] 《中共中央印发〈社会主义核心价值观融入法治建设立法修法规划〉》，《人民日报》2018年5月8日，第1版。

核心价值观话语嵌入力和国际感召力成为提升社会主义核心价值观话语权的重要选择。

(一)提升社会主义核心价值观话语嵌入力

嵌入力是提高网络社群和网络平台的社会主义核心价值观话语传播力和影响力的重要内容。嵌入本来是生物学上的术语,后来经波兰尼等学者的阐述,被引入经济学领域,意图说明经济活动受到社会关系的制约,主要有关系和结构嵌入;结构、认知、文化和政治嵌入;业务和技术嵌入等分析框架,具有环境、组织和双边嵌入等层次结构。[①]

对于信息平台上虚拟世界的网络社群和信息内容来说,网络群体成员的相互连接仍然是现实社会主体之间关系的反映,网络平台内容同样是现实社会主体处理所面临的生产生活等现实问题的反映。所以,要提升社会主义核心价值观话语嵌入力,首先最根本的仍然是从现实社会关系着眼来增加社会主义核心价值观话语的嵌入。如通过关系性嵌入,增加与网络社群成员的亲密互动,获取网络社群成员的信任施加积极影响,进而增强社会主义核心价值观话语嵌入力;通过结构性嵌入,将网络社群成员纳入企事业单位、社区、社会组织等当中,以健康向上的组织文化来提高社会主义核心价值观话语嵌入力;提高政治性嵌入,就是通过提高公共政策制定过程中的民主程度,吸引人们关注公共政策和现实生活,提高政治参与能力,将有效提高社会主义核心价值观话语嵌入力;还可以通过环境嵌入,提高人们对于现实生活的满意度,提高人们对于未来美好生活的价值期许,将有助于增加网络平台优质话语内容的数量和频率,提高和巩固社会主义核心价值观话语成效。

其次,网络不能成为法外之地,要提高网络平台社会主义核心价值观话语的嵌入力。虚拟的信息技术平台作为现实社会中网络社群成员沟通和联系的平台,作为不同意见交流交锋的集散地,不能超越宪法和法律界限。既要注重网络中的民意工作,坚持走好网络群众路线,善于运用网络把握民情、搜集民意、回应民众关切、把网络建设成为"同群众交流沟通的新平台,成为了解群众、贴近群众、为群众排忧解难的新途径,成为发扬人民民主、接受

---

① 兰建平、苗文斌:《嵌入性理论研究综述》,《技术经济》,2009年第1期,第104-108页。

第五章 提升社会主义核心价值观话语权的基本原则与应对策略

人民监督的新渠道"[①];又要运用法律和技术手段,对散布虚假低俗信息、攻击谩骂、造谣生事、色情暴力等言行加以坚决管控,决不能允许网络空间乌烟瘴气;对网络空间进行积极治理,信息技术没有价值观,但信息技术平台的开发者、使用者都要坚持科学正确的价值观,决不能让"技术中性"冲击"核心价值",要用价值观来规范技术的应用,才能培育起积极向善的网络文化来滋养人心和社会,营造出风清气正的网络空间,保卫好人民群众的精神家园,确保社会主义核心价值观话语在网络世界的传播力。

(二)提升社会主义核心价值观话语国际感召力

坚持内外联动,以提升核心价值观话语国际感召力来推动社会主义核心价值观话语权。我国的发展道路、发展理念、我国的文化和经验以及中国故事等,都要通过传播和对话来影响他人,提升社会主义核心价值观国际话语权,在世界上形成强大的感召力,不仅有助于形成我国发展的良好外部环境,为谋求和平发展的国际社会贡献出中国的发展智慧和发展方案,而且有助于进一步增强国内人民对社会主义核心价值观的自信心和自豪感,增进对社会主义核心价值观的认同。而信息技术的高度发展为我们在国际范围内提升社会主义核心价值观话语提供了良好的平台和条件。

首先,要广泛传播人类共同价值理念,积极主导国际舆论。当今世界的繁荣和发展,需要世界人民在经济全球化进程中共享发展的好处。西方发达国家在过去的几个世纪里尽享经济全球化过程中的利益。但2008年金融危机以来,西方发达国家经济长期低迷,以美国为首的西方国家无力应对危机,反而以不负责任的"美国优先"等"逆全球化"言论诱导国际舆论,阻碍发展中国家的正当发展。经济全球化作为矛盾的统一体,既包含一体化趋势,也存在着分离的趋势,分离的趋势就是"反全球化"。[②] "反全球化"也可以称为反资本主义运动,是反对全球化进程中屈从资本主义要求、维护垄断阶级利益

[①] 习近平:《习近平谈治国理政》第二卷,北京:外文出版社2017年版,第336页。
[②] 郑一鸣、张超颖:《从马克思主义视角看全球化、反全球化和逆全球化》,《马克思主义与现实》,2018年第4期,第8-15页。

带来的少数人获益和严重贫富差距等负面问题;① 其主体主要为饱受全球化问题毒害的第三世界国家、弱势群体等。这种反全球化产生的根本原因在于资本主义的基本矛盾带来的两极分化。2008年西方爆发的金融危机，则是资本主义内在危机的又一次大爆发。当前美欧一些国家政党及其领袖无力从根本上解决这种危机，也就无法应对国际国内的"反全球化"言论。他们无法解决资本主义的内在矛盾，却试图采取"逆全球化"的办法来解决危机。"逆全球化"是资本主义国家在移民、贸易和投资等问题上采取的去全球化倾向。这种行为从根本上仍是维护其垄断阶级利益，无法从根本上解决资本主义危机，无法解决由于资本主义基本矛盾引发的两极分化问题。全球化进程中负面问题的应对之道，需要以人类共同价值为指引，尊重各国追求人类共同价值的发展实践，秉承"共商、共建、共享"原则，追求"普惠、均衡"发展的全球化，倡导和平、开放和共享的发展，努力推动建设"人类命运共同体"。正如习近平所说，每个国家只有以自身责任担当，"更多释放经济全球化正面效应"，"讲求效率，注重公平，让不同国家阶层不同人群都共享全球化的好处"②，才能造就繁荣、文明、和谐的美好世界。这就要求我们把"和平、发展、繁荣、和谐、公正"等人类共同价值传播给世界各国人民，积极引导国际舆论，揭露"逆全球化"行为的实质和危害，为我国和更多发展中国家的发展创设良好的外部发展环境。

其次，要形成快速有效的话语反应力。在当前世界发展不稳定性不确定性突出的时期，西方热衷于以其价值观为标准来剪裁我国实践，评价我国发展。针对其具有明显价值倾向性的话语霸权行为，我们要充分运用大数据优势，分析西方抹黑我国的话语来源，及时抓住其所说的话语的本质和实质，向世界各国人民揭示事实真相，揭露其目的所在。如针对西方"自由之家"指数对我国发展做出了网络自由全球倒数第三的荒谬结论，我们要在第一时间

---

① 戴维·赫尔德、安东尼·麦克格鲁：《全球化与反全球化》，北京：社会科学文献出版社2004年版，第56页。
② 习近平：《习近平谈治国理政》第二卷，北京：外文出版社2017年版，第479页。

第五章 提升社会主义核心价值观话语权的基本原则与应对策略

用事实予以回击。事实是，中国拥有着全球最大规模的数亿网民①，中国发展出百度、阿里巴巴、腾讯等全球领先的互联网公司，中国互联网上的经济发展、政治问题、社会问题等的讨论也是全球互联网中最为活跃的。中国认为互联网不是法外之地，必须加强互联网上违宪言论的管理。这是世界各国互联网管理中的通行做法。西方恶评中国网络自由的真正目的是不愿意放弃其霸权主义主张。他们试图以先声夺人的话语霸权设定"普世"评判标准，将不符合其价值观的理论设定和制度标准的其他国家引诱至其所预设的轨道。② 只有快速有效的话语反应力，才能把被西方霸权话语颠倒了的事实重新"颠倒"过来，使社会主义核心价值观话语散发出本来的光彩。

最后，要"线上线下"联合，以"一带一路"倡议、国际会议推广、世界文化活动交流等"活动战线"巩固世界人民对社会主义核心价值观话语的认知和信赖。在军事战争年代，为了让共产党追求的价值理想深入人心，毛泽东曾总结为，我们有两条战线，"武的一条线是通过电台指挥打仗，文的一条线是通过新华社指导舆论"③。也就是有军事斗争和文化宣传的两条战线。当前，"活动战线"的建立、发展和壮大已经是在全球化过程中巩固和提升社会主义核心价值观话语权必须要加以高度重视的问题。"活动战线"是指中国在参与全球化过程中，顺应时代发展和人民需要，以"一带一路"倡议为重点，推动构建"人类命运共同体"建构起的对外话语传播的崭新"活动战线"。拓展"活动战线"的时代条件是全球化进程的不可逆转。170年前，马克思就在《共产党宣言》中指出，闭关自守的状态已经被打破，世界的相互交往越来越多，越来越相互依赖。④ 在马克思看来，全球化既是资本主义生产方式持续扩张的结果，是资本追求剩余价值最大化的体现，但同时又是为社会主义的发展创造条件。中国曾因封闭政策背离全球化潮流，在以蒸汽机为标志的第一次科技革命、以电气化为标志的第二次科技革命为先导的两次全球化中受到严重损

---

① 截至2023年8月，中国互联网络信息中心发布的第52次《中国互联网络发展状况统计报告》显示，中国网民规模已达10.79亿。
② 阚道远：《西方话语霸权建构的新动向及其政治影响》，《思想理论教育导刊》，2018年第11期，第87-91页。
③ 胡乔木：《胡乔木回忆毛泽东》，北京：人民出版社2014年版，第483页。
④ 《马克思恩格斯文集》第二卷，北京：人民出版社2009年版，第35页。

害。而本轮以信息化、网络化和数字化为标志的新科技革命为背景的全球化中，科技的突飞猛进、日新月异进一步推动生产扩大化和资本的全球扩展，成为推动全球化的强劲动力源。此轮全球化中，中国等新兴发展中国家高度重视、积极谋划、主动应对，已经成为全球化的受益者。① 2008年西方世界金融危机爆发，全球经济低迷，中国已经日益成为世界经济的主要贡献者，是世界发展的主要推动力，是世界和平的重要维护者和公正合理国际秩序的建设者。中国积极应对全球化，造就出中国特色社会主义发展的强大物质基础，依托全球化进程拓展"活动战线"，已经成为建设社会主义核心价值观话语权的必然选择。拓展"活动战线"最主要的表现是充分运用"一带一路"倡议等世界共同发展举措来推动社会主义核心价值观话语传播。全球化发展带来全球发展不均衡、贫富差距加剧的负面效果。西方国家对落后国家的援助往往伴随着主权的干涉和价值观的隐性渗透。如冷战时期，美国启动"马歇尔计划"，不仅迫使欧洲听命于美国，而且志在阻止共产主义力量的发展。冷战结束之后，美国更通过各种援助计划来强化其价值观在发展中国家的渗透与传播。如美国布什总统2002年发布"大中东计划"，以口惠实不至的所谓"援助"在中东地区传播其民主价值观，力推西方式民主。我国开展的对外援助活动理念与西方国家有着本质差异，是社会主义核心价值观蕴含的"富强、民主、文明、和谐"等理念在国际领域的展现。依托"一带一路"倡议，秉承"共商、共建、共享"原则，倡导和平、开放和共享发展，努力推动建设"人类命运共同体"，是对西方宣扬的"中国威胁论"的最好驳斥，对于实现和提升社会主义核心价值观话语权发挥着巨大作用。拓展"活动战线"还表现为积极运用和平与发展的国际会议阐明我国价值理念和主张。联合国大会、中非合作论坛、二十国集团峰会、世界经济论坛等国际会议上，"一带一路"倡议，"人类命运共同体"等反映社会主义核心价值观的重要话语得到广泛传播。此外，我国顺应时代趋势建立和发展文化传播机构，如孔子学院、中外文化交流中心、中国对外文化集团公司等，对外文化交流也推动社会主义核心价值观话语的传

---

① 沈丁立：《全球化是人类不可逆转的大势》，《探索与争鸣》，2017 第03期，第37-39页。

播。①要提供充足的资金支持，提升文化机构人员的话语传播能力水平，提供丰富的外文书籍，以文化机构所在地区人民喜闻乐见的方式来开展社会主义核心价值观话语的传播。这些"活动战线"使党和人民追求的社会主义价值理想最大程度传播到全世界，与网络平台传播的社会主义核心价值观话语相互印证，不仅增进了各国人民对我国社会主义核心价值理念的理解和认同，而且也让我国人民在更为广阔的视野当中认识和领悟社会主义核心价值观与人类共同价值的共通之处，极大地增强了我国人民的价值观自信。

五、以对人民美好生活需求的满足进一步优化话语环境

社会主义核心价值观话语权不仅需要"从实求知"、以与时俱进的马克思主义意识形态作为理论指引，还需要以"永远在路上"的执着精神，坚持全面深化改革，完善适应"发展型社会"的体制机制，促进社会的公平正义，以进一步满足人们对美好生活的需求来增加人们的获得感、幸福感，以全体人民共享改革发展成果、享有共同的美好生活世界背景，来进一步巩固和提升社会主义核心价值观话语权。

全面深化改革是应对新时代新形势新任务、建设和巩固社会主义核心价值观话语权的需要。问题是时代的口号，改革正是对问题的回答。正如习近平所指出的，问题不断催生改革，改革只有在解决问题中不断加以深化。② 中国近代以来几千年未有的亡国灭种危局逼迫我们进行谋求国家独立民族富强的革命进程。1978年实行的改革开放同样是中国的伟大革命，是决定当代中国命运的关键一招。经过四十年的发展，我国已经从满足人们生活需要的资源"匮乏型"社会进入了满足人民美好生活需要的"发展型"③社会。面对新时代的新历史方位，面对我国所处的严峻的国际形势和复杂的国内形势，为了应对国内主要矛盾的变化，顺利实现中华民族伟大复兴这一中国特色主义的

---

① 刘勇：《当代中国主流价值观话语权的思想溯源与现实建构》，博士学位论文，安徽大学，2017年，164-166.
② 习近平：《习近平谈治国理政》，北京：外文出版社2014年版，第74页。
③ 邴正：《从匮乏走向发展——当代中国社会转型的核心问题》，《哲学动态》，1995年第2期，第7-9页。

总任务，只有继续通过全面深化改革，进一步优化体制机制，建立起适应"发展型"社会的健全的完善的体制机制。

全面深化改革的领域和重点是由人民群众反映强烈的问题所在的领域和性质决定的。既然当前存在的问题不是存在于一个领域、几个领域，而是存在于所有领域，改革就要从推进所有领域的改革而展开。党的十八届三中全会就从15个领域部署了330多项较大的改革举措，内容涵盖了社会各个领域以及党的建设等各个方面。[1] 中国继续发展进程中所面临的问题不可谓不繁多，但问题的核心和关键领域仍然是经济体制改革。经济体制领域的改革问题看似十分困难，问题也很多，但核心和根本问题仍然是"处理好政府和市场关系"[2]的问题。全面深化改革，就是要进一步解决好使市场在资源配置中起决定性作用的问题，解决好政府科学的宏观调控和有效的治理的问题。经济体制改革可以说是全面深化改革中的"牛鼻子"。只要抓住经济体制改革的这一中心和关键问题，努力在经济体制改革上取得新突破，就将对全面深化改革起到有力的"牵引"[3]作用，带动行政领域、司法领域、社会领域等其他各个领域的改革，使各个方面的改革协同推进、形成合力，实现经济新常态下的高质量可持续发展、政治公平正义、文化大发展大繁荣、社会和谐稳定、生态和谐可持续，为实现和巩固社会主义核心价值观话语权创造良好条件。

判断政党追求的价值理念是否得到人民认同和政府推动的体制改革合理与否的标准，归根到底要看实施的公共政策的具体效果。公共政策是落实体制改革的重要举措，受到政治意识形态的直接或间接制约，总是带有明显的价值指向。邓小平提出了判断改革成效的"三个有利于"的判断标准。[4] 习近平进一步提出了"两个是否"的改革成效的评价标准，即"是否促进经济社会发展、是否给人民群众带来实实在在的获得感"[5]这个新标准，坚持了生产力标准和人民利益标准的统一，坚持了物的尺度和彰显人的尺度的统一，坚持了深化发

---

[1] 习近平：《习近平谈治国理政》，北京：外文出版社2014年版，第100-101页。
[2] 习近平：《习近平谈治国理政》，北京：外文出版社2014年版，第75页。
[3] 习近平：《习近平谈治国理政》，北京：外文出版社2014年版，第93页。
[4] 《邓小平文选》第三卷，北京：人民出版社1993年版，第372页。
[5] 中共中央宣传部：《习近平总书记系列重要讲话读本》，北京：人民出版社2016年版，第83页。

第五章　提升社会主义核心价值观话语权的基本原则与应对策略

展进步和人民共享改革成果的统一。① 这就要求政策制定的价值选择中，给予效率和公平价值观以合理的地位。当前我国最根本最紧迫的任务仍然是"进一步解放和发展社会生产力"②，这就要求效率依然是公共政策的追求目标，维护市场秩序，确保公平竞争；与此同时，社会主义核心价值观的传播中，要把公平正义摆在至关重要的位置。"公平正义是中国特色社会主义的内在要求。"③"促进社会公平正义、增进人民福祉"④就是全面深化改革的出发点和落脚点，制度安排和公共政策更好体现社会主义公平正义原则，在当前尤其要关注好下层、中下层和社会少数群体的利益，在日常生活中观察和甄别影响人民群众对社会主义核心价值观话语态度的社会事件，及时纾解优化人民群众的消极倾向和不良社会心态。建构起全民共享改革发展成果，共同享有美好生活的生活背景。哈贝马斯的话语沟通理论的反思也告诉我们，只有话语双方享有共同的生活世界背景，才会存在继续深入话语沟通和持续话语交流的可能。要努力造就全体人民共享美好生活的共同生活世界。从宏观政策上，依托社会主义公有制，构建起全民"共商、共建、共享"的利益机制，形成"凝聚最广大人民群众的利益共同体"⑤；中观方面完善体制机制，以公平正义的政策维护好人民利益，尤其是下层和中下层以及社会少数人的利益；微观层面构建起社会保险、社会福利、社会优抚等的社会保障制度，形成诠释社会主义核心价值观念的利益共享话语，引导人们对社会主义核心价值观的积极认同。

总之，为实现新时代中华民族伟大复兴梦想，就要把巩固提升社会主义核心价值观话语权作为重要的战略任务。我们要增强话语权自觉意识，努力提升话语能力，不断推进不同话语体系的协调统一和互动转换，坚持社会主义核心价值观话语传播文化路径来促进话语受众的知行统一，进一步提高社会主义核心价值观话语嵌入力和国际感召力，以满足人们对美好生活的需求

---

① 陈曙光：《习近平改革思想论纲》，《理论视野》，2018 年第 8 期，第 18-29 页。
② 习近平：《习近平谈治国理政》，北京：外文出版社 2014 年版，第 92 页。
③ 习近平：《习近平谈治国理政》，北京：外文出版社 2014 年版，第 13 页。
④ 习近平：《习近平谈治国理政》，北京：外文出版社 2014 年版，第 96 页。
⑤ 方爱东、范世珍：《当代中国主流价值观话语主体的身份担当》，《湖北社会科学》，2017 年第 4 期，第 185-190 页。

来优化话语环境等来做好新时代提升社会主义核心价值观话语权工作。

本章小结

提升社会主义核心价值观话语权工作，要坚持以辩证唯物主义和历史唯物主义为指导，实现坚持意识形态工作领导权和夯实话语基础的统一，坚持提升话语权结构要素两点论和重点论的统一，坚持话语主体自觉和包容开放的统一。本书提出了强化话语主体的话语权自觉意识和话语协同作用、推动不同话语体系的协调统一和互动转换、坚持核心价值观话语传播文化路径以促进知行统一、进一步提升我国核心价值观话语嵌入力和国际感召力、以对人民美好生活需求的满足进一步优化话语环境等策略建议，以推动社会主义核心价值观话语权进一步提升。

结语：让提升社会主义核心价值观话语权工作进一步取得实效

对巩固和提升社会主义核心价值观话语权问题的关注，源于全球化时代多元文化交融交锋中我国主流价值观存在"边缘化"现实危机的思考。改革开放以来，我国阶层不断变动分化，利益结构深刻调整，西方的价值观悄然渗透，思想文化领域困惑频仍，社会主义核心价值观遭遇"边缘化"现实危机。意识形态的纷争，不同思想文化的交流、碰撞、交锋背后展现的是不同价值观之间的竞争，实质就是话语权的较量。① 话语权越来越成为影响我国保卫和弘扬社会主义核心价值观过程中最为核心的命题之一。因此，对于巩固和提升社会主义核心价值观话语权这一研究论题的研究探讨，意义在于研究影响和制约提升社会主义核心价值观话语权的因素，进而探寻提升社会主义核心价值观话语权的应对策略，捍卫我国独立自主发展的信念，为中国特色社会主义发展和中华民族伟大复兴提供精神支撑。本研究的展开就是在上述问题意识牵引下，对提升社会主义核心价值观话语权遵循"是什么"—"必要性"—"可能性"—"怎么样"—"怎么做"的研究思路，力求对社会主义核心价值观话语权的概念、本质、特征、结构要素、提升目标、理论源头、重要意义、现实基础、发展成效、现实困境、问题根源、提升原则以及应对策略等方面进行研究，为新时代进一步提升社会主义核心价值观话语权提供些许启示。

本书尝试从影响社会主义核心价值观话语权的诸结构要素入手，提出了

---

① 查少刚：《对马克思主义中国化研究的思考》，《思想理论教育导刊》，2001年第11期，第21-24页。

新时代进一步提升社会主义核心价值观话语权的应对策略。但是，巩固和提升社会主义核心价值观话语权是一项长期性、复杂性、艰巨性的工作，需要结合实践经验持续研究，在丰富的社会主义核心价值话语权具象化经验中进一步进行理论总结；世界其他国家也在加紧进行自身核心价值观话语权建设，借鉴其建设过程中的有益经验，为我国提供有益参考；对西方国家操控话语霸权的路径进行深入考察，为我国的社会主义核心价值话语权建设提供必要的警惕。这些问题为笔者今后继续围绕这一论题开展研究指明了方向。

参考文献

一、经典著作

[1]《马克思恩格斯全集》第一卷,北京:人民出版社1995年版。

[2]《马克思恩格斯文集》第一、二、三、九、十卷,北京:人民出版社2009年版。

[3]《列宁选集》第一、二、三、四卷,北京:人民出版社2012年版。

[4]《毛泽东选集》第一、二、三卷,北京:人民出版社1991年版。

[5]《毛泽东文集》第一、二、三、七、八卷,北京:人民出版社1999年版。

[6]《邓小平文选》第二卷,北京:人民出版社1994年版。

[7]《邓小平文选》第三卷,北京:人民出版社1993年版。

[8]《江泽民文选》第一、二、三卷,北京:人民出版社2006年版。

[9]《胡锦涛文选》第二、三卷,北京:人民出版社2016年版。

[10]《十六大以来重要文献选编》(下),北京:中央文献出版社2008年版。

[11]习近平:《习近平谈治国理政》,北京:外文出版社2014年版。

[12]习近平:《习近平谈治国理政》第二卷,北京:外文出版社2017年版。

[13]中共中央文献研究室:《十八大以来重要文献选编》(上),北京:中央文献出版社2014年版。

[14]习近平:《在全国党校工作会议上的讲话》,北京:人民出版社2015年版。

[15]习近平:《在文艺工作座谈会上的讲话》,北京:人民出版社2015年版。

[16]中共中央宣传部:《习近平总书记系列重要讲话读本》,北京:人民出版社2016年版。

[17]习近平:《决胜全面建成小康社会 夺取新时代中国特色社会主义伟大胜利》,北京:人民出版社2017年版。

[18]中共中央宣传部编写组：《习近平新闻思想讲义》，北京：人民出版社2018年版。

二、国内专著

[1]徐友渔：《"哥白尼式"的革命——哲学中的语言转向》，上海：三联出版社1994年版。

[2]申小龙：《〈普通语言学教程〉精读》，上海：复旦大学出版社2005年版。

[3]董小英：《再登巴比伦塔：巴赫金与对话理论》，北京：生活·读书·新知三联书店1994年版。

[4]汪行福：《通向话语民主之路——与哈贝马斯对话》，成都：四川人民出版社2002年版。

[5]万俊人：《现代性的伦理话语》，哈尔滨：黑龙江人民出版社2002年版。

[6]吴瑛：《中国话语权生产机制研究——基于西方舆论对外交部新闻发言人引用的实证分析》，上海：上海交通大学出版社2014年版。

[7]张国庆：《话语权：美国为什么总是赢得主动》，南京：江苏人民出版社2011年版。

[8]李连科：《世界的意义——价值论》，北京：人民出版社1985年版。

[9]李德顺：《价值论——一种主体性的研究》，北京：中国人民大学出版社1987年版。

[10]袁贵仁：《价值学引论》，北京：北京师范大学出版社1991年版。

[11]李德顺：《价值新论》，北京：中国青年出版社1993年版。

[12]胡振平：《市场经济与价值观》，上海：上海社会科学院出版社1998年版。

[13]兰久富：《社会转型时期的价值观念》，北京：北京师范大学出版社1999年版。

[14]陈章龙、周莉：《价值观研究》，南京：南京师范大学出版社2004年版。

[15]陈章龙：《论主导价值观》，南京：江苏人民出版社2006年版。

[16]徐蓉：《核心价值与国家形象建设》，上海：复旦大学出版社2013年版。

[17]陈新汉：《社会主义核心价值体系价值论研究》，上海：上海人民出版社2008年版。

[18]程伟礼：《中国特色社会主义核心价值观的历史形成》，上海：复旦大学出版社2012年版。

[19]田海舰：《社会主义核心价值体系培育纲要》，北京：人民出版社2012年版。

[20]田海舰：《培育和践行社会主义核心价值观多维研究》，北京：人民出版社2015年版。

[21]曹雅欣：《国学与社会主义核心价值观》，北京：光明日报出版社2015年版。

[22]韩延明：《红色文化与社会主义核心价值体系建设研究》，北京：人民出版社2013年版。

[23]任者春、郭玉锋：《齐鲁文化与社会主义核心价值体系研究》，济南：山东人民出版

社 2014 年版。

[24] 梅荣政、杨军:《社会主义核心价值体系与社会思潮析评》,北京:人民出版社 2010 年版。

[25] 厦门市教育局课题组:《社会主义核心价值体系融入中小学教育全过程的研究》,福州:福建教育出版社 2008 年版。

[26] 徐贵权:《社会主义核心价值体系融入国民教育方法途径研究》,北京:中国社会科学出版社 2015 年版。

[27] 邹德文、李永芳注:《尔雅·释诂第一》,郑州:中州古籍出版社 2013 年版。

[28] 张章主编:《说文解字》(上、下),北京:中国华侨出版社 2012 年版。

[29] 于春海注:《易经》,长春:吉林文史出版社 2006 年版。

[30] 鲁同群注:《礼记》,南京凤凰出版社 2011 年版。

[31] 王同亿:《英汉辞海》(上)A-L,北京:国防工业出版社 1987 年版。

[32] 金耀基:《中国民本思想史》,北京:法律出版社 2008 年版。

[33] 樊勇明:《西方国际政治经济学理论与流派》,上海:上海人民出版社 2003 年版。

[34] 陈新汉:《警惕社会主义核心价值体系"边缘化危机"》,北京:社会科学文献出版社 2011 年版。

[35] 侯惠勤:《马克思主义的意识形态批判与当代中国》,北京:中国社会科学出版社 2010 年版。

[36] 车文博:《弗洛伊德主义原著选辑》上卷. 沈阳:辽宁人民出版社 1988 年版。

[37] 张岱年:《文化与价值》,北京:新华出版社 2014 年版。

[38] 班固:《白虎通义》,北京:中国书店 2018 年版。

[39] [春秋]孔丘:《论语》,长沙:岳麓书社 2000 年版。

[40] [战国]孟子:《孟子》,长沙:岳麓书社 2000 年版。

[41] [战国]荀子:《荀子》,沈阳:万卷出版公司 2009 年版。

[42] 于江山主编:《大学·中庸》,北京:中国纺织出版社 2015 年版。

[43] 姜建设注说:《尚书》,开封:河南大学出版社 2008 年版。

[44] 郝士钊:《中国先哲智慧全书》,北京:中国城市出版社 2011 年版。

[45] 陈启智、张树骅,《儒家传统与人权民主思想》,济南:齐鲁书社 2004 年版。

[46] [西汉]司马迁:《史记全本》上,沈阳:万卷出版公司 2016 年版。

[47] 俞吾金:《意识形态论》,上海:上海人民出版社 2014 年版。

[48] 蓝瑛:《社会主义政治学说史》下编,上海:上海人民出版社 1992 年版,第 201 页。

[49]朱国华:《权力的文化逻辑》,上海:上海三联书店2004年版。

[50]高宣扬:《布尔迪厄的社会理论》,上海:同济大学出版社2004年版,第17页。

[51]何秉孟、李千:《新自由主义评析》,北京:社会科学文献出版社2012年版。

[52]戴德铮:《国际政治学要论——国际政治态势与战略应对》,北京:时事出版社2010年版。

[53]张维为:《中国震撼:一个"文明型国家的崛起"》,上海:上海人民出版社2016年版。

[54]王京清、孙壮志:《中国反腐倡廉建设报告NO.8》,北京:社会科学文献出版社2018年版。

[55]李本乾:《中国大众传媒议程设置功能研究》,兰州:甘肃人民出版社2002年版。

[56][商]姬昌:《周易·乾》,宋祚胤注译,长沙:岳麓书社2001年版。

[57]《现代汉语辞海》编辑委员会:《现代汉语辞海》,北京:中国书籍出版社2011年版。

[58]胡乔木:《胡乔木回忆毛泽东》,北京:人民出版社2014年版。

[59]李慎明:《领导权与话语权:"颜色革命"与文化霸权:中国话语权研究2)》,北京:社会科学文献出版社2016年版。

[60]中国社会科学院世界社会主义研究中心:《世界社会主义跟踪研究报告(2016—2017)——且听低谷新潮声(之十三)》,北京:社会科学文献出版社2017年版。

[61]中国社会科学院世界社会主义研究中心:《世界社会主义跟踪研究报告(2017—2018)——且听低谷新潮声(之十四)》,北京:社会科学文献出版社2018年版。

[62]全国哲学社会科学话语体系建设协调会议办公室:《中国学术与话语体系建构》(社会科学卷),北京:社会科学文献出版社2015年版。

[63]全国高校社会哲学科研管理研究会:《哲学社会科学学术话语体系建设》,武汉:武汉大学出版社2016年版。

[64]郑永廷:《社会主义意识形态发展研究》,北京:人民出版社2002年版。

三、国外译著

[1][美]罗宾·洛克夫:《语言的战争》,刘丰海、郑保国等译,北京:新华出版社2001年版。

[2][瑞士]费尔迪南·德·索绪尔,《普通语言学教程》,高名凯译,北京:商务印书馆1980年版。

[3][法]米盖尔·杜夫海纳:《美学与哲学》,孙非译,北京:中国社会科学出版社1985

年版。

[4][奥]路德维希·维特根斯坦:《逻辑哲学论》,韩林合译,北京:商务印书馆 2013 年版。

[5][德]马丁·海德格尔:《在通向语言的途中》,孙周兴译,北京:商务印书馆 2004 年版。

[6][俄罗斯]巴赫金:《陀思妥耶夫斯基诗学问题》,刘虎译,北京:中央编译出版社 2010 年版。

[7][丹]叶斯伯森:《语法哲学》,何勇译,北京:商务印书馆 2009 年版。

[8][法]本维尼斯特:《普通语言学问题》,王东亮译,北京:三联书店 2008 年版。

[9]《巴赫金·周边集》,李辉凡、张捷译,石家庄:河北教育出版社 1998 年版。

[10][法]米歇尔·福柯:《知识考古学》,谢强、马月译,北京:三联书店 2003 年版。

[11][英]诺曼·费尔克拉夫:《话语与社会变迁》,殷晓蓉译,北京:华夏出版社 2003 年版。

[12][法]米歇尔·福柯:《权力的眼睛》,严锋译,上海:上海人民出版社 1997 年版。

[13][德]于尔根·哈贝马斯:《现代性的哲学话语》,曹卫东译,南京:译林出版社 2011 年版。

[14][德]米歇尔·福柯:《规训与惩罚》,刘北强、杨远婴译,北京:生活·读书·新知三联书店,2003 年版。

[15][法]布尔迪厄、[美]华康德:《反思社会学导引》,李猛、李康译,北京:商务印书馆 2015 版。

[16][美]戴维·斯沃茨:《文化与权力:布尔迪厄的社会学》,陶东风译,上海:上海译文出版社 2006 年版。

[17][法]托克维尔:《论美国的民主》(上、下卷),董国良译. 北京:商务印书馆 1989 年版。

[18][印]阿马蒂亚·森:《惯于争鸣的印度人:印度人的历史、文化与身份论集》,刘建译,上海:上海三联书店,2007 年版。

[19][德]孔汉思:《全球伦理——世界宗教议会宣言》,何光沪译,成都:四川人民出版社 1997 年版。

[20][美]A. 麦金太尔:《德性之后》,龚群译,北京:中国社会科学出版社 1995 年版。

[21][英]奥斯汀:《如何以言行事》,杨玉成、赵京超译,北京:商务印书馆 2013 年版。

[22][法]米歇尔·福柯,《作者是什么》,逄真译,童庆炳、曹卫东编,《西方文论专题十

讲》，北京：高等教育出版社 2005 年版。

[23] [法]米歇尔·福柯：《话语的秩序》，肖涛译，载许宝强、袁伟选编《语言与翻译的政治》，北京：中央编译出版社 2000 年版。

[24] [德]哈贝马斯：《交往与社会进化》，张博树译，重庆：重庆出版社 1989 年版。

[25] [美]约瑟夫·奈：《软实力》，马娟娟译，北京：中信出版社 2013 年版。

[26] [古希腊]亚里士多德：《修辞学》，罗念生译，北京：世纪出版集团 2006 年版。

[27] [加] Marshall McLuhan：《传播工具新论》，叶明德译，台北：巨流图书公司，1978 年版。

[28] [加]马歇尔·麦克卢汉：《理解媒介：论人的延伸》（增订评注本），何道宽译，南京：译林出版社 2011 年版。

[29] [美]E. 希尔斯：《论传统》，傅铿、吕乐译，上海：上海人民出版社 2014 年版。

[30] [意]安东尼奥·葛兰西：《狱中札记》，葆煦译，北京：人民出版社 1983 年版。

[31] [法]布尔迪厄：《文化资本与社会炼金术》，包亚明译，上海：上海人民出版社 1997 年版。

[32] [美]亨利·基辛格：《世界秩序》，胡利平、林华译，北京：中信出版社 2015 年版。

[33] [美]弗朗西斯·福山：《历史的终结及最后之人》，黄胜强、许铭原译，北京：中国社会科学出版社 2003 年版。

[34] [美]弗朗西斯·福山：《政治秩序与政治衰败——从工业革命到民主全球化》，毛俊杰译，桂林：广西师范大学出版社 2015 年版。

[35] [美]乔舒亚·库珀·雷默：《中国形象：外国学者眼里的中国》，沈晓雷等译. 北京：社会科学文献出版社 2006 年版。

[36] [美]马克斯维尔·麦库姆斯：《议程设置：大众媒介与舆论》，北京：北京大学出版社 2008 年版。

[37] [加]贝淡宁：《贤能政治——为什么尚贤制比选举民主制更适合中国》，吴万伟译，北京：中信出版社 2016 年版。

[38] [英]戴维·赫尔德、安东尼·麦克格鲁：《全球化与反全球化》，北京：社会科学文献出版社 2004 年版。

四、期刊论文类

[1] 沈丁立：《全球化是人类不可逆转的大势》，《探索与争鸣》2017 第 03 期，第 37-39 页。

[2] 查少刚：《对马克思主义中国化研究的思考》，《思想理论教育导刊》2011 年第 11 期，

第 21-24 页。

[3] 周宪：《文学理论：从语言到话语》，《文艺研究》2008 年第 11 期，第 5-15 页。

[4] 漆多俊：《论权力》，《法学研究》2001 年第 1 期，第 18-32 页。

[5] 刘军：《从宏观统治权力到微观规训权力——马克思与福柯权力理论的当代对话》，《江海学刊》，2013 年第 1 期，第 67-71 页。

[6] 张一兵：《回到福柯》，《学术月刊》，2015 年第 6 期，第 35-41 页。

[7] 陈汝东：《论话语研究的现状与趋势》，《浙江大学学报（人文社会科学版）》2008 年第 6 期，第 130-137 页。

[8] 张国祚：《关于"话语权"的几点思考》，《求是》2009 年第 9 期，第 43-46 页。

[9] 张健：《话语权的解释框架及公民社会中的话语表达》，《湖南行政学院学报》，2008 年第 5 期，第 85-87 页。

[10] 侯惠勤：《意识形态话语权初探》，《马克思主义研究》2014 年第 12 期，第 5-12 页。

[11] 张宽：《Discourse（话语）》，《读书》，1995 年第 4 期，第 132-134 页。

[12] 徐国民：《话语、权力与社会价值》，《求索》，2008 年第 7 期，第 43-46 页。

[13] 赵修义：《中国话语权构建重在推进中国特色社会主义理论》，《中国浦东干部学院学报》2016 年第 4 期，第 17-18 页。

[14] 秦廷华：《"中国式民主"要有自己的民主话语权——关于民主话语权问题的几点思考》，《理论与当代》2009 年第 10 期，第 16-20 页。

[15] 侯惠勤：《意识形态话语权建设方法论研究》，《中共贵州省委党校学报》，2016 年第 2 期，第 5-11 页。

[16] 林莺：《话语权成因之哲学反思》，《中州学刊》2008 年第 6 期，第 256-258 页。

[17] 陈正良、胡舟霞、李雪：《论中国核心价值观凝炼构建与提升国家国际话语权》，《宁波大学学报（人文科学版）》2013 年第 3 期，第 53-58 页。

[18] 李超民、李礼：《网络思想政治教育话语权研究》，《华侨大学学报（哲学社会科学版）》2015 年第 6 期，第 50-61 页。

[19] 王秀敏、张国启：《中国特色社会主义意识形态话语权提升的多维审视》，《湖北社会科学》，2014 年第 11 期，第 12-15 页。

[20] 陈曙光、刘影：《论话语权的演化规律》，《求索》2016 年第 3 期，第 22-26 页。

[21] 殷殷、姜建成：《社会主义核心价值观视域中的网络话语权建设》，《思想教育研究》2015 年第 1 期，第 40-44 页。

[22] 张志洲：《提升学术话语权与中国的话语体系构建》，《红旗文稿》，2012 年第 13 期，

第 4-7 页。

[23]张殿军：《硬实力、软实力与中国话语权的建构》，《中共福建省委党校学报》2011 年第 7 期，60-67 页。

[24]张泽一、郭云：《我国意识形态话语权提升的辩证审视》，《甘肃社会科学》2015 年第 6 期，第 248-251 页。

[25]张国启：《论思想政治教育学科的意识形态话语权建设》，《学校党建与思想教育》2012 年第 25 期，第 7-10 页。

[26]李宏伟：《意识形态话语权的四个基点》，《理论月刊》2016 年第 1 期，第 27-32 页。

[27]王习胜：《意识形态及其话语权审思》，《马克思主义研究》2007 年第 4 期，第 42-46 页。

[28]李永进：《〈新民主主义论〉与中国革命话语体系的建构》，《社会主义研究》2014 年第 3 期，第 47-54 页。

[29]韩辉、韩泊尧：《苏联马克思主义话语权丧失原因分析》，《理论探讨》2016 年第 1 期，第 170-173 页。

[30]吴潜涛：《社会主义核心价值体系的科学内涵》，《道德与文明》2007 年第 1 期，第 4-7 页。

[31]陈新汉：《社会主义核心价值体系——从价值哲学的角度看》，《哲学研究》2007 年第 11 期，第 17-23 页。

[32]侯惠勤：《"普世价值"与核心价值观的反渗透》，《马克思主义研究》2010 年第 11 期，第 5-12 页。

[33]方爱东：《社会主义核心价值观论纲》，《马克思主义研究》2010 年第 12 期，第 127-135 页。

[34]沈壮海：《解开凝练社会主义核心价值观的思维之结》，《思想理论教育》2011 年第 21 期，第 10-12 页。

[35]王烨、阳叶青：《实事求是：社会主义核心价值的精髓》，《前沿》2015 年第 4 期，第 12-15 页。

[36]胡宝平：《社会主义核心价值体系引领力研究——基于话语权视角》，《中共南京市委党校学报》2014 年第 1 期，第 83-87 页。

[37]朱文婷、陈锡喜：《习近平关于核心价值观话语权建构的三个维度》，《中共天津市委党校学报》2015 年第 4 期，第 24-29 页。

[38]朱文婷：《传播学语境中核心价值观话语权的三个向度》，《思想政治课研究》2015 年

第 5 期，第 9-14 页。

[39] 苏阳：《全球化时代社会主义核心价值观话语权探析》，《河南师范大学学报(哲学社会科学版)》2015 年第 3 期，第 13-17 页。

[40] 章国锋：《哈贝马斯访谈录》，《外国文学评论》2000 年第 1 期，第 27-32 页。

[41] 谢立中：《哈贝马斯的"沟通有效性理论"：前提或限制》，《北京大学学报(哲学社会科学版)》2014 年第 5 期，第 142-148 页。

[42] 戴木才、田海舰：《论社会主义核心价值体系与核心价值观》，《中国党政干部论坛》2007 年第 2 期，第 36-39

[43] 沈壮海：《社会主义核心价值观研究的几点思考》，《学校党建与思想教育》2015 年第 9 期，第 4-7 页。

[44] 李德顺：《关于社会主义核心价值观的几个问题》，《上海党史与党建》2007 年第 7 期，第 9-11 页。

[45] 侯惠勤：《在社会主义核心价值观的概括上如何取得共识》，《红旗文稿》2012 年第 8 期，第 9-13 页。

[46] 艾芸、杜美丽：《73.6%受调查者认为主流文化缺乏现实关怀——"主流文化怎么了"问卷调查分析报告》，《人民论坛》2010 年第 24 期，第 14-17 页。

[47] 许苏明：《论思想政治教育的话语转换》，《东南大学学报》2014 年第 2 期，第 5-9 页。

[48] [美]麦克斯韦尔-麦考姆斯：《议程设置理论概览：过去，现在与未来》，郭镇之，邓理峰译，《新闻大学》2007 年第 3 期，第 55-67 页。

[49] 徐进：《感召力：大国外交的新要素》，《学习月刊》2012 年第 9 期，第 42-43 页。

[50] 邓新民：《自媒体：新媒体发展的最新阶段及其特点》，《探索》2006 年第 2 期，第 134-138 页。

[51] 姚君喜、刘春娟：《"全媒体"概念辨析》，《当代传播》2010 年第 6 期，第 13-16 页。

[52] 张寿强、李兰芬：《马克思主义道德话语的境况及其建构》，《学海》2010 年第 6 期，第 23-26 页。

[53] 孔德永：《当代我国主流意识形态认同建构的有效途径》，《马克思主义研究》2012 年第 6 期，第 91-99 页。

[54] 李森：《从意识形态批判上升到科学意识形态的构建——再论马克思意识形态论内涵》，《求实》2012 年第 6 期，第 26-30 页。

[55] 张一璠：《无产阶级意识形态理论基本框架形成的考察——基于〈共产党宣言〉及其之前的若干文本》，《思想政治教育研究》2015 年第 4 期，第 33-36 页。

[56] 陈锡喜：《论意识形态的本质、功能、总体性及领域》，《上海交通大学学报(哲学社会科学版)》2014年第1期，第5-11页。

[57] 周宏：《列宁对资产阶级意识形态的批判》，《常熟高专学报》2004年第5期，第7-10页。

[58] 包毅：《意识形态是革命的武器——列宁意识形态观探微》，《社会主义研究》2008年第5期，5-9页。

[59] 韩庆祥：《列宁哲学维度中的社会主义问题》，中国社会科学院马列所，《马克思主义研究》2001合订本，第25-30页。

[60] 谢宝生：《略论二战时期关于中国社会性质问题的论战》，《上饶师专学报(社)》1985年第3期，第47-52页。

[61] 吴潜涛：《正确理解理想信念的科学含义》，《教学与研究》2011年第4期，第5-9页。

[62] 刘海峰：《科举制与儒学的传承繁衍》，《中国地质大学学报(社会科学版)》2009年第1期，第7-13页。

[63] 习近平：《从延续民族文化血脉中开拓前进——在纪念孔子诞辰2565周年国际学术研讨会暨国际儒联第五届会员大会开幕会上的讲话》，《孔子研究》2014年第5期，第4-8页。

[64] 俞吾金：《何谓"有机知识分子"？》，《社会观察》2005年第8期，第45页。

[65] 中国社会科学院课题组：《新自由主义研究》，《经济学家》2004年第2期，第66-74页。

[66] 费孝通：《反思·对话·文化自觉》，《北京大学学报(哲学社会科学版)》1997年第3期，第15-22页。

[67] 郑杭生：《促进中国社会学的"理论自觉"——我们需要什么样的中国社会学？》，《江苏社会科学》2009年第5期，第1-7页。

[68] 虞崇胜、叶长茂：《社会主义核心价值观与人类共同价值》，《中共中央党校学报》2016年第2期，第54-60页。

[69] 秦宣、刘鑫鑫：《共同价值：打造人类命运共同体的价值观基础》，《中国特色社会主义研究》2017年第4期，第38-43页。

[70] 王旭东：《社会信息化概念的历史考察及其厘定》，《安徽师范大学学报(人文社会科学版)》2008年第4期，第414-419页。

[71] 韩庆祥、张健：《当代中国意识形态驱动战略的实施路径》，《中共中央党校学报》2017年第4期，第73-78页。

[72]甄燕红:《公信力——传媒竞争的重要砝码》,兰州学刊2003年第5期,第209页。

[73]赵增华:《微文化时代非公有制经济人士社会主义核心价值观建设主体的认定及塑造》,《中共太原市委党校学报》2018年第6期,第37-39页。

[74]当代中国与世界研究院课题组:《2016—2017年中国国家形象全球调查分析报告》,《对外传播》2018年第2期,第18-21页。

[75]徐柏才、邓纯余:《话语亲和力视角下的社会主义核心价值观传播》,《社会主义核心价值观研究》2017年第1期,第63-68页。

[76]阚道远:《西方话语霸权建构的新动向及其政治影响》,《思想理论教育导刊》2018年第11期,第87-91页。

[77]习近平:《在哲学社会科学工作座谈会上的讲话》,《民族论坛》2016年第5期,第4-12页。

[78]王俊秀:《不同主观社会阶层的社会心态》,《江苏社会科学》2018年第1期,第24-33页。

[79]李春:《关注网络社群》,《思想·理论·教育》2004年第12期,第9-13页。

[80]董盈盈:《大学生网络社群生存样态分析与应对策略》,《思想理论教育》2019年第2期,第81-85页。

[81]戴木才:《从思想和价值观上打造"中国话语权"》,《红旗文稿》2015年第6期,第12-13页。

[82]石书臣:《正确把握"课程思政"与思政课程的关系》,《思想理论教育》2018年第11期,57-61页。

[83]张艳娥:《价值观的制度化:何以必须与何以可能》,《唐都学刊》2016年第4期,第90-96页。

[84]王璐、周均:《控制论视阈下抢占网络话语权路径初探》,《军事记者》2016年第9期,第39-40页。

[85]郭倩倩、秦龙:《政治冷漠与积极公民重塑》,《探索与争鸣》2016年第3期,第50-53页。

[86]迟福林、殷仲义:《发展型社会——惠及13亿人的基本公共服务》,《人民论坛》2008年第24期,58-59。

[87]王东红、王咏梅:《把握意识形态工作领导权相关问题探析》,《辽宁大学学报(哲学社会科学版)》2015年第4期,第53-57期。

[88]张劲松:《核心价值观:中国特色社会主义理论体系的精神基石》,《理论月刊》2015

年第 1 期，第 5-9 页。

[89] 费孝通：《"美美与共"和人类文明》（上），《群言》2005 年第 1 期，第 17-20 页。

[90] 戴木才：《论坚定社会主义核心价值观自信》，《马克思主义研究》2018 年第 8 期，第 72-80 页。

[91] 刘勇、方爱东：《当代中国主流价值观话语权建构的四个维度》，《学术论坛》2016 年第 6 期，16-20。

[92] 方爱东、范世珍：《当代中国主流价值观话语主体的身份担当》，《湖北社会科学》2017 年第 4 期，第 185-190 页。

[93] 费孝通：《反思·对话·文化自觉》，《北京大学学报（哲学社会科学版）》1997 年第 3 期，第 15-22 页。

[94] 郑杭生：《促进中国社会学的"理论自觉"——我们需要什么样的中国社会学？》，《江苏社会科学》2009 年第 5 期，第 1-7 页。

[95] 季思：《习近平新时代中国特色社会主义思想是 21 世纪的马克思主义——中联部纪念马克思诞辰 200 周年专题研讨会综述》，《毛泽东邓小平理论研究》2018 年第 6 期，第 80-81 页。

[96] 胡锦涛：《高举中国特色社会主义伟大旗帜 为夺取全面建设小康社会新胜利而奋斗》，《求是》，2007 年第 21 期，第 3-22 页。

[97] 林洁：《以文化人的人文之维》，《思想政治教育研究》2017 年第 6 期，第 131-135 页。

[98] 秦在东：《正确认识"以文化人"的层次性与复杂性》，《思想教育研究》2015 年第 11 期，第 24-26 页。

[99] 王振：《习近平"以文化人"思想探析》，《思想理论教育导刊》2018 年第 1 期，第 32-37 页。

[100] 兰建平、苗文斌：《嵌入性理论研究综述》，《技术经济》2009 年第 1 期，第 104-108 页。

[101] 郑一鸣、张超颖：《从马克思主义视角看全球化、反全球化和逆全球化》，《马克思主义与现实》2018 年第 4 期，第 8-15 页。

[102] 陈曙光：《习近平改革思想论纲》，《理论视野》2018 年第 8 期，第 18-29 页。

[103] 郏正：《从匮乏走向发展——当代中国社会转型的核心问题》，《哲学动态》1995 年第 2 期，第 7-9 页。

五、学位论文类

[1] 杨昕：《中国共产党意识形态话语权研究》，博士学位论文，天津师范大学，2013 年。

[2]田海舰：《社会主义核心价值观研究》，博士学位论文，中共中央党校，2008年。

[3]周蓉辉：《中国特色社会主义核心价值观研究》，博士学位论文，中共中央党校，2011年。

[4]梁跃民：论中国特色社会主义核心价值观建设，博士学位论文，河北大学，2011年。

[5]刘勇：《当代中国主流价值观话语权的思想渊源与现实建构》，博士学位论文，安徽大学，2017年。

[6]张寿强：《马克思主义道德话语权研究》，博士学位论文，苏州大学，2008年。

[7]史姗姗．思想政治教育话语权研究，博士学位论文，武汉大学，2014年。

[8]陈洁：我国大学生法治教育研究，博士学位论文，复旦大学，2012年。

[9]刘贵占：网络空间意识形态研究，博士学位论文，哈尔滨工程大学，2017年。

[10]黄冬霞：网络意识形态话语权研究，博士学位论文，电子科技大学，2017年。